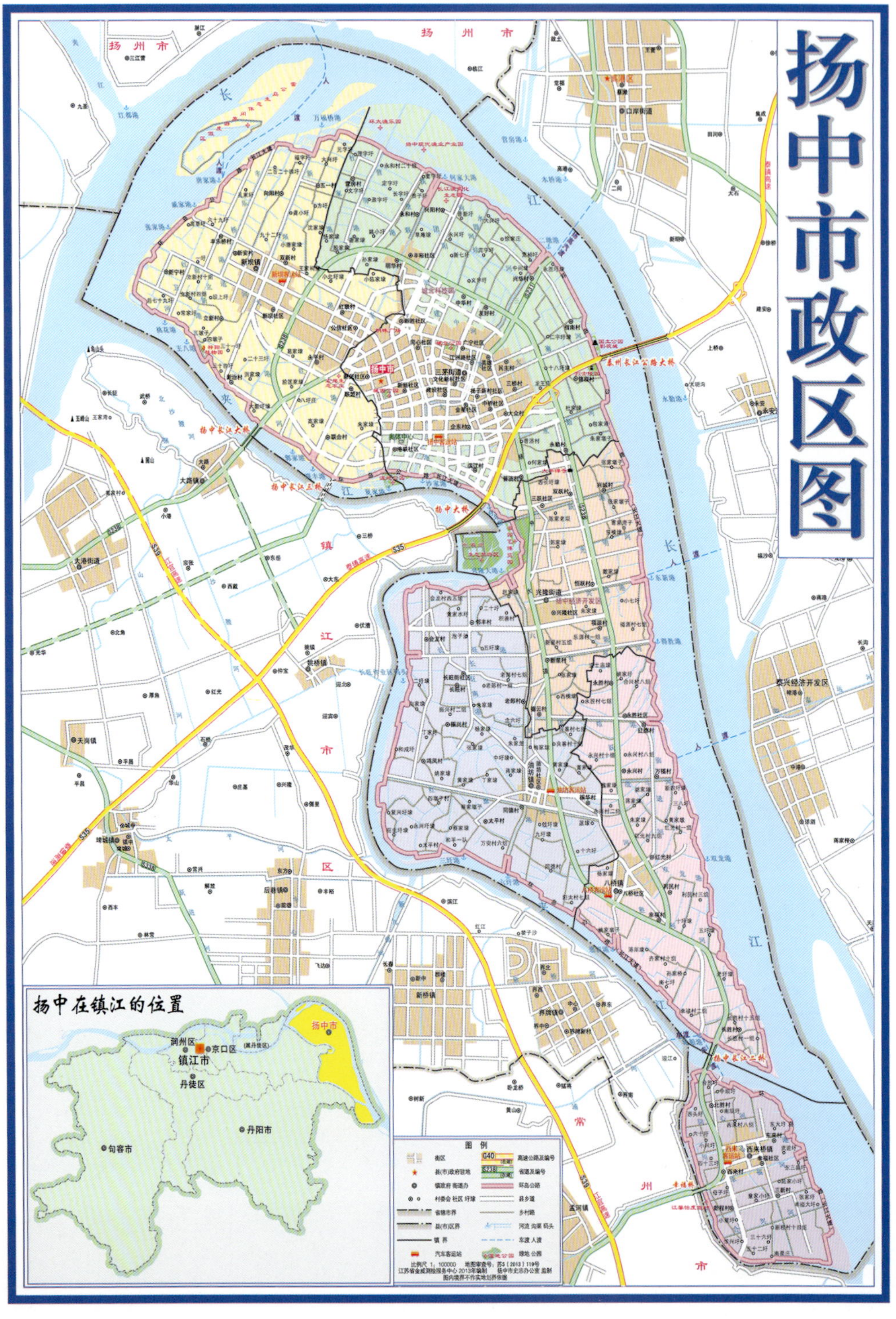

扬中市政区图
扬州市
长江
扬中长江大桥
泰州长江公路大桥
扬中大桥
扬中长江二桥
镇江市区
常州市
扬中在镇江的位置
润州区
京口区
镇江市
丹徒区
丹阳市
句容市
扬中市
图例
街区
县(市)政府驻地
镇政府 街道办
村委会 社区 圩埭
省级市界
县(市)区界
镇界
汽车客运站
高速公路及编号
省道及编号
环岛公路
县乡道
乡村路
河流 沟渠 码头
车渡 人渡
绿地 公园
比例尺 1：100000 地图审图号：苏S（2013）119号
江苏省金威测绘服务中心 2013年编制 扬中市史志办公室 监制
图内境界不作实地划界依据

JIANG ZHOU JING JIE

江湖警傑

杜 萌 著

中国政法大学出版社

2017·北京

图书在版编目（ＣＩＰ）数据

江洲警杰/杜萌著. —北京：中国政法大学出版社，2017.11

ISBN 978-7-5620-7824-1

Ⅰ.①江…　Ⅱ.①杜…　Ⅲ.①警察-先进事迹-扬中-现代　Ⅳ.①K828.2

中国版本图书馆CIP数据核字(2017)第263420号

出　版　者	中国政法大学出版社
地　　　址	北京市海淀区西土城路 25 号
邮寄地址	北京 100088 信箱 8034 分箱　邮编 100088
网　　　址	http://www.cuplpress.com（网络实名：中国政法大学出版社）
电　　　话	010-58908285(总编室)　　58908334(邮购部)
承　　　印	固安华明印业有限公司
开　　　本	720mm×960mm　1/16
印　　　张	19.75
字　　　数	344 千字
版　　　次	2017 年 11 月第 1 版
印　　　次	2017 年 11 月第 1 次印刷
定　　　价	66.00 元

序　言

扬中儿女多奇志，公安战线写春秋。

扶危救难显身手，平安大业创一流。

多年来，扬中一代又一代公安人不忘初心，无怨无悔，为了守护平安岛城、守护万家灯火，贡献着毕生的力量。他们是我们亲密的战友、身边的英雄，有勇斗歹徒、屡破大案的刑警，也有立足岗位、默默奉献的窗口民警；有临危不惧、泰然指挥的领导干部，也有不畏艰险、冲锋在前的基层同志。忠诚履职、一心为民的担当和精益求精、追求卓越的理念，是他们的共同烙印，是扬中公安向前发展的不竭精神源泉！

时代在进步，他们创造的扬中公安精神永不过时，历久弥新。我们撰写《江洲警杰》，就是要永远铭记一段段可歌可泣的先进事迹，教育全体民警永远传承这样的精神。

英雄模范铸就崇高的事业，崇高的事业呼唤更多的英雄模范。立足护航"两聚一高"、致力创新强警新的历史起点，推动扬中公安创新发展、升级发展、持续发展，我们要向英雄模范学习，大力弘扬永不褪色的扬中公安精神，奋力书写扬中公安新的亮丽篇章。

吴明成 *

2017 年 4 月 28 日

---

* 江苏省扬中市人民政府副市长，市委政法委副书记，市公安局党委书记、局长。

目 录[*]

---

　　[*] 排名以获得最高荣誉的时间顺序排列。

不畏激流蔽天日　且看江舟穿浪飞

——记扬中市警察协会主席、全国社会治安综合治理先进个人刘建军

人物档案：

刘建军，男，1957 年 8 月出生，汉族，中共党员，本科文化，1978 年参加公安工作，一级警督警衔。历任扬中市（县）公安局刑警队侦查员、副队长、队长，三茅镇副镇长兼三茅镇派出所所长，扬中市公安局副局长兼经侦大队大队长，扬中市公安局党委副书记、政委。现任江苏省扬中市警察协会主席、主任科员。

1992 年 12 月，刘建军被授予"全国社会治安综合治理先进个人"荣誉称号

参加公安工作 40 年来，先后参加全国开展的"严打"专项斗争，并组织、参与侦破轰动扬中的"拐骗儿童敲诈勒索"等一批敲诈勒索案件，"1990.12.16 王某廷、李某龙水上抢劫杀人案""1995.4.29 施某坤杀人案""严某兰放火案""黄某军杀人分尸案""刘某杀害舞女案"等一批有重大影响的刑事案件。

在担任三茅镇副镇长工作期间，在全省率先设立"见义勇为"奖励基金，组建联防队，推行群防群治安全管理的各项措施等。

因成绩突出和重大贡献，先后被授予"全国社会治安综合治理先进个人"荣誉称号，被镇江市公安局记个人三等功4次，嘉奖1次，扬中市政府记功2次，多次被评为优秀共产党员。

腊月二十九，小寒。

一架军用飞机在空中执行任务时发生飞行故障，坠毁在江苏省扬中县油坊公社光华大队的庄稼地里，机身撞击地面折成两断，瞬间爆炸，火光冲天，浓烟腾空，机上三名军人因公牺牲。

来年正月，扬中县政府在光华大队立碑纪念，批准以三名牺牲军人中王振华烈士的名字改光华大队名为振华大队。

—

消息迅速散播，数千民众从四面八方涌向出事地点。

未满13岁的刘建军和小伙伴们相约上路，随着人流跋涉十多公里，好不容易挤到坠机现场，只看见田里有个大大的深坑，四外一片焦土，别的啥也没看见。

小建军此前只知扬中自家所在的三跃镇和紧邻的三茅镇，从不知道油坊镇。这次远行，算是他有生以来第一次拓展了对家乡这片土地的认知。

刘建军的父亲1946年参加解放军，解放战争结束后随部队留守扬中。

1993年，刘建军全家福

　　解放后，这名出身江苏兴化的解放军军官与三跃镇石城大队妇女主任结为夫妻。二人生育的第一个男孩降生在建军节，欣喜激动的年轻父亲便给儿子起名叫建军。

　　小建军自小敬畏父亲，又特别钦佩父亲。

　　父亲在扬中县兵役局即后来的扬中县人民武装部当参谋。父亲那身军装、那宽板带、那大檐帽，还有那只带皮套的五四式手枪，在儿子眼里威风得了不得。

　　父亲给儿子演示过如何拆卸手枪，一再告诫说枪这东西很危险，容易伤人，叮嘱他不在家时万万不可乱动。小建军淘气，偷偷摸摸地找出父亲的手枪把玩，一来二去，他竟能熟练地拆卸五四手枪的零部件。

　　有一次，小建军两手握枪、举起，打开保险，瞄准一处，准备扣动扳机，陡然一个念头闪过，他拔出弹匣查看，这一看可把他吓了一大跳，弹匣里竟然装着子弹。若扣下扳机，不知要闯多大的祸，少不了挨父亲一顿好揍。

　　父亲多年在部队营房吃住，母亲居住在石城大队，两地相距五六公里。

　　母亲住在乡下那些年里，父亲每周要从城里来探望妻子和两个孩子，他骑着部队公用的一辆凤凰牌自行车。那年代，自行车是稀罕物，全县地面上都没几辆自行车，更甭提大名鼎鼎的上海产凤凰牌自行车了。

　　母亲本可以早早随军，但她在石城大队担任妇女主任多年，不愿搬到城里居住。

　　建军和弟弟随母亲在乡下居住多年，直到父亲将母亲的农村户口转为随军家属的城镇户口进城居住，这家人从此结束了两地分居的情形。

　　小建军与同龄孩子喜欢玩的游戏都是群体性的，那年代没有电视、收音机、电话，更没有电脑、手机，除了玩打土仗、捉迷藏、游泳，他常常和小伙伴们在家里对拼起两个方桌，一张简易乒乓球桌就搭好了，两桌中间立起一块窄木板条，权当是乒乓球网，再人人手里攥着块小木板当拍子，一个个轮番上阵，赢者霸桌，输者换人。

　　要想玩一下午甚至玩到晚上，就得有人放哨，若发现大人返家归来，立即撤桌逃散。

　　不然，不做作业又不干家务，少不了挨骂挨揍。应对父母训斥或挨揍，小建军与弟弟的反应迥然不同。哥哥性格倔强，伫立不动，打痛了也不避身；弟弟见势不妙，绝不吃眼前亏，往往让父母追着跑。哥哥心里从来都不屑弟弟的这股子"狡猾"劲儿。

　　建军像同龄的乡邻孩子一样，七八岁就能上灶台烧火煮饭，家里吃水要去距家门二三十米外的河里去担。家务活儿和自家菜地里的活儿，少年建军能干多少干多少，从不偷懒逃避，自小就锤炼出耐苦耐劳的韧性和毅力。

少年建军参加生产队集体劳动，挣"小工分"补贴家用。

当年没有脱粒机，人们站在竹床架前抢着稻捆儿摔打脱粒；当年没有插秧机，人们卷起裤腿，赤脚入田，左手分秧、右手栽秧，横平竖直，弯腰退行，一直栽到一块大田的尽头罢手。插秧歇息，他觉得自己的腰酸得像是要断掉，大人每每开玩笑，"小孩子哪里有腰啊，还没有长出来呢"。

二

人民公社时期，石城子大队共有 17 个生产队，什么人能当选大队妇女主任？

一是成分好，出身贫苦家庭；二是觉悟高，能学习，善于领会、传达上级精神；三是品德好，大公无私，群众威望高；四是劳动好，能苦干也能巧干；五是组织能力强，能调动妇女劳动积极性。建军母亲是妇女主任这一职务众望所归的适合人选。

大队没有办公房舍，大队干部常常由母亲领到家里开会，母亲或发言或建议或评判或表态。建军和弟弟躺在被窝里听着，有意无意地琢磨着大人谈论的内容，有些事能听懂，有些事则完全听不懂，也不关心。

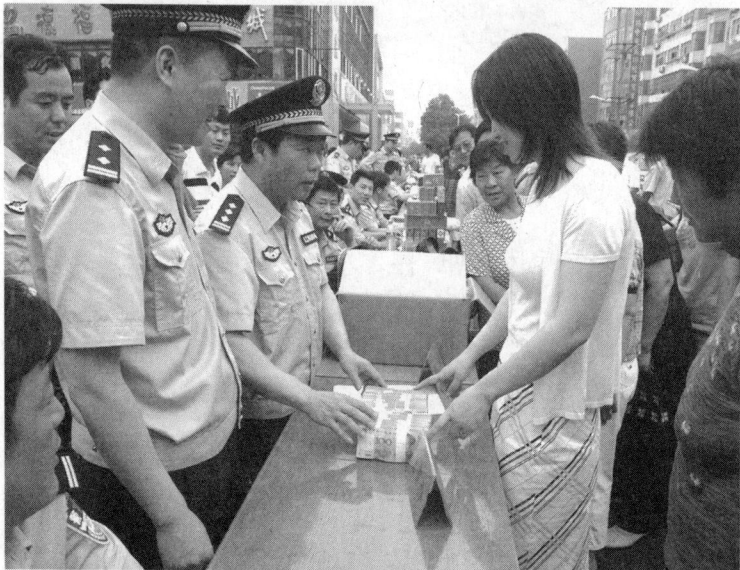

2012 年 7 月 6 日，扬中市公安局在扬中市影剧院广场召开发还赃物大会，刘建军（左二站立者）代表市公安局将警方破案追回的赃款赃物退还给群众

1966年冬天，"文化大革命"风潮波及扬中。

部分在外地上学的扬中籍大专学生回乡"串连"，纷纷建立"造反"组织，"打倒、横扫、夺权"之风遍及全县，致使各级党组织陷于瘫痪或半瘫痪状态，干部普遍"靠边站"、受批斗。扬中全县的中小学校在动荡中不能正常开课，老师无法正常教学，师生们去学跳"忠字舞"，写大字报"斗私批修"。

全国各地普及八个"革命样板戏"，小学校也组织学演样板戏，小建军上台演过京剧《沙家浜》片断里的小角色沙四龙、清唱过京剧《红灯记》主角李玉和的唱段。他像那年代里的许多少年一样，能把样板戏里的台词和唱腔一字不差地背诵吟唱，甚至连剧中情景全都烂熟于心。

渐渐地，各学校、各大队、各单位都能演出样板戏片断或个别场次。巡演开始盛行，小建军多次参加大队外出演样板戏，眼界洞开。最开心的是去外边演出时，人家有时能招待一顿饭菜。那年代缺吃少喝，没参加演出的同学哪里享受过那种"待遇"。

建军从石城小学升入三跃中学，这所学校是一所办校较早的乡镇中学，创办于1958年。

当年中学教育实施"2＋2"制度，即初中两年，高中两年。建军在三跃中学初中上了一年半，因母亲转为随军家属，他也随之转学进入扬中县中学。建军那时已经懂得要好好念书，他的学习成绩名列前茅，初中升高中考试，他的语文成绩名列全县第二名。

高中毕业，国家号召知识青年上山下乡，走与工农相结合的道路，扎根农村，做社会主义新农民。父母不愿叫老大上山下乡，想给他找份工作，可县知青办公室的干部反复动员建军报名。建军报名时已经落在全县倒数第二名，他的名字列在光荣榜的最后一行。

几十年后，年近花甲的刘建军依然清晰地记得下乡那天的场景。

"县里开大会欢送，人人手拿红宝书（袖珍版《毛主席语录》），戴上大红花，欢送会上敲锣打鼓地送我们上大卡车，去长江边上的黄山套农场。"

黄山套农场离县城的路程并不远。大家下了卡车，再坐上农场的拖拉机。

刘建军这一拨是第二批来农场的高中毕业生，一年之前已经有了一批高中毕业生来到这里。刘建军干农活得心应手，不论是挖沟建渠、种麦种稻，还是挑粮运瓜、种树种菜，他都表现出色。在农场当了班长，还当上民兵营副营长。

在农场劳动生活3年多，县组织部会同县知青办为县公安局物色民警人选，21 岁的刘建军因出身革命军人家庭以及在农场的出色表现，其个人档案经组织政审和考察通过。1978 年 12 月，他接到县知青办通知，从农场调入县公安局，开始了他的从警生涯。

三

刘建军入警后被分配到县公安局刑侦股，当时股里只有 7 名民警。

大檐帽正中嵌着国徽，帽围是海军呢用料，帽顶有红色压线，再加上红领章和上白下蓝的全身衣裤，这套 78 式警服穿在身上特别神气。当年这身警服可不是人人都有，公用警服有规定，不是谁想穿就能穿的。

1978 年 12 月 12 日，扬中发生一起谋财害命的刑事案件，案发地在油坊公社。

夜深时分，家住红旗大队一队的老年妇女徐美英家中突然起火，两间房屋被烧毁，徐美英丧命火海。这位 77 岁的老村妇是盲人，在当地颇有传名，她会算命。办案人员勘察现场认为这是一起蓄意谋杀纵火案，推测犯罪动机是为抢掠老太太的钱物，罪犯得手后点燃房屋，焚尸灭迹。

20 世纪 70 年代，扬中本地盗窃与强奸案件数量居多，供销社、供销店、社队企业、医疗站、小学校存放的"三票"（钱、粮票、布票）成为罪犯觊觎的目标，有人不惜打墙洞、挖地道，翻墙撬锁以求一逞。农家住户也时有失窃发生，收音机、钟表、毛巾、香烟、鸡蛋及食物都成为罪犯的盗窃目标，但杀人命案并不多见。

2012 年 5 月 4 日，刘建军（右一）和省公安厅领导一起参加视频接访

刘建军与3名知青上午刚刚到县公安局报到，当晚就发生了徐美英命案。案情上报后惊动了镇江市公安局和江苏省公安厅，两级公安机关都派来经验丰富的办案民警赶赴扬中。一支由数十人组成的办案队伍赶赴油坊公社，包下镇上一家旅社悉数入住。

局领导派刘建军负责办案人员伙食，这项事务性工作的难度可是不小。

当年物质条件极差，供应稀缺，且不说经费拮据。毕竟这个刚刚入警的年轻人从来没有做过后勤工作。为搞好伙食，刘建军奔来跑去、买菜记账、帮厨动手，忙得焦头烂额。

刘建军留了个心眼，一有空就去打探办案进程。

本来嘛，来刑警股工作，正差是办案，不是来搞后勤保障的，眼下管伙食只是临时性工作。既然省厅、市局都派来了刑侦骨干和技术专家办案，这么好的学习机会可不能丢了。

邻近扬中地界的丹阳县公安局一位刑侦副股长调到扬中县公安局工作，携有几份省厅印发的公安内部文件，刘建军向这位领导讨借阅读，文件内容涉及办案流程、规范要求，还介绍侦办案件如何调查走访、现场勘察，以及法医检验和照相技术的要点。他珍爱无比，熬夜手抄，最终将一页页写满字迹的手抄纸张装订好，自己留用。

要知道，当年一本内部材料不易得到，不够级别根本甭想拥有，如果部门存有这类资料，大家只能轮流借阅。刘建军利用这次办案数月时间，向老民警讨教，打探办案经验和手段，获取办案规范资料，由此知晓了办案理念和技术知识，尽管他未能亲历办案，却从侧面接触到实用的工作经验。

刘建军自忖个头不高，虽然力气十足，若不会技击搏斗，怎么抓坏人？

他跑到县中队那里借来擒拿格斗技击教材，不舍日夜地秉笔抄录，甚至将技击动作分解图示也一并描摹下来，随后边琢磨边比划，就这样"偷艺"自学。

此后，刘建军只要参加刑事案件侦破工作，必做详细记录，这一习惯一直保持了数十年，办案笔记积存了几十本，至今珍藏在书柜里。只要翻开任何一本笔记，当年办案的情景就浮现在他眼前。

四

席卷全国的"文化大革命"逐渐淡出历史的舞台，但十年内乱留下的"后遗症"催生了相当数量无法无天的暴徒，他们堕落为抢劫犯、杀人犯、盗窃犯和流氓团伙，这些人气焰嚣张、犯罪猖獗，严重危害着人民生命和财产的安全。

20世纪80年代，扬中公安依照公安部、省厅的统一部署和指令，与全国公安机关共同展开专项打击刑事犯罪的活动，持续破获系列盗窃案、杀人案、偷盗自行车案、私藏枪支弹药案、暴力强奸案。

1982年1月，扬中县公安局刑侦股改称刑警队。

刘建军记得，入警第一个月，他领到薪水17元，第二年月薪19元，第三年月薪21元。入警伊始，他知道公安机关对刑事案件涉罪立案的最低标准为15元，100元即为重大案件，1000元列为特大案件。

1983年8月25日，中共中央发出《关于严厉打击刑事犯罪的决定》，提出从1983年起，在3年内组织3个战役。自1983年8月上旬至1984年7月，各地公安机关迅速启动了严厉打击刑事犯罪活动的第一战役。

扬中县成立起"严打"办公室，由公安、检察、法院三家联合办公，重点查办杀人、放火、流氓、强奸、抢劫、盗窃等大要案和团伙案件。当年参加严打战役的公、检、法干部们至今记得，那时的政策底线是——"可抓可不抓的，坚决抓；可判可不判的，坚决判；可杀可不杀的，坚决杀"。

1983年9月27日，扬中县人民法院在体育场召开万人参加的宣判大会，30名刑事犯罪人员被押上台公布罪行、宣布判决结果。其中9名罪犯被判处死刑，立即执行。

2009年9月23日，刘建军（左一）参加武装治安巡逻

在"严打"战役持续进行的战斗中，刘建军奋力缉捕罪犯，注重采集罪证，由于工作出色，他从普通警员被提拔为刑警队副队长。然而，针对如何

正确理解并执行"严打"战役要求的"从快""从重",刘建军作为"严打"一线参战者,有着自己独立的思考和见解。

恰在此时,一个宝贵的学习机会降临了,领导安排刘建军去南京参加江苏公安专科学校干部进修班,脱产学习两年。干刑侦多年,自己太需要系统学习法律专业知识,太需要开阔眼界、提升业务水平了,他非常珍惜这次进修机会。

早在刘建军入警第二年,全国人大通过了《中华人民共和国刑法》和《中华人民共和国刑事诉讼法》。县公安局曾就这两部法律的施行专门组织过学习,但毕竟时间有限,再加上工作任务繁重,刘建军当时难以摒除杂念、静心领悟。

走进学校课堂,刘建军专心致志、如饥似渴地系统学习这两部对刑侦工作具有重要指导意义的法律,系统学习刑侦技术。学校开设技击课,他不惧苦累,练体能、打沙袋、劈草纸、长距离跑步。

干部培训班课程安排特别紧凑,一阶段接一阶段的学习任务压来,基础知识,法律条文,小考、大考不断。考察实地现场办案时,三人一组进行案情询问、现场绘图。学员们那两年里劳碌得几乎喘不过气来。

培训班学业临近结束进行论文答辩。培训班分出6个小组,每个小组选出一名代表答辩。刘建军是小组选出的答辩人之一,最记得答辩时,站立在6名教师面前就全组精心准备的论文接受轮番考问。

回想在江苏公安专科学校培训班那两年,不论是装进头脑里的专业知识,还是体能技击的锻炼,刘建军很自信,"那两年的老本儿,我现在都在吃!"

五

全国"严打"三次战役进入尾声,公安部为扬中县公安局的突出功绩记集体一等功。

刘建军结束了干部培训班课程回到刑警队,虽然有些遗憾没跟同事一起"严打",但他很欣喜跻身公安部记一等功的优秀团队,更感念领导送他去培训班深造。南京归来,刘建军被提升为刑警队队长。

1987年初春,谷雨刚过4天,农家忙于双季早稻、单季早稻的播种育秧。

扬中新坝镇一范姓村民中午回家,看到自家门缝里插着一个信封,打开一看,顿觉浑身发颤,署名"黑手党"的写信人责令他于第二天晚上7点将200元送到指定地点,否则后果不堪设想。

扬中从未发生过用写信恐吓方式勒索钱财的案件。尽管这封恐吓信索要钱数有限，但嫌疑人犯罪目的明确。刑警队针对恐吓信内容展开研判，制订抓捕方案。按照信中示明的具体时间和送钱地点，刑警抵达守候，观察发现有个少年在可疑时间段里骑自行车经过送钱地点，神情慌张。经辨认，这名骑车少年是一名初二年级的中学生。

警方当夜派人前往骑车少年就读学校，调取了他的作业本，将作业本上的笔迹与恐吓信上的笔迹进行比对，确认了笔迹的同一性，断定恐吓信是这名学生书写。办案民警前往这名学生住校宿舍搜查，从他床铺下搜出了恐吓信底稿。

破案未及20天，扬中县被江苏省委、省政府授予"社会治安综合治理先进单位"荣誉称号。然而，未及8个月，又一起恐吓信案件发生。

2006年5月19日，刘建军在夏季公开处理大会上讲话

正值初冬，扬中县联合乡联盟村砂轮厂厂长收到一封恐吓信，信中宣称有60个兄弟因打群架受伤住院治疗，眼下医疗费差1000元。信中责令厂长在指定时间将钱放到指定地点，如果向公安机关报案，当心一家老小性命。信尾署名"镇扬队56号 刘"。

比起第一封恐吓信案中那名初二学生索要的200元，这封恐吓信的贪婪和张狂显而易见，针对性更强。20世纪70年代，手表、缝纫机、自行车是社会生活中被人津津乐道的家用"三大件"。转入80年代，家用三大件变成了彩电、冰箱、洗衣机。1987年，上海职工的月平均工资仅为158元，年平均工资1893元。

作案嫌疑人目的是想得到钱，又指定了送钱地点，他势必要去取钱。

刘建军与同事们研究了伏击方案后进入设伏点守候。冬夜天黑早，气温降至零下 5 摄氏度，寒风刺骨。送钱指定地点位置偏僻，抓捕民警或蹲在土堆后，或卧伏在麦田里。刘建军用对讲机与设伏战友联络时，听到大家冻得嗓音颤抖。

时针指向夜里 12 点，作案嫌疑人身影还未出现，局领导担心设伏民警的身体健康，决定撤出设伏，没想到设伏民警的回复是"再坚持一下"，"还顶得住"。半小时后，一个鬼鬼祟祟的人影向伏击圈里走来⋯⋯

第三起恐吓信案没过多久又出现了。

一封署名"中国护贫杀恶帮会"的恐吓信从南京寄至扬中县新坝镇新宁村党支部书记，责令这位书记在指定日期将 5000 元钱放到栏杆桥至治联大闸江堤北侧的一个土洞里，声称"将有帮会武林高手前来取款，如抗令不交者杀，走漏风声者杀，报告公安机关者杀"。

刑警队针对第三封恐吓信再一次召开"诸葛亮会"，会后展开密查，摸排线索，绘制送钱地点现场地形图。刘建军与战友分别把守 6 个埋伏点再次设伏。入夜时分，纷纷扬扬的大雪从天而降，设伏民警一个个变成了雪人。作案嫌疑人最终现身，步入伏击圈被擒获。

六

自 20 世纪 80 年代末至 90 年代，扬中县刑警功绩昭彰，屡破大要案，屡受表彰。刘建军回想那段社会历史时期扬中刑警的智勇作为，很是自豪。

——由两名青年为首的流氓团伙纠合十几名本地青年，经常在路上盯梢、尾随、追逐、拦截女青年进行调戏，还以护送、交朋友、谈恋爱为名动手猥亵，甚至闯入家宅强奸、轮奸妇女，这一流氓团伙疯狂作案致使数十名女性遭受侵害。

——一名本地青年自称某国家二级企业供应科计划员，与扬中 20 多家企业签订合同，企业像供神一样好吃好喝好招待，送烟送酒送礼品，翘首以盼订单落实，等来等去不见他的音信，只好直接联系那家国家二级企业求证，没料到对方答复说根本没有这么一个计划员，更没有什么订单。

——浙江一名骗子，以子虚乌有的"八三二八零部队军人服务社"为名，与扬中一家电缆厂签订长年销售合同。厂家连续发货 13 车电缆，价值近 300 万元，多次催款无效。

——西来桥镇一名青少年模仿电视剧情节，将本地幼儿园中一名 6 岁儿童骗至常州,打电话给幼儿父亲索要 1 万元现金。

——三茅乡一些个体服装厂夜间被盗,作案嫌疑人用扭锁、插片方式开锁溜进厂房,盗走缝纫机头、电动马达、布料及衣裤成品,致使全乡几十家个体服装厂陷入恐慌。

聆听报警电话中受害者惊恐万分的求助和哭诉,看到报警人痛心疾首的神情,甭说警察,但凡是个有正义感的男子汉,都恨不得立即擒获罪犯。

"国家要你刑警是干什么的",当刑警的人免不了扪心自问。

警情就是战斗打响的号角,如同战场上下达的命令。

遇到警情,刘建军总是一马当先,率先垂范。刑警队长刘建军最感念当年手下一拨儿刑警兄弟,大家精诚团结,不计个人得失,谁正吃着饭,有警情,放下碗筷就走;谁夜半酣睡,来警情,掀开被子拔腿就走。到外地办案吃不惯吃不上,还得替公家、替自己省着花钱,更别说自己家人有病不能陪在身边了。

赴外省乡镇、山村、荒野追捕杀人逃犯,刑警们驾车十几个小时,再步行数十公里,往往扑空,只找到依稀线索,甚至发现线索彻底断掉。此时此刻,队员们内心交织着无奈、煎熬,挫败感,身为指挥员的刘建军并没有表现出气馁,而是给大家鼓劲。

1995 年 8 月 21 日,扬中发生一起杀人案件,社会影响极为恶劣。

三茅镇金星电站下的河里发现一无名女尸,作为分管刑侦的副局长、案件的总指挥,刘建军一边组织现场勘查和法医检验,一边组织现场访问。在确认是一起凶杀案后,根据尸体和现场情况,立即开展排查。终于查清了死者身份。

破案是一件艰难的事。刘建军在指挥部和大家一起分析案件,制订方案;听取汇报、审阅材料、修正方案。指挥部的灯火彻夜通明,三天三夜他没合一下眼,镇江市公安局派来专家,他也没休息一下。直到案件破了,犯罪嫌疑人抓获了,他也累得倒下了。

七

1991 年,刘建军代表扬中县公安局刑警队在市公安系统先进事迹表彰大会上发言。

让这位刑警队长很自豪的是,班子团结,上下一心,这支队伍里已有 2 人荣立三等功,8 人受到市局嘉奖,先后有 5 人入党,有 17 人被提拔到领导岗位。

　　刘建军心里十分清楚，集体荣誉汇聚着这支队伍每个成员的奉献和牺牲，而他在队员们眼里是个脾气不甚好的领导，大家对他都有些敬畏。还是当刑警队员时，刘建军曾因脾气倔强出名。他只要认为自己是对的，对领导敢顶撞，对下级敢批评。他曾因工作原因与局领导"理论"过两次，最后都是"一把手"来解围。

　　有一次出警办案，刘建军不见事先约定的刑警队员前来汇合，左等右等不见人。迟到的刑警队员走到这位大队长面前时心知不妙，刘建军果然火冒三丈，厉声责问，得知是副大队长去办理另一起案件，叫这名队员驾驶摩托车送他到江边过江。刘建军回到队里对此事不依不饶，弄得比他大十几岁的副大队长直掉眼泪。

　　刘建军从刑警大队调到三茅镇任派出所所长，转而挂职出任三茅镇镇长助理、副镇长。就他而言，从公安内设部门的负责人跻身基层政府工作的大格局，不仅考验着他适应新工作、新条件、新要求、新环境的能力，也拓展了他的人生视野和实践功力。

　　到任不久，新一轮"严打"斗争又开始了，三茅镇是刑事案件的高发地区，也是破案打击的重点地区。凭着多年来打击刑事犯罪的深入思考，刘建军将办案思路的行事风格和方法引入如何稳定一方社会治安的思考中。他和所领导一起研究，改革派出所勤务模式，增加了破案力量，使严打斗争搞得有声有色，战果辉煌。

　　群防群治既是基层派出所各项工作中的重中之重，也是基层政府的重要工作。刘建军考察发现，维护一方平安光有公安专门力量还不行，要调动基层组织和群众的积极性，主动防范，减少发案。他起草宣讲稿，让民警利用晚上时间到各个生产队召开群众会，宣传案件发生的教训和防范要求，再由村、派出所和村民签订《群防群治安全管理协议》，落实责任，奖罚分明，从而使发案得到了控制。

　　各村虽然建有联防队，但队伍松弛、目标模糊、缺少资金、奖罚不明。群众见义勇为抓获罪犯，因缺少资金得不到奖励，影响大家积极性。他绞尽脑汁，向镇分管政法的党委书记郑重提出可行性方案，各村以综治工作的名义在账目上划拨 1 万元到镇综治办，钱并不动用，可提取利息，积少成多，再加上向企业募集钱款，一笔专门用于奖励预防打击犯罪有功的联防队员和群众的基金性质的经费确立了。

　　联防队员的工作积极性有了激励机制的保障后，刘建军夜夜查岗，或现身派出所值班室，或遍访村联防队值岗点，及时汇总方方面面涉及治安社情的信息，把三茅镇的群防群治工作干得风生水起，成效明显。

八

结束地方挂职工作，刘建军在扬中撤县设市之前被任命为扬中县公安局副局长，他在这个领导岗位上工作十余年，还出任扬中市公安局政委、党委副书记。

毕竟是血肉之躯，多年来刑警办案持续高度紧张的工作，超常体力透支，刘建军早在30来岁就患了十二指肠溃疡、胃炎病症，鼻子经常淌血。多年里，他没工夫检查身体，还自忖身体不怕小病小灾。直到年近花甲回想当年，他叹一声，"现在要是三天三夜不合眼，不成啦"。

"我这个人比较正直，不搞邪的歪的。"

回想几十年从事公安工作的历程，刘建军的感悟是："老实人不会吃亏，终究不会吃亏。"

熟悉他人品、性格、行事作风的老领导、老同事、老朋友，想必知晓刘建军这句话隐含着专属他个人生涯的诸多寓意。要想知道刘建军当刑警有何最大遗憾，猜他怎么说？

"我要是个子再高20厘米，肯定会更棒。"

明月清朗映江澜　湍流激荡听涛声

——记扬中市三茅街道党工委政法委员、全国优秀人民警察孙小平

人物档案：

孙小平，男，1960 年 7 月 17 日出生，中共党员，汉族，本科文化。1978 年 10 月参军，1982 年 11 月参加公安工作，一级警督警衔。现任三茅街道党工委政法委员、主任科员。

1996 年 5 月，孙小平被授予"全国优秀人民警察"荣誉称号

工作几十年来，其先后参与侦破王某某敲诈勒索案，"8.27"系列入室拦截抢劫、强奸案，"1993"江匪水上盗窃案，撬盗保险箱系列案，"1990.12"王某庭、李某龙在油坊江面抢劫、杀人案，利民市场杀人案，八桥抢劫案等系列有影响的重大案件。孙小平因成绩突出，工作出色，被授予"全国优秀人民警察""全省人民满意警察"，全省人口普查先进个人，全省信访工作先进个人，镇江市综合治理先进个人，镇江市"十佳人民警察"，荣立个人二等

功 1 次，三等功 4 次，被评为扬中市"十大杰出青年"。

几天前，84 岁老母亲患病住院，孙小平与姐姐轮流护理陪床。

听姐姐讲述父母年轻时相识经过，这可是孙小平平生第一次闻听父母往事。父亲 7 年前逝世之后，他心里有股强烈的冲动，后悔没跟父亲好好聊一聊，而现实残酷，做儿子的他完全失去了心里想要的珍贵机会。

—

"父亲在世的那些日子，我怎么就没跟他聊聊他经历过的那些事?!"

孙小平说着说着，眼眶有些湿润。眼下，只要老母亲养病有了些精神，他想着要多听母亲讲讲父亲，多听听从不知晓、从没关心过的亲情往事，好好弥补内心的失落。

孙小平全家福

爷爷奶奶家住扬中三跃乡新跃村。

　　抗日战争爆发，父亲十几岁离家参加新四军，后来在解放战争一次战斗中负伤，右小腿截肢，成为荣誉军人，评列二级甲等残废。解放后，父亲在黑龙江绥化工作，当年他从东北回扬中老家探亲，在路上遇到了母亲。

　　这位拄着木拐、英气勃勃的年轻解放军军官吸引了母亲的目光。

　　母亲是当年的村妇女主任、积极分子。那个年代，解放军是最可爱的人。书里是这么写的，广播里是这么说的，歌里是这么唱的，老百姓对解放军的拥戴发自内心。

　　婚后，母亲随父亲去了东北，在绥化那个冰天雪地的北方生下哥哥和姐姐。

　　1957 年，扬中县撤销区的行政设置，实行县乡两级制，父亲携家人从东北返回扬中，在中国药材公司江苏省扬中县公司工作。孙小平和弟弟在扬中出生。

　　父亲新就职的这家公司在他返回扬中 1 年前刚刚成立，只有 5 名职工，仅经营中药。父亲担任公司经理未及 1 年，这家公司全称改了两个字，将"药材"改为"医药"，经营范围随之扩大到西药。直到"文化大革命"之前，这家公司经营的中西药品种增至 2000 余种，工作人员增至 19 人。

　　父亲右腿残疾，走路要拄木拐，他有一支又长又大的木拐，还有一支短些的小木拐。父亲残肢与假腿对接处因摩擦时有发炎，甚至溃烂，母亲为他清洗敷药时，孙小平看到父亲右腿创口截面的疤痕紫黑紫黑，溃烂时泛出红红肉色，父亲忍住疼痛不吭一声，年少的儿子不敢再看。

　　在生活困难的年代里，父亲每月工资 63 元，当年算是高薪，但他要养活 4 个儿女，这些钱哪里够用。孙小平年少时跟父母拉板车去集市和粮店买回山芋、大米，去江边买芦柴烧火做饭。父亲一路拄拐同行。

　　过节时，父亲要乘公共汽车到乡下接奶奶到城里住。汽车站离奶奶家有三四里路，他就那样拄着拐，一瘸一瘸地走到村里。有这样的父亲，孙小平从小打心眼里同情残疾人，特别体谅残疾人遭遇的生活困难。

　　有一次过年，家里饭桌上摆了盘皮蛋，父亲想起年轻时的一件趣事。有一次部队打仗打到一个地方，只知道当地人称呼的"变蛋"可以吃，只见那东西裹着一层干硬的生石灰，表面疙疙瘩瘩还有草屑，摔开一看，里面黑黄黑黄的，用手抠出放进嘴里，粘粘糊糊，有蛋的味道。结果吃下一个再吃一个，最后吃得直流鼻血。后来才知道"变蛋"就是松花蛋，多吃要上火。

　　20 世纪 80 年代，父亲从医药公司调到县人民医院担任副院长，退休后保持着关心时事政治的习惯，父亲 70 多岁视力衰退得厉害，看电视需要凑得很近，但他每每俯身抵近电视屏幕观看，听到惩治贪官的新闻报道，父亲很是感叹。

二

"我哪点儿像父亲？"

孙小平有过这念头，却从没静下心、放弃一切杂念仔细想一想。父亲性格直爽，眼里容不得沙子。打仗出身的他，教育孩子要求服从命令，尊重领导，团结同志，一心为公。父亲能做的事尽量自己做，从不轻易求人帮忙；父亲善待他人，只要不触及做人处事的原则，他不会苛求别人。

孙小平小时候顽皮，没少被父亲"修理"。

父亲对儿子的要求既严格又慈爱。

父亲一直教育儿女不能占公家一丝一毫的便宜，不能随便拿公家东西，他批评孩子时不允许有谁回嘴，回嘴就得挨两巴掌。孩子到单位找他，不能乱嚷乱叫。父亲订立的家规包括许多细节都不能违反，哥哥、姐姐、孙小平和弟弟自小被管得很严。

2009 年 9 月 23 日，在扬中市公安局城东派出所"警民携手 共保平安"巡防活动启动仪式上，孙小平代表三茅镇党委政府讲话

"在院里跑，跑什么跑！"

父亲严厉喝斥在公司院子里忘情追逐、大声欢笑的儿子。他把儿子拉进办公室小声说，"这里是爸爸工作的地方，叔叔阿姨都在忙工作，你这么闹，

大家怎么好好工作，是不是啊?"

"十八岁十八岁，我参军到部队，红红的领章映着我开花的年岁……"

那首《当兵的历史》头一句是这么唱的，孙小平当兵时刚刚18岁，一身军绿，头上一颗红五角星，衣领上一对红领章。他从扬中县中学高中毕业，那届同学全校有七八个人一起当了兵，有的去了济南，有的去了南京，他到了山东即墨。

1978年10月，欢送新兵入伍大会的头一天晚上，360名入伍青年背着背包在县城大礼堂集合，当晚集体睡在县文化馆小礼堂打地铺，地面铺有稻草。带兵的人按名册点名，叫一声"孙小平"，一下子有两个人大声喊到。带兵的人笑了，两个"孙小平"面面相觑。

第二天，欢送新兵入伍大会在县大礼堂召开，会场内外大红横幅高高悬挂，礼堂外鞭炮震耳、锣鼓喧天、人声鼎沸。出发口令下达，这些胸戴大红花的年轻人在夹道欢送的人群中一直步行十里地前往沙家港，乘船离开扬中，由各路带兵的人分别率领他们各奔东西。

3个月新兵训练结束后，孙小平前往济南军区所属的野战部队报到。下连队第二天晚上恰是大年三十，孙小平站完岗回宿舍，班长试着问这个新兵，"想进步，你觉得嘉奖好还是提干好?"

"嘉奖好"，孙小平想都没想就回答。

话音未落，班长牙缝里挤出两个字——"呆子!"

中越反击战打响，人人都想上前线，大家竖着耳朵天天听战报。

孙小平强烈申请上前线，可是上前线的杠杠卡在1975年以前入伍的战士，他不符合条件。眼见全团有200多人上前线，他心里真是着急。其实，谁都知道战争现实残酷，一旦上了前线，这一去能不能生还难以预测。

一辆辆军用卡车驶来了，离别时刻降临，全副武装、朝夕相处的战友一个个上车，一匹匹军马被牵上车，虽然未在战场上，车上车下的年轻军人却感受着生离死别的悲壮，大家泪水滚滚。

三

回想成长经历，父亲的影响在自己身上真有不少，就说参军当兵吧，孙小平算得上是一个出色的军人胚子，绝对能让打过仗的父亲为他这个儿子骄傲。

下连队不久，孙小平先被派到新兵连当班长，又调回特务连警卫排当副班长，再被调到团教导队。随后部队扩编，由一级编制改为甲级编制，特务排原有的3个班扩编为3个排，组成特务连。他调入团教导队、师教导队，最后调入军教导队。

有一次部队会餐，杯盏碰响，气氛欢乐。孙小平发现入伍时他的班长迎面走来却不理他。他端着酒杯向班长敬酒，班长不理不睬，他摸不着头脑，不知班长为何生那么大的气。劝酒再三，班长拗不过面子，厉声厉色地冒出一句话，"你不回连干什么?!"

闹了半天，班长气得是他带出的这个小兵居然去了教导队，不思归队，太不仗义。

孙小平嗫嚅着一时不知说什么，嘴里蹦出一句似开脱似自责的糊涂话，"我也不知道……"。

论起来，特务连是军队的精英，要求具有过人的军事素质、身体素质、心理素质。在常规部队中有"特种部队"称谓，其单兵体能、敏捷度和综合作战意识都有较高要求，因为侦察兵的主要任务是深入敌后，侦察敌军事目标的位置，捕捉敌方俘虏，为火炮及空中打击提供详细的地理坐标及破坏情况。

孙小平入选教导队，凭其优等的军事素质，可为训练新兵做示范。不要说摸爬滚打的军事体能，就说射击，他有天赋。在教导队任职时，举凡步枪射击训练或比赛，百米开外击中9环以上为成绩优秀，他按规定上膛5发子弹，3发单射，2发连射，百发百中，成绩总是优秀。

军教导队驻地有个游泳池，泳池边建个5米高的跳台。他第一次站上去往下看，眼晕。

上小学时，孙小平无数次地跟小伙伴去河港、长江边游泳。长大些，他跟着父亲单位里的年轻人去游泳，什么狗刨、仰泳、蛙泳、自由泳都学了。可眼下几年没下水了，为展示勇气，孙小平愣是爬上从未上过的高高跳台，壮着胆子一闭眼跳下。

想起小时候那次水中历险，这可是他一辈子后怕的事。

他跟小学同学结伴下河游泳，跑到一个水闸口，不知水浅水深，"扑通"一声跳进水里，刹那间下沉，旁边的人一看没了动静，全慌了神。若不是及时赶到的小学体育老师扑入水中，一把揪住孙小平的头发把他拎出水面，真不敢想后边会发生什么事。

当兵第三年，孙小平报考军校，先行体检结果发现肝功指标超标，转氨酶高，未能获取考试资格。他写信告诉家里这件事，很是遗憾。入伍第四年，孙小平面临人生选择的又一个重要时刻，他写信征求父亲的意见，是继续留在部队还是退伍回乡。父亲尊重儿子的选择，孙小平在部队入了党，1982年10月退伍返回家乡。

四

　　在部队服役时，孙小平从一封封家信中了解到家乡正在发生的变化。

　　1982年1月1日，中国共产党历史上第一个关于农村工作的一号文件正式出台，明确指出包产到户、包干到户都是社会主义集体经济的生产责任制。自此，随着家庭联产承包责任制不断稳固和完善，农民在政府的鼓励下发展多种经营，生活一天天得到改善。

　　孙小平这一年退伍，被安排到县公安局工作，虽然发了警服穿在身上，但他最初的身份是"职工"。扬中县公安局治安股下设自行车管理所，孙小平到这个管理所工作，有一个年近六旬的老民警带班。

　　记得这个所的办公地点在城镇派出所院子里，有间10平方米大小的平房，里面摆了4张桌子。工作很简单，每天等着购买自行车的人们前来进行登记，登记时出示发票，工作人员针对自报的姓名和住址进行核实，核实无误后用钢模在自行车车把和脚蹬子上打上四位数号码。

孙小平在全市科技强警大会上发言

　　20世纪70年代，家庭富有要看"三转一响"齐不齐全，即家里有没有自行车、缝纫机、手表、收音机。自1958年至1983年，据扬中县供销社销售自行车的统计数据显示，全县25年里总共销售自行车4576辆，1983年扬

中县农民的人均年纯收入为 407.6 元，而 1984 年销售的自行车数量就达到
6300 辆，远远高于前 25 年的总和。

1986 年，全县登记在册的自行车总数逾 8 万辆之多。

自行车管理所的工作越来越忙，工作内容不断变化且新增项目。比如原
来钢印四位数字编码仅按顺序排列，后来改为按地区设置数字编码。管理所
每年要进行年检，年检时大家分片包干镇、乡、村，逐一对应自行车登记各
个事项，举凡车主姓名、住址，购买自行车品牌、购买日期、车牌号、钢印
数码、年检日期，等等，都要与登记内容准确一致。

自行车年检在冬季，正是天寒地冻时节，经常是天还没亮，人就骑车上
路了。记得那年冬天下雪，骑车上路很不好走，路面有雪有冰，时而下车推
车前行，跟跟跄跄，浑身冒汗却不敢脱掉冬衣。

正常工作之外，民警当年都承担着下乡包片开展社会主义教育运动的任务。

孙小平跟着老民警下乡入村，目睹老民警如何耐心细致地做群众工作，
他感触很深。要说在部队整整 4 年，随便挑出哪条军纪、军规、内务条例，
他都倒背如流，接受的全是下级服从上级、言行规矩有度的教育。与老百姓
打交道，那可完全是另一码事。

"我什么都不懂，师傅叫我不要怕，慢慢学。"

孙小平每天学习老民警走访村民时如何做笔录，师傅每次做完笔录都交
给他看一遍，告诉他哪些应该记清楚、写明白，哪些不用记，关键是走访人
家提问时要注意什么，怎么才能取得人家的信任，愿意讲出你想知道的东西。

入警伊始开展的农村社会主义教育运动结束，管理所两位老民警退休了。

孙小平至今对那两位最初的领路人心存感激，他日后当领导带新警时，
总想到要像他初入警队时那两位长者一样，手把手地领着新人入门。

五

凭着在野战部队特务连警卫排当过 4 年侦察兵的好身手，入职公安却只
干个填表格、给自行车打钢印的差使，恐怕真有些浪费人才。不过，下乡搞
社会主义教育，接触乡村普通百姓，学会与男女老少打交道，听听他们讲述
自己的喜怒哀乐，了解他们的生活心态，这对孙小平的未来人生颇有裨益。

从警 3 年半，孙小平由"职工"转为编制内民警，他被调入刑警队，这
时的刑警队在 5 个月前称作"刑警股"。入刑警队第一天，孙小平跟着刑警队
指导员骑自行车出现场，那是一起抢劫案的案发现场，嫌疑人被推测是接连
几起抢劫案的元凶。

　　要说管理自行车的全套程序和规范要求，孙小平闭着眼都知道怎么做。当他跟着几名有经验的刑警来到刑事案件的犯罪现场，只能瞪大眼睛仔细观看，生怕漏听刑警们所说的每一句话。没有预先的系统学习和实践，这可相当于当兵没摸过枪，拎着枪就上战场，直接投入战斗。

　　看现场回来，孙小平从指导员手里接过两本书，一本是《刑事案件》，另一本是《刑事侦查》。他至今记得那两本书的外观，一本书是蓝色的封面，一本书是黄色的封面，他连夜翻阅做笔记，有空就琢磨书里的内容，再时不时地向老刑警询问，了解办案程序和技巧。

　　孙小平调入刑警队之际，适逢扬中县开展全国首次"严打"斗争第三战役的第一仗，他参加了侦破案件以及搜捕各类犯罪嫌疑人的统一行动，边学边干，与同事搜捕了11名犯罪嫌疑人。这一年，扬中县全年刑事案件发案91起，公安机关破案77起。

　　人们从影视剧或文学作品中看到的刑警英勇无畏、顶天立地。然而，只有当过刑警的人才知道干这个职业到底有多么的艰辛，要承受多大的心理压力。案件发生、尤其是重大案件，你要第一时间采取行动，无论线索多么稀缺、案情多么复杂，必须全力以赴——没日没夜、酷暑严寒、奔劳蹲守、不顾家人，甚至不顾健康，更不顾危险……

2005 年 8 月 11 日，孙小平（右二）参加公安集中咨询活动

一名被判处无期徒刑的扬中籍罪犯从监狱越狱逃离，潜回扬中欲报复杀人，当日被擒获。

西来桥镇东进村一篾匠专业户家中被盗，失窃现金 3570 元，犯罪嫌疑人被擒获。

一劳教农场脱逃人员窜入扬中县，闯进三茅镇英雄村一村民家里，将家中老太太捆绑殴打，逼抢现金 400 元、银手镯一副。案发仅 45 分钟，犯罪嫌疑人束手被擒。

一男子戴口罩、持匕首，闯入县电力器材厂值班室，将值班室内两名女青年打伤，强奸其中一人后逃跑。

在一次次抓捕行动中，拥有部队侦察兵优良军人素质的孙小平表现越来越出色。

侦察兵要完成深入敌后捕捉敌方俘虏的任务，与刑警追踪犯罪嫌疑人，制伏其反抗予以捕获有着相同之处。在单兵作战技术方面，二者均要求关键时刻头脑冷静、判断准确、出手敏捷、搏击有力。入刑警队不久，孙小平升任刑警队副队长。

六

一封南京来信头一句话写道："客话少说，开门见山，只因我帮会缺少资金，特来此信求援"。此信寄给时任扬中县新坝乡新宁村的党支部书记，信尾落款为"中国护贫杀恶帮会"，写信时间为"1988 年 1 月 19 日"。

所谓"中国护贫杀恶帮会"是个什么组织？想干什么？

信中人勒令村书记"特令你在 1 月 25 日前送交 5000 元"，交钱地点在栏杆桥治联大闸的江堤北面，那里刀（铣）挖之洞，钱放洞中，用土填之洞，有我帮武林高手前来取款。请记住，抗令不交者：杀！走漏风声者：杀！

杀气腾腾的恐吓让村支书惊慌失措，不知得罪了谁，只好向警方报案。

县公安局成立专案组，派出侦查小组，对信中提到交钱地点的周围环境进行了缜密的考察，悄悄排查与村书记有交往的人员，梳理社会关系疑点，警方不想打草惊蛇，便在 1 月 24 日夜深时分按预订抓捕方案分组设伏。

这一天距腊八节仅 7 天，天寒地冻，江风刺骨。

孙小平与新坝派出所一名民警埋伏在江岸内堤的低洼处，四外还有多个设伏小组相互照应。哪料想大雪飘落，没多会儿工夫，纷飞的雪片覆盖了田野和江堤。几个小时过去没见动静，孙小平全身冻僵，四肢没了知觉，肚子饿得咕咕乱响，捧起对讲机止不住地抖……

指挥部用电台与各设伏小组联系，生怕雪地设伏的民警冻坏了。

午夜已过，一个人影冒雪躬身走向取钱地点，当他弯腰伸手从洞中取"钱"时，设伏民警从各个方向出击围捕。来人发现情况不妙，撒腿疾跑。民警边喊边冲天鸣枪警告，那人不顾一切地左突右奔，竟然直奔江滩。

雪夜江堤，手电光晃闪，人影幢幢，喊声喧嚣。那人奔逃了百十米，见包围圈越来越小，竟涉水下江。忽听两声枪响，子弹在他左右近旁的江面上击溅起小小的浪花，那人一下子怔住，呆立在距江岸20来米齐腰深的江水中。

孙小平追下江滩，毫不犹豫跟着扑进江中，趁那人没醒过神儿，一把揪牢他，把他从江里拖到江堤上。讯问得知，此人28岁，新坝乡立新村人，无正当职业，他就是写信恐吓村书记、图谋勒索钱财的嫌疑人。

刑警最兴奋的时刻，莫于侦破案件、擒获作案嫌疑人。

一名犯罪嫌疑人与孙小平同名不同姓，在长达6年时间里作案28起，或蒙面入室，或夜半拦路，他持刀威胁年轻女性，抢劫强奸、劫财劫色，作恶累累。警方花费很大气力一直未能抓获此人，直到那天夜晚，他再次对一名下夜班的年轻女性图谋不轨，被附近巡逻的联防队员抓获。

孙小平参加了讯问犯罪嫌疑人的预审，直到把涉罪案件的全部证据固定下来，可以移送检察机关提起公诉，这起经年惊扰百姓、让警方备受民众质疑的系列案件终于得以终结。孙小平和同事心里压抑多年的巨大精神重负释放出来，犹如火山喷发。

凌晨时分，刑警队众人还在县公安局大院里大声唱歌，早上换班的人见院里一群意犹未尽、嗓音喑哑还唱个不停的同事，惊讶地问"什么事这么激动?!"

刑警队工作繁忙，孙小平早起出门、夜深归家，甚至连续多日有家难回，以至于幼小女儿不认识爸爸，偶尔见到孙小平回家，妻子让女儿喊爸爸，女儿怯生生地犹豫片刻，喊了一声"叔叔"，这瞬间真让这个当爸爸的心里尴尬又心酸。

七

日子快得像是日夜不息的江水。

转眼间，这已是孙小平干刑警即将逾越8年的时刻。

五一劳动节前那天下午5点多，他接到局政治处主任电话，告知说局长找他有事要谈。此时，他正在西来桥镇就一起案件进行调查，接到电话感到很意外，一路返回时心里嘀咕"谈什么事？"

走进局长办公室，局长直接问孙小平，若调派他去城西派出所任所长行不行。孙小平完全没有思想准备，脑袋发懵，嗫嚅一阵儿说，"派出所业务我不懂，我也没当过一把手"。局长把手一挥，斩钉截铁地说，"都是从这一天过来的，只要好好干，没什么不行。"

原来，局党委事先已做好安排，专门讨论过城西派出所所长人选及领导班子成员如何搭配组合，事情已是铁板钉钉。劳动节放假 3 天，孙小平心绪翻腾，想来想去，吃不好、睡不安。虽然他知道如何当好副手，也见过一把手如何干工作，但真正由自己当一把手主持工作，这件事他可是从来没想过。

扬中县早在建国初期建立了三茅镇派出所，20 世纪 60 年代更名为城镇派出所，1984 年又改回原名三茅镇派出所。孙小平要去的城西派出所，就是那个名称变来变去的三茅镇派出所，这个派出所再次更名，改称"城西派出所"。

要说自己在三茅镇出生、长大，读过城镇小学、县中学，对这里的街道、商铺、民居、民风、人情世故、生活习惯十分熟悉。但担当派出所一所之长，孙小平需要完完全全从头学起。这个派出所管辖区域大、人口相对数量最多，这里是扬中县社会政治生活、经济生活的中心区域，既是党委、政府所在地，又云集众多企事业单位、商家店铺，这里往来车辆多，由此面临的治安状况也相对复杂。

1993 年 12 月 18 日，孙小平（左二）向群众讲解安全生产知识

正式与派出所全体民警见面第一天，孙小平听人家叫他所长，心里纠结，很不习惯，他甚至请同事别这么叫他。局长那句话好轻松——"都是从这一

天过来的"——孙小平发现，要学的东西太多太多，光是了解派出所工作职责就绝不是一时半会儿能对应上的，更不要说熟练把握了。再拼命学习也没办法速成，要靠一天天的磨砺。

派出所要管理辖区内的实有人口；收集、掌握、报告影响社会政治稳定和治安稳定的情报信息；管理辖区内的重点行业、公共娱乐场所和枪支、弹药、爆炸、剧毒等危险物品；指导、监督辖区内的机关、团体、企业、事业单位的内部治安保卫工作；宣传、发动、组织、指导群众开展安全防范工作；办理辖区内发生的因果关系明显、案情简单、一般无需专业侦查手段和跨县、市进行侦查的刑事案件。协助侦查部门侦破其他案件；办理治安案件；调解治安纠纷；参与火灾、交通、爆炸、中毒等治安灾害事故的预防工作；接受群众报警、求助，为群众提供服务。

仅看上述职责要求已经够多够杂，若将每一项运用到工作实践中，那可绝不限于字面上那些内容。派出所是什么地方，可以说你想得到的事情会在这里发生，还有更多你根本想不到、不敢想的事情也会在这里发生。有些事可以按常规办理，有些事就得靠个人社会经验和人生智慧，甚至利用年龄或性格优势操办，没有任何教科书教你怎么做。

<h2 style="text-align:center">八</h2>

以身作则是当好基层领导的一个法宝。

经过仔细斟酌，孙小平在全所工作会议上郑重提出"三看齐"，即"群众向党员看齐，民警向领导看齐，全体向所长看齐"。他的这一提法汇聚着部队生涯、从警生涯的自我体验和认知，他心里想的是，当领导更要争当排头兵，勇于承揽责任、甘冒风险，发扬身先士卒的精神。

要操心的事情多得数不过来，他在办公室里摆张小床，随时有事随时处理，不知有多少次顾不得吃早饭、午饭、晚饭应急处置突发事件；不知有多少次劝解要赖犯浑的纠纷双方握手言和；不知有多少次日夜巡街，预防不法侵害发生。

城西派出所墙外十几米远有个本地最大的农贸市场，这里聚集着众多做生意的外来人员，白天人声鼎沸、喧嚣震耳，晚上有人喝酒闹事、打架斗殴。凌晨三四点钟有人吵吵嚷嚷、动手动脚、高声怒骂，派出所民警不能不管。

一天中午，农贸市场里几个人扭打滚到一起，原来是一山东汉子撒酒疯打老婆，引起多人参与打架。孙小平带领民警把撒酒疯的山东汉子叫到派出所，没想到他窜进派出所伙房，抄起一把菜刀蹦到饭桌上。孙小平大吼一声

"下来!",威猛震耳,把那昏头涨脑的醉酒汉子吓得酒醒,瞬间丢了胆魄,乖乖低头,哆哆嗦嗦地跳下桌子……

孙小平就任伊始,国务院批准扬中撤县建市。这一年,扬中还完成了撤乡建镇的工作。

随即,越来越多的土地征迁事项引发民众不满,每每数量众多的村民阻塞党委、政府办公场所,要求领导出面解决时,孙小平就要带领民警前去劝解民众,这类工作难度和压力极大。

"带好队伍管好人"是派出所所长的重要职责之一。

民警接待群众要热心、耐心,不能因来人态度激烈而在接待时形成对抗心理,更不能发生肢体冲突。孙小平创设接警文明用语制度、强化民警遵纪守法理念,杜绝"吃、拿、卡、要"违纪行为,不允许歪风邪气出现。他告诫下属,"人民警察四个字,人民二字放在前面"。

在城西派出所任职4年半,孙小平被调任油坊镇副镇长兼派出所所长,他在油坊镇任职3年半。

此时,38岁的孙小平已不是当年的毛头小伙子,凭借当刑警、刑警队副队长、派出所所长的履历,虽然没有在农村基层政府任过职,但他已不再惊慌纠结,而是以平常心走上新岗位投入工作。毕竟副镇长的工作与公安工作密切关联,他并不感到陌生。

九

在油坊镇工作未及4年,孙小平被调回市公安局担任治安大队大队长。

治安大队长任职未及4年,局长找孙小平谈话,说市委、政法委有意让他担任三茅镇副镇长一职。孙小平推辞不掉,他内心这么想,自己是三茅镇人,若干不好,既有损个人声誉,也有损公安声誉,只能勇往直前好好干。

2006年6月,孙小平走马上任,从全市全镇综治工作的层面着手,负责协调城东和城西两个区的公安工作,这与他出任过的各个领导职务均不相同,无论工作理念、工作职责、工作要求和工作范围都有较大差异,这对他个人能力又是一次严峻挑战。

孙小平就任副镇长之际,三茅镇镇域面积为75.2平方公里,镇辖29个村,12个社区,人口11.63万人。他接到上班通知那天恰逢全镇党政联席会议,全镇党政干部数十人济济一堂,会上介绍孙小平出任副镇长,他从没经历过那么大的场面。

截止到2010年5月,他卸任副镇长一职,改任三茅街道党工委政法委员。

回首个人工作生涯，当兵、从警、政府任职，至今已逾 38 年，孙小平自惭有过那些时刻——愁眉不展、惊悚担忧、苦脸紧绷、不寐不睡，还有过焦虑莫解的纠结，但更有过遇挫愈勇、不屈不挠、激情迸发、拼搏不休的精神，做出过永不言弃的努力。

俱往矣，日子似一阵风地飘散在往日时空里。

年过五旬的孙小平扪心自答，"我实现了当警察的梦想，履行了神圣职责，兑现了对父母的承诺，提升了自己的人生价值，我心里非常愉快。"

江流激荡何曾止　磐礁屹立见恒心

——记扬中市新坝镇人大主席、二等功获得者周中华

人物档案:

　　周中华，男，1964年11月出生，中共党员，本科文化。1984年10月参加公安工作，一级警督警衔。现任江苏省扬中市新坝镇人大主席。

1997年1月，周中华被江苏省公安厅记个人二等功

　　多年来，周中华同志紧密结合扬中公安中心工作和公安队伍建设实际，以身作则，严于律己，带好队伍，致力于推进队伍的正规化建设，成绩斐然。尤其在数次专项斗争行动中，身先士卒，其任职的部门多次在上级机关年度考核中成绩名列前茅。由于工作成绩突出，其先后被记个人二等功1次、三等功2次、嘉奖5次，3次被评为"人民满意警察"、省"优秀派出所所长"、"先进个人"等荣誉称号。

提起父亲，周中华缓缓转头望向窗外，喉头有些哽咽。

小时候，父亲语重心长地叮咛过他的一句话是，"要堂堂正正地做个好人，再穷，不能做坏事，不能去偷去抢。"父亲病故未及1年，他慈祥的音容笑貌时常浮现在周中华眼前，每每见到与父亲年龄相仿的老人家，免不了让年过五旬的周中华伤感连连。

——

解放以来，扬中域内地名多变。

新成立的县人民政府曾将新坝区的南阳、三阳两乡合并，改称联合乡，1956年又将公信乡与联合乡合并为联合乡。2001年，经历撤乡改镇的联合镇与新坝镇合并，沿用了半个世纪的"联合乡（镇）"之名被永远封闭在历史档案中。

曾经的联合乡本无永治村名。

大跃进年代，联合乡命名了一个跃进村。然而，这一村名并未延用日久，时隔多年更名永治村。再后来，永治村经与治安村、治联村合并，改称新治村。

周中华出生在联合乡永治村一个普通农民的家庭。听家里老一辈人讲，周家祖上从河南迁移到这里。周中华父亲年少时练过功夫，长大后能一拳打穿土墙，但周中华自小长大从未见过父亲因小事跟哪个人红脸动粗。

2009年9月23日，周中华在扬中市公安局城东派出所
"警民携手 共保平安"巡防活动启动仪式上发言

父亲干活不惜力、不偷懒，性格豪侠仗义，直来直去，爱打抱不平，心宽不记仇，还写得一手好毛笔字。母亲慈祥，怀有很强的正义感和同情心，自家再穷再困难，见左邻右舍生活困难，势必援手，能帮就帮。

20世纪六七十年代，扬中孤岛四面环江，每逢台风暴雨、大江潮涌，沿岛江堤危情不断，岛内河港险境频现，洪灾涝灾并发。扬中人视江堤为生命堤。全县沿江堤岸长达120多公里。

周中华8岁那年，初夏时节，扬中连续数日降雨，雨量达605毫米，15万亩稻田受涝，逾7万亩农田积水半米以上；时隔3年，一场连下4天的暴雨在盛夏时节袭击扬中，雨量达480.4毫米，全县12万亩农田积水1米，其中2700亩农田基本无收，房屋倒塌2377间。

永治村坐落在长江岸边，饱受江水泛滥威胁，人人上堤奋勇抗洪一直是这里的传统。举凡洪灾袭来，全村男女老少抢险固堤，绝无退缩之虞。人人明白，一旦决堤倒圩、江水溃淹，家家难保。周中华父母本就是重活累活抢着干的忠厚之人，抢险抗灾不甘人后。

周中华刚满11岁，扬中县成立农田基本建设指挥部，一场声势浩大的农田水利建设热潮在全县9个人民公社展开，指挥部针对扬中江堤低矮单薄以及境内地势低洼、港河水系紊乱、河道多弯曲狭窄等诸多弊端，统筹规划，全力以赴治涝除渍。

扬中人万众一心地投入这场轰轰烈烈的大建设之中。

父母早出晚归，每天夜深极度疲惫地回到家中。众志成城的劳动成果一天天显现，堤防加固，河港疏浚，建涵建闸，涵闸配套，沟渠路林成网，平田改土，农田成方。

农田水利建设热潮尚未结束，扬中县委大院内召开全县农业学大寨大会，这次会议开了整整8天，干部群众逾4000人参会，出席会议的有县革命委员会成员、9个人民公社的公社干部，大队书记、贫下中农代表、生产队长、县、社工厂、知识青年、转复员军人代表，等等。大会提出要实现"奋战一年建成大寨县"的目标。

周中华13岁那年冬天，扬中组织全县江堤大会战，动员7万多民工参战，共完成土方473万方，投入劳力215万余工日。永治村所辖的夹江江堤经过加固，变身顶宽5米的堤防。周中华的父母也投身到这场轰轰烈烈的大会战之中。

二

农村娃哪个小时候不干农活。

少年周中华胳膊还细，身板还不壮，就开始参加生产队集体劳动，能挣几个工分挣几个工分，替父母分担生活重负。他农忙时节下田栽秧、挑运稻麦，尽管腰酸背痛、手掌磨泡，看看父母手上那些厚厚的老茧，想到自己将来长大总归要成这样。

农村娃懂得没有白来的享受，不吃苦换不来好生活。

年龄渐长，周中华割稻割麦、晒麦脱粒；力气渐长，周中华肩挑背扛，一人推起装载200来斤重物的独轮车；毅力渐长，周中华接连20多天喝稀米菜汤，有一顿干米饭下肚就知足。他耐得住清贫，却期盼过年。

过年时，往日稀汤寡水的大柴锅里投下几块豆腐、百叶就很好了。

周中华记得，小时候过年，家里无米下锅，父母去找生产队长讨赊粮。年纪尚小的他不知道父母当年讨借时心里有多纠结。

有件往事，周中华心里记得最最清楚。

2009 年 9 月 24 日，周中华接受新闻媒体记者采访

10 岁那年，他与村邻小伙伴一同去镇上供销社买糖精，糖精一毛钱一包。出店门时，小伙伴把包好的糖精打开，想偷着尝尝，没留神一下子撒到地上，顿时慌了神。周中华没有犹豫，把自己刚买的那包糖精分一半给小伙伴带回家。

进家门交差，心细的父亲发现儿子递过来的糖精分量不对头，问儿子是不是售货员少给了。

儿子含含糊糊地说，售货员就给这么多。等到他那小伙伴回家向自家父母坦白了事情经过，那家大人转头向周中华父亲夸奖教育孩子有方。父亲才知实情，先认可儿子做得对，说糖精多少不要紧，不把实情告诉父母、不讲实话是不对的，父亲满脸严肃地告诫儿子，要做个诚实的孩子。

周中华小时候，家只有3间破瓦房，父亲毛笔字写得虽好，但上几辈没出过读书人。每逢春节，父亲忙着给村里乡亲们写对联。父母亲有个信念很坚定，"再穷也要供孩子上学，上学有知识。"

永治小学、联合乡红旗中学、联合中学，周中华完成了小学、初中和高中的学业。小学就在村里上，仅有5分钟路程，念初中要走20分钟到学校，上高中要走45分钟，上学的路越走越远。

周中华小时候是个活泼的男孩子，记忆力好，体育成绩出色，上初中当过体育委员，也当过语文课代表、化学课代表。想必是父亲爱写毛笔字的习性影响了儿子，周中华在学校热心出黑板报，每次用粉笔在教室后墙的黑板上吱吱呀呀地书写很开心；同学之间闹矛盾起争执，他仗义执言，说理讲情，有乃父风范，三言两语就能化解，在同学中很有些威信。

老师对这名学生的评价是："皮，不捣蛋"。

高中毕业那年，扬中全县高中毕业人数不及3000人，更多的农村同龄人放弃读高中，早早从事农业生产劳动，帮家里减轻生活负担。随着年龄和社会阅历的增长，周中华越来越深切地感恩父母为鼓励他读书，在那样艰苦的生活困境中付出了很多辛劳。

三

终结高中学业，周中华那届高中毕业生基本上全回了家，他印象中没有谁去考大学。

想着如何谋生，他上门拜一位扬中师傅学做服装，整整学了半年。初入社会，学手艺的过程对他今后路上的人生之路带来了一定程度的影响。

老话有"教会徒弟，饿死师傅"。

手艺人带徒弟的传统往往是让徒弟看师傅怎样操作，考验徒弟的灵性。另外，给师傅点烟、沏茶倒水、打扫卫生，举凡师傅生活之需能做的都要做，直到师傅认可徒弟的人品和灵性，认为徒弟是可教之人，才有可能传授手艺的精妙。

周中华入门方知，裁剪是缝制的基础，而裁剪不是一项独立工作，裁剪之前要进行铺料、画样等准备工作。且不说如何正确执握剪刀，就说识别多种多样的布料，让布面平整、布边对齐、张力均匀、方向一致、对正图案、正确开裁，绝非易学之事。剪裁又要熟练操作"先横断后直断，先外口后里口，先零小料后整大料，逐段开刀，逐段取料……"

做服装手艺比起瓦匠、木匠、篾匠、箍桶匠，虽身处洁净环境，不需拼力而为，却最需心灵手巧，剪剪缝缝看规格、看尺寸，更讲究妥帖合体。

周中华学手艺之际赶上国家实行粮食"大包干"政策，这一政策以生产队为核算单位，有效地调动了农村农民的生产积极性，促进了农业生产的发展。随着国家一系列重大政策的实施，农村的社会生活一天天发生着喜人变化。

1981年5月8日，扬中恢复县人民政府名称，终结了扬中县革命委员会的历史。紧接着，扬中县委决定恢复"文革"时期废除殆尽的宣传体制，招聘党的报道员和宣传员。听到乡镇广播站转播县广播站的这条消息，学裁缝的周中华很是心动。

1997年10月，周中华在无锡出差

过了不久，乡广播站发出通知，宣布公开招聘两名通讯报道员。周中华决定前去应试，他记得先要考写一篇文章，再经乡党委组织委员和乡广播站站长面试，他顺利过关。经县委宣传部审批的宣传员共有395人。周中华罢了裁缝手艺，自主选择了他想要的另一种人生。

乡广播站设在乡政府院内，约有二三十名工作人员。

周中华入职乡广播站通讯报道员，每月领取薪水39元，这可是一份有着固定收入的工作。通讯报道员有量化考核指标，必须在有限时间内完成一定数量和质量的报道稿件。他骑着自行车早出晚归，奔赴全乡各村寻找报道线索，及时写成报道稿件递交广播站编播。

当年宣传途径主要依赖广播，县里的宣传报道着重对中央连年发布的一号文件精神进行宣传，还对农村联产承包责任制、发展社会主义商品生产、加快农村经济体制改革、促进社会主义的经济建设等大政方针加以宣传，具体报道县成立"五讲、四美、三热爱"活动委员会组织开展文明礼貌月活动，全县开办乡镇社会福利厂和敬老院，等等。

每逢春种、夏忙、秋收之时，乡报道通讯员辛苦奔劳，周中华走遍全乡十余个行政村，他撰写的稿件有传达乡政府重要会议精神的，有村务落实情况取得良好效果的，也有配合"严打"告知百姓如何防范刑事犯罪的，还有介绍农业知识和技能方法的，有弘扬良知美德事件的，有表彰模范先进人物的。

"又听到广播里播你写的稿子啦！"父母对匆匆进门又匆匆出门的儿子说。

"县广播站播你的稿子啦！"村邻乡亲、老师、同学、朋友这样说。

四

1983年3月1日，镇江市经国务院批准，升格为省辖市，实行市管县体制，撤销地区公安处，重新组建镇江市公安局。同年8月，中共中央发出《关于严厉打击刑事犯罪的决定》，提出从1983年起，在3年内组织3个战役。从1983年8月上旬开始到1984年7月，各地公安机关迅速开展严厉打击刑事犯罪活动的第一战役。

转年1月，镇江市公安局宣布，在全市范围内第二次集中打击严重刑事犯罪分子的专项行动中，共抓获各类刑事犯罪分子802名。其中，隶属镇江市公安局的扬中县公安局在这一专项行动中抓获各类刑事犯罪分子81名。是年6月，公安机关在全市范围内又展开第三次集中搜捕，再有386名违法犯罪分子落网，其中有扬中县公安局抓获的各类刑事犯罪分子46名。

乡政府院子里消息灵通，民众尚未闻知的大事小事，院里人总能率先知晓。

周中华平日与乡民政助理、乡公安特派员熟悉，平日工作多有接触，听说县公安局招聘合同制民警，他十分激动，心想当警察多神气，干嘛不试试呢。

记得全乡有四五十名青年报名，记得当年考场设在扬中县党校，还记得入考场要求写一篇文章，笔试一小时。周中华在乡里做通讯报道员积累了一定的写作经验，不怵写文章。他顺利通过笔试后进入面试和政审，这两项又顺利通过。招聘合同制民警工作结束，全县共有58名符合条件的青年入选。周中华凭借自己的勇气、努力和运气，再一次迈上人生的又一级台阶。

县公安局对首批入选合同制民警的青年进行培训，强化法律法规学习，包括《中华人民共和国人民警察条例》《中华人民共和国刑法》《中华人民共和国刑事诉讼法》。局领导考虑到这批年轻人立即投身到正在进行的"严打"斗争中，他们必须尽快熟悉《最高人民法院关于人民法院审判严重刑事犯罪案件中具体应用法律的若干问题的答复》等相关司法解释以利于工作。

1984年7月，扬中县公安局在全县招聘合同制民警的同时，相继在各乡建立派出所。

联合乡同三茅、新坝、油坊、丰裕、三跃、兴隆、长旺、永胜、八桥、西来桥诸乡一道建立起公安派出所。原来由各乡镇秘书负责的农村常住人口四项登记和人口统计等管理事项，全部移交给所在地乡镇派出所。

1984年10月底，扬中"严打"第二战役第一仗结束，刚刚完成培训的首批合同制民警立即参加到第二战役的第二仗之中。周中华入职新成立的联合派出所，派出所共有6人。凭着当乡通讯报道员已经熟悉的社情民情、村庄道路，身着83式警服的周中华开始履行民警职责。

熟人见到穿警服的周中华很是惊讶，这小伙子当上警察啦？

从乡镇招聘合同制民警是东部地区为保证"严打"斗争顺利进行、缓解警力不足突出矛盾想出的办法，这办法也在全国陆续进行推广。周中华明白，合同制民警毕竟与政法编制民警身份不同。合同制民警本省承认，外省不承认，合同制民警的薪水由乡镇开支。

当上联合派出所合同制民警，周中华的月薪比当乡通讯报道员时多了几块钱，他每月只给自己留10元以下的生活费，剩下的钱全都交给父母。他还记得当年供销社卖猪肉一斤仅为0.74元，饭馆里一碗红烧肉卖3角钱，他知道自己该怎样省吃俭用。

五

周中华被录用合同制民警当月，适逢全国政协副主席、社会学家费孝通教授第二次来扬中考察，此前4个月，费孝通曾到扬中考察过十一届三中全会以来这里农村集镇的巨大变化，这位著名学者离开扬中时挥毫题词："鱼米之乡，江中明珠"。

1992年12月，扬中县调整行政建置，撤乡建镇，联合乡变为联合镇。

这个镇拥有近22平方公里的面积，辖12个行政村和1个农场，201个村民小组，人口2.22万人，乡村企业113家，从业人员有7500余人。

农村派出所外勤民警要在负责辖区管片内做好基础工作，周中华管过的片区最少时有3个行政村，最多时有7个行政村。基础工作细项繁多：预防、制止和侦查违法犯罪活动；维护社会治安秩序，制止危害社会治安秩序的行为；消防监督；管理枪支、弹药、管制刀具和易燃易爆、剧毒、放射性等危险物品；等等。

"我走村串户跟老百姓拉家常，乡里40岁以上的人80%都认识我。"

在农村派出所那些年，干外勤最繁复的工作有两项，一是管理农村户政，及时掌握因婚丧嫁娶出现户籍迁入迁出的情况；二是组织群防群治、巡逻防控。周中华在联合乡当民警一干就干了9年半，只要听说哪个村出了什么情况，他随口就能点出相关人的姓名、家庭成员。

呵护"江中明珠"的光彩，需要安定有序的治安环境。

随着社会经济的快速发展，以流窜犯罪为特征的新型刑事案件数量在全国呈现井喷态势，县公安局根据公安部、省公安厅、镇江市公安局的统一部署，自1984年秋季开展清查打击专项活动，于1985年初对全县流窜犯再进行一次全面调查摸底。

周中华下村入户积累了一条经验，他清楚，与村民拉家常不能在本子上做记录。

聊天拉家常时无意透露的信息，有可能会牵连对方的熟人、邻居或朋友，民警若掏出本和笔当场记录下来，人家会有所警惕，以后把严嘴巴，不再向民警提供什么有用信息。周中华凭着记性良好，每次走访回来，仔细回想这一天与人交谈获得的有用信息，将其记录在本子上。

能吃苦，工作不惜力，周中华觉得这性情很像父亲。当他能够独当一面开展工作时，得到了所长的充分信任和鼓励。领导下派任务时，不需要对这个年轻人过多地叮嘱和提醒，因为他做事细致周严，很注意程序规范。

1985年5月，扬中县公安局开通有线通信网，安装50门内线电话，大大畅通了上下级的密切联系。时隔月余，县公安局又开通了无线通信。当年年底，各派出所领导配备了对讲机。1989年，各派出所安装固定呼叫无线电台，民警实现了单兵定向联络。警用科技装备的添置和更新，大大提升了基层民警的工作效率。

1994 年，周中华拍摄于城西派出所

六

那年春天，三茅乡同心村发生一起入室强奸案，在其后两个月里，联合乡年丰村、新坝乡民众村也相继发生入室强奸案，这三起恶性案件酿成村民恐慌，县公安局调动数十名民警组成专案组展开排查，尽管警方付出很大努力，案情始终未破。

转年入春至夏，三茅乡同心村与新坝乡民众村又先后发生两起入室强奸、抢劫案，专案组民警锁定嫌疑人，此人是联合乡新胜村一蔡姓村民，他有过拦路抢劫的前科，周中华也怀疑过这个人，但由于权威部门的鉴定结论未能确定同一性，警方不得不解除对此人的嫌疑。

蔡某被解除审查后，发案地区连续 5 年没有再发生入室强奸、抢劫案件。然而，时隔 5 年，新坝、联合、丰裕三乡连续发生夜间女工途中被拦路抢劫、强奸案件，这类案件竟累积 21 起。警方分区域夜间伏击、守候、化妆侦查，历经数月未能奏效。

1990 年 5 月 25 日午夜时分，联合派出所联防队员听到一家糖果厂附近有女人高声呼叫，急忙寻声追去，抓获一名嫌疑人。当带至派出所时，周中华一眼认出此人为联合乡新胜村蔡某，蔡某见到周中华悲戚哀嚎"小周，我没得命啦"，直觉再次告诉周中华，5 年前的 5 起入室强奸案就是他，于是周中华打电话向县公安局刑警队报告，后经审讯，蔡某交代了 5 年前犯下的 5 起入室强奸案件和其他21起案件。

公信桥集镇是扬中主要集镇之一，联合乡政府所在地。

这个镇上有小学、中学，有数十家商店、镇办企业，有农贸市场和小商品市场，是人们经常来此购买商品和货物的聚集之地。这里曾经连续发生自行车失窃案件。

周中华逐一前往自行车失窃地点排查，抓获嫌疑人，巧得是此人也叫周中华，两人姓名完全一样。"周中华审周中华"成为民警中的笑谈。那个周中华住家靠近集镇，他盗得自行车卖掉，哪怕百八十元簇新的自行车，二三十元就出手。据他交代，总共盗窃了18辆自行车，销赃的款被其挥霍一空。

老百姓最痛恨偷鸡贼。

当年生活艰难，农村人养鸡下蛋舍不得吃，拿着鸡蛋去供销社换零钱买油、买布、买针头钱脑、买肥皂过日子。偏偏有人瞅准谁家鸡多，趁人不注意把鸡掏走。周中华逮着过这样的偷鸡贼，那家伙把几个村的养鸡人家全偷遍了。

20世纪八九十年代社会治安态势严峻，除"严打"斗争之外，公安机关为维护社会治安接连不断地开展N次专项斗争，一线民警应接不暇。周中华难忘那些拼不息的岁月——打击流窜犯罪、反盗窃、反内盗、追逃、打拐、破积案、打击"双抢"、禁赌、打击车匪路霸、打黑除恶……

七

在联合派出所工作进入第十个年头，县公安局想把周中华调到城区派出所任职。乡领导得知这一消息，特地给周中华打来电话，恳切叮嘱他："你不要去，联合乡需要你"。

春夏秋冬，寒暑交替。

自小在这里出生、长大，当乡通讯员、当民警，周中华对家乡这片土地熟悉得不能再熟悉，他认识这里许许多多的人，无论干部、店员、乡镇企业老板、员工、个体户、农民；无论男女老少、外来人员，他对这里的社情民俗了如指掌。刚刚进入而立之年，他想在新降临的人生机会里试试身手。

周中华"进城"调入城西派出所当月，恰恰赶上国务院批准扬中撤县设市。

1994年5月19日，民政部将《关于江苏省撤销扬中县设立扬中市的批复》发到省政府。两个月后，省政府和镇江市政府先后发出《关于江苏省撤销扬中县设立扬中市的通知》。

同年9月20日，已由县委、县政府改设的扬中市委、市政府印发了《关于撤县设市更改领导机构和领导干部职务名称及启用新印章的通知》。那一天，恰恰是周中华30周岁的生日。

10月，扬中县公安局更名为扬中市公安局。

这一年的10月6日，是扬中永载史册、极其重大的日子。

扬中长江大桥通车剪彩、撤县建市揭牌仪式、实现小康县、建设生态县可谓"四喜临门"。那一天，扬中万众欢腾。

扬中古来"孤悬江中"，四面环江，苦于舟楫摆渡。建造长江大桥是扬中人祖祖辈辈可望不可即的幻想和梦想。20世纪80年代，扬中经济迅猛发展，两个汽渡码头已无法适应客货运输量快速增长的巨大压力，交通运输成为制约这爿江岛未来经济和社会发展的瓶颈。

早在1989年，县人大代表和政协委员就迫切提出建造长江大桥的提案和议案。

翌年8月，县委、县政府决定自筹资金建桥。筹资渠道既有全县人民捐款，又有县内企事业单位捐款，还有银行贷款并争取上级政府相关部门资助。全县先后进行过两次全民捐款，扬中百姓踊跃参捐，孩童、少年、老人、村民、五保户、残疾人、低收入家庭、工人、厂长、干部争先恐后。

"我把一个月的工资都捐了"，不仅周中华捐，他的孩子把自己积攒的压岁钱也捐了。

扬中长江大桥经勘察、选址，确定在联合乡永治村所辖的江岸边建造。

开工奠基后，随着工程一天天进展，村民们眼看着一个个巨大的桥墩相继竖立江中，巨龙般的桥体赫然矗立湍急的江流之中。历时近两年半的建设完工后，大桥通车剪彩。那一天，近10万名民众兴高采烈地喧闹着，步行徜徉在这座宽15.4米、长1168米的桥面上。

扬中长江大桥是扬中人的骄傲，其桥身建在江岛这边的永治村地头，永治村人更以"我们村就在大桥下"而自豪，佐以炫耀。

八

农村派出所的工作要求和节奏与城区派出所多有不同。

周中华初到城西派出所报到做内勤民警，这份工作多与材料打交道，领导会议、工作总结、汇报情况、各类报表，虽说是内勤民警，可他仍做着内勤和治安民警的事。

当年城西派出所有12名民警，这里辖区常住人口多，还有外来流动人口和暂住人员，这里事情繁杂，一天能接几十起报警，周中华"每天晚上没有在10点钟以前上床睡觉的"，周六、周日都忙个不停。回想那些年在这里满负荷、超负荷地工作，真可谓"苦得要命"。虽然苦，但却很快乐，因为很充实。

　　周中华正值青壮年，身体棒，干劲大，心里憋着个念头，初来乍到新岗位，怎么也不能叫人瞧不起呀，他常常劳碌至夜深两三点钟无所谓，庆幸当乡通讯员练就的文字功夫，大大有助于职责范围内的工作。

1983年，周中华拍摄于联合派出所

　　一村支书报警，称村主任被人绑架，不见踪影，只知有六七个外地人开着白色面包车把人带走，因为什么事、去哪里，全都不知道。周中华与一同事出警，很快在扬中长江大桥拦住那辆面包车。车里人出示了法官证和司法拘留证，说是执行公务。

原来，村主任在山东搞装潢，欠了当地人的钱，原告方起诉到法院，当地法院派法官、法警和原告来到扬中。周中华清楚，对方若想带人走，既未通知扬中法院，也未通知扬中警方，更不可异地司法拘留，这不符合法律规定。经过周中华的耐心解释和斡旋，外省法院一行人返回扬中市公安局商议。凌晨3点，原被告双方达成还款协议，这起突发的警情得到妥善处置，对方致谢离开。

中午时分，一壮年男子满头大汗跑进派出所报警，他存放在暂住地的数吨金属节能网不知被什么人用卡车"一锅端"拉走，找寻不到。那些节能网价值17万元。周中华正在值班，见报警人急得口齿不清、语无伦次，赶紧布控调查，迅速搜集线索，最后一直追踪到省城南京的一处停车场。当天下午4点左右，他与同事一举抓获了盗运节能网的犯罪嫌疑人。

惊心动魄的一次出警是制止两拨儿外地人之间惹出的一场械斗。

三茅镇文化北路旁边有一个农贸市场，这里一拨儿山东苍山人与一拨儿江苏徐州人积怨日久，双方因小事爆发了有组织械斗。入夜时分，周中华接到报警赶赴现场，眼前那种剑拔弩张的血拼气氛让他惊心，双方出动几十号人，手执砍刀、木棒、铁棍怒目对视，看到警察到场，有人起哄讪笑警察，不顾一切地开打，一方追打逃散一方……每每想起来当时情景，真让人后怕。

夜半时分，周中华带一位年轻民警正要开车出院去巡逻，院门外晃过一个骑自行车的人，自行车后座上驮个蛇皮口袋，他骑得飞快。周中华直觉骑车人很值得怀疑，驱车即追，年轻民警不大相信那骑车人有什么问题，周中华笃定直觉判断，说"不信就试试看"。

前跑后追，周中华驱车追进小区，追到路尽头，骑车人丢下自行车就跑，狂奔300多米，束手就擒，抓住那人后打开他丢弃的蛇皮口袋，里面全是偷来的衣服。周中华把嫌疑人带回派出所里讯问，那人交代，他下夜班途中钻入一家偷窃，不仅偷了人家的衣服，还偷了人家3000块钱。周中华通知被盗人家核实情况，人家从睡梦中醒来，不知道家中财物被盗。

九

周中华从警进入第14个年头，一直在基层当民警，遇到过形形色色的案件，化解过不同诉求的纠纷，经受过各种各样的工作考验，在多名性格有异、作风不同的领导手下工作过，最了解一线民警认可什么样的领导，最清楚什么样的领导能让人精神振奋、情绪饱满地工作。

周中华表现出色，入城西派出所第四年被提拔为副所长，专门负责案件。

33 岁当"官"，周中华想到升职后自己应该如何作为，躺在床上思来想去，凭自己这些年来的从警体验，最终归结简简单单、朴朴素素一句话："以身作则，率先垂范，用行动感动兄弟们"。

在地处农村的联合派出所干了 9 年半，在地处城区的城西派出所干了 5 年半，35 岁的周中华接受组织调动，前往兴隆派出所担任副教导员。这个派出所领导班子、民警与领导、民警与民警之间和谐音符存在杂音，绩效考核落后。

周中华就任后逐个找人谈心，详尽了解每人心里到底存有哪些疙疙瘩瘩的纠结和怨气，经过细致分析和思考，他洞察到每个人的性格、性情、处事方式，便开始从集体荣誉、警务职责、纪律条例、工作要求、程序规范着手，有的放矢地依次"解扣儿"。

周中华有针对性地调整全所每个人的心态，经过一次次的思想动员，公正评判，一碗水端平，大家的积极性调动起来，集体荣誉感被激发出来，放弃个人恩怨一心工作，兴隆派出所当年绩效考核排名迅速提升到全局第二。

逾不惑之年、积 20 多年从警历练，周中华有这样的自信，不论谁是不是比自己年长，不论谁警龄是否比自己多出几年，不论同级班子成员谁从部队转业当过干部，"工作上没有谁敢跟我调皮捣蛋"。

担任基层派出所领导，仅凭从警资历不能服人。

周中华相信，若想做好任何事，都要讲究个方式方法。最最重要的是外行领导不了内行，只有自己内行过硬，在决策、指挥、调度、发令时才能保证目标明确，工作有成效。

该表扬的要表扬，该批评的要批评。

在兴隆派出所任职未及 3 年，周中华调任扬中市公安局经济案件侦查大队，担任副大队长。5 年后，市公安局党委决定将周中华调至偏远市区的西来桥派出所主持工作，由于周中华懂业务，善管理，团结带领全所一班人，顽强拼搏，当年改变了该所落后的面貌。

2008 年，组织上又将其调至市区城东派出所担任所长。该所人员较多，仅部队转业干部就有六七人，45 岁以上的老民警多达 10 余人，且绩效考核一直处于落后的境地。周中华始终坚持着"人心齐、泰山移"的信念，逐个找民警谈心，民警家中有事，必上门慰问，一束鲜花、一盒蛋糕、一份红包，表达一份情谊。在年终民警家属座谈会上，他逐个点评民警一年来在所里工作等情况，增强互动，增加彼此了解。

矛盾纠纷，亲自化解；侦查破案，亲自上案；巡逻伏击，亲自上阵。涣散的人心聚集起来，迸发强劲的内在动力，在"向我看齐"的口号下，周中华同志以身作则，率先垂范，没有一天晚上11点钟之前离开派出所，就连他生痔疮住院手术3天半时间，出院就回到他放心不下的岗位。

精诚所至，金石为开。在周中华的感召下，全所民警感动了，精神面貌大大改观，工作积极性、主动性空前高涨，争先创优的意识开始增强了，该所当年甩掉了落后的帽子，绩效上去了，评先评优的荣誉也接踵而至，受到了上级的记功嘉奖。

此后10余年，周中华接受市公安局党委和市政法委的组织调动，担任过西来桥派出所主持工作的教导员、城东派出所所长、西来桥镇党委政法委员、新坝镇党委政法委员，直至担任新坝镇人大主席。

"父母给了我一个健康的身体，给了我成长的智慧和力量。"

追忆懵懂少年的成长往事以及闯入社会数十年的奋斗历程，周中华感慨万千，他最最想对父母倾诉的一句心里话是，"永远铭记你们赋予我精神财富的恩情"。

莫道江涛无涯际　只念远方海域宽

——记扬中市公安局水上警察大队大队长、全国优秀人民警察蒋元海

人物档案：

蒋元海，男，1966 年 3 月生，中共党员，汉族，大专文化，二级警督警衔。现任江苏省扬中市公安局水上警察大队大队长。

2000 年 3 月，蒋元海被授予"全国优秀人民警察"荣誉称号

因工作成绩突出，先后被授予"全国优秀人民警察""江苏省星星火炬"二级奖章荣誉称号和记个人三等功 3 次，并被评为江苏省"人民满意公务员"，镇江市公安局"学济南交警"十大标兵，扬中市劳模、扬中市"优秀辅导员"等。

凭海临风，极目远眺，晴空碧域，浩渺无涯。

一个未满 20 岁的小伙子告别长江岸边的家乡和亲人，远行数百公里，登上海边一座小山，俯视着从未亲眼见过的大海，久久伫立。身后即是他新入

学的江苏连云港水产学校。

他出生在长江第二大岛上的一个村庄里，名字有个"海"字。

一

清末民初，扬中陆地涨势加快，洲与洲相连，其中，最大的洲叫太平洲。太平洲最南端有个地方叫八桥镇。

清光绪三十年（1904 年）太平洲独立建置，初名太平厅，宣统三年（1911 年）改名太平县，八桥镇曾分别为太平厅和太平县治的驻地。

家在扬中县八桥镇长胜村，父母仿佛预知这男孩子的命运与海有缘，给他起名时加入一个"海"字。男孩子一天天长大，会爬、会听、会站、会说，后来能拿笔在纸上歪歪扭扭地写出"蒋"，写出"元"，再写出"海"，那是他在人世间笃定的称谓符号，不再改变。

长胜村向东向南距长江均不足一里半，西距长江两里多，可谓三面临江。

这个叫"海"的男孩在江边长大，自小水性良好，闭息潜泳、摸虾捞蚌、划波逐浪。

小元海生性调皮。上小学那年景蛇多，他在路上抓到蛇，搓条细草绳，将蛇拴住尾巴，高高吊到树上，人藏树后，手里攥着草绳末端，专等放学的孩子们走到树下，猛地把吊着一米多长的花菜蛇放低，掠过人家头顶，吓得男女同龄人惊恐大叫、仓皇奔逃。

小学、初中、高中，所有作业本都要他写上自己那三个字的名字。

"海"——是什么？不过是大人讲的，书里写的，纸上画的，图片上印的，电影里放映的。

直到名字里有"海"的这个小伙子站在海边，放眼望去，海景辽阔壮美，海风咸湿的气息钻入鼻息，海浪拍击岸线的阵阵声响传入耳畔。

命运似乎早早契合了这一刻的降临。

父亲有兄弟姊妹六人，按家中大排行他最小。分家时，老小只分得一间半茅草屋，屋墙是用芦柴编的。父亲是初中毕业生，在同龄人中算是头脑精明、敢闯敢干的人，他为人正派，处事公道，在村里当过农业技术员。他家教严厉，三个儿子只要犯了错，都得罚跪罚站。

父亲年轻时越江闯荡，在百十公里外的煤矿当过会计，能写一手好字，每逢春节时，家家贴对联，他总是忙个不停，既要自编吉词，又要裁纸书写，每写好一副对联，就要儿子小心翼翼地把墨迹未干的对联捧到一边，搭在空处晾干。

父亲曾患肺结核，不得不回家休养，在十几年的漫漫日子里，链霉素一直是他的救命药，家里人长年四处奔波求购。

母亲像当年大多数农村妇女一样，吃苦耐劳，从无怨言，为人厚道，不与人争。

想想过苦日子的那些岁月，蒋元海眼前就会浮现出这样的情景，家里灶上煮好一大锅菜粥，母亲总会勺出稠一些、多一些的米粒盛进儿子碗里，自己只盛些汤汤水水吃下。生产队集体时有夜战筑堤、救灾挖渠等突击性重体力劳动，有时会发些干粮犒劳大伙，母亲自己不吃，总要揣回家带给三个儿子吃。

2013 年 9 月 28 日，蒋元海（左一）参加江苏省第八届园艺博览会安保工作

最记得过年家中无米蒸饭，母亲把蚕豆磨碎了煮着吃。

哥哥比他大 3 岁，高中毕业后做了木匠，小元海晓得全家人勒紧裤带供他读高中，晓得父亲希望有个儿子能读书跳出"龙门"。

二

农家娃从小就懂得种粮、种菜要积粪，谁也不是天生就不惧粪臭。

农家娃小时候就要干积粪的活儿，不避鸡粪、狗粪、猪粪，用粪铲拾起入筐带回家。农家灶膛烧火煮粥煮菜要用柴草，农家娃要去拾稻草、麦草、苇草、枯枝，拎着扛着背着带回家。

上小学四年级时，小元海跟哥哥参加生产队插秧劳动，为家里多挣工分多分粮，跟成年社员比拼身手。一口气从早上出工干到傍晚，小哥俩在 36 丈长的稻田里把别人甩在后面。

插秧结束，小元海累得直淌鼻血，还要把剩下的秧苗挑回，他狠命地手掐腰眼，腰部酸痛得像要是断掉一样。好容易晃着疲惫不堪的身子走进家门，他上床倒头就睡，连晚饭也不吃，就那样昏睡到第二天大天亮。

受苦受累，可以咬咬牙扛过，挨饿却不那么容易扛过，尤其是正在长身体的少年，人饿得头晕目眩、眼冒金花，那滋味一辈子忘不掉。

小元海上初中时住校，每顿只吃二两稀饭，晚上饿得难受，用被子蒙着头掉眼泪，不敢出声。他知道家里只能供到这个份儿上。上初一年级才知道要上初三，上了高一才知道要上高三，怎么要读那么多年书，读书的日子实在是太长啦，什么时候才能快快长大，为父母减轻家庭负担，过上好日子？父亲倒是一直鼓励他好好读书。

上初三时，小元海家中经济状况稍有改善，每顿饭可以往饭盒里多搁米，蒸出满满一盒"稀干饭"。满是满了，却是筷子挑不起来的饭，这已经很不错了，他知足。每每返校，他少不了从家里带上咸菜，用盐腌渍的三叶草、秧草、茄子蒂、黄瓜头。没有咸菜，就带上点盐粒。

那一年，中共中央发布了《全国农村工作会议纪要》，鼓励农民包产到户，发展多种经营。

小元海正在上高中，父亲作为支援外地农业建设的技术人员，每月将 30 多元月薪寄回家。最最记得那年春节，家里破天荒地去集市上买个猪头，炉膛火旺，肉味扑鼻，蒋家三兄弟的嘴唇和下巴上从没沾过那么多的油星。

一年就这么一次，不敢想，啥时候能天天过年？

哥哥高中毕业后学木匠手艺，跟着师傅起房子、打家具，满手起茧，手上时常有伤，不小心被钉子扎了屁股。哥哥把辛苦钱交到家里，小元海知道，自己上高中的点滴费用都是哥哥用汗水和劳苦打拼来的，他坐在课堂里念书、做功课，每每想到哥哥，心里总有一股隐隐的愧疚。

"好意思吗，让哥哥养活你！"

扬中市八桥中学建立于 1945 年，学校前身是当年扬中县抗日民主政府创办的扬中第一所中学——扬中县八桥初级中学。蒋元海读完八桥二中的初中后考入了这所学校。

参加高考时，考场设在三茅中学，那里距八桥中学约有 18 公里。

高中生蒋元海决绝地不带一本书上路，只带了笔。他打定主意，如果考不上，也不再补习，不能让家人尤其让哥哥再为他付出辛劳。

当年高考采取先报志愿再对应考分的方式。高考分数张榜，蒋元海的考试成绩名列前茅，他第一志愿申报的是江苏连云港水产学校。

三

开学日期一天天临近，比蒋元海分数考得差的同学都拿到了录取通知书，蒋元海的录取通知书迟迟不见。母亲心急火燎地跑到十几里路外的八桥镇邮电所打探，没想到人家不好意思地告诉她，录取通知书的确早几天就寄来了，没有顾得上递送。

母亲揣起儿子的录取通知书，没敢拆开，赶紧往家赶。

蒋元海接过母亲手里的信封，拆开后看清楚通知内容，急忙找村邻借了一辆自行车，飞快地骑到镇上邮电所，给远在外地工作的父亲拨通长途电话。

父亲去过扬中岛外的一些地方，熟悉如何在外打交道、行路。他决定陪儿子上路去学校报到。父子俩先乘渡轮过江，再乘车赶往镇江火车站，车到徐州，得知还要转乘火车继续前行。父亲若送儿子进校门，自己无法当天返回，想到要节省支出，父亲决定在徐州火车站返回，剩下的路途只好让儿子独自前往。

**2011 年 2 月 22 日，全市公安机关开展大走访活动，
图为蒋元海（右一）走访渔船，与渔民交谈**

蒋元海理解父亲的决定，跟父亲告别后独自继续前行。徐州火车站到连云港新浦站还有 200 多公里。蒋元海兜里只揣着十几元钱，他心里打鼓，不

知会不会再花钱。直到他走出火车站，看见了连云港水产学校接新生的标志牌。

蒋元海与操着不同口音的各地新生集合后，排队爬上学校开来的卡车，挤站在卡车车厢里直奔几公里外的校区。那所学校校址建在连云港云台山北麓下的虚沟镇上，校门外有座小山，翻过山就能看到大海，大海距那小山山脚仅百十米。

新生入校办理手续时，蒋元海知道学校每月补助学生10元钱，他一路不安的心绪缓和下来。

江苏连云港水产学校创建于1958年，建校伊始开设了"工业捕鱼""水产养殖""水产品加工"三个专业，学制三年。

"文革"动荡，这所学校停办，从1966年到1977年年间没有招收学生。1978年7月，这所学校恢复招生，设置"水产养殖""航海捕捞""加工制冷"和"轮机管理"四个专业，学制还是三年，主要面向高中毕业生。

蒋元海入校时，入校新生分为"海水养殖""淡水养殖"和"航海捕捞"三个专业，他分在"淡水养殖"专业，这个专业与"航海捕捞"专业各有1个班，"海水养殖"有3个班。

无论海水养殖还是淡水养殖，学校要教授给学生们水产动植物养殖及水产动植物疾病诊断，教授防治水产动物疾病的基本知识并进行实验，培养学生从事水生动植物资源综合开发利用与保护的技能。

蒋元海在3年的学习中熟知淡水鱼类的生长规律，观察过学校陈列的淡水鱼类图片和实物标本，一次次上手解剖实验和生物化学试验。学业结束时，他相信凭借已经学到的知识，自己完全可以经营一个淡水鱼养殖场，应该是一个合格的水产养殖技术人员。

四

扬中四面环江，由太平洲、中心沙、雷公嘴、小泡沙四岛组成。

雷公嘴，四面环江，位于扬中主岛西北端。

雷公嘴又称雷公岛，原名落成洲，不知何人何年何因给江中凸起的这一沙洲改了原名。这片小岛总面积1.2万亩，环岛大堤总长7公里。这里有扬中县财政局经营的水乡养殖场。

蒋元海毕业分配到扬中县财政局下属的水乡养殖场。

从数百公里外风尘仆仆学成返家的这个小伙子，已经不是3年前那个不谙世事的懵懂少年，他有着更多的自信，有着经过系统训练的专业知识储备，更有着闯入社会、一竞身手的青春朝气。

雷公嘴与长胜村分距扬中北南两端，直线距离超过30公里。

从扬中最南端的长胜村赶到最北端，要乘船过江才能抵达雷公嘴。岛上养殖场有干部职工百余人，蒋元海是这百余人中唯一从专业院校毕业的技术员。

参加工作第一个月，他领到54元工资，这在当年可是一笔可观的收入。

年轻、单身、距家路远，交通不便。

身在养殖场职工宿舍的蒋元海仰望璀璨星空，想着自己的未来。农村包产到户责任制已经实施多年，为什么不能由个人承包养殖场的部分鱼池呢？他向领导提出承包鱼池的想法，保证上缴一定数量的管理费，但这提议被搁置了。

与蒋元海同时到县政局报到、参加工作的年轻姑娘傅红卫，听说这个大专生挺能干，养殖场有几鱼池的鱼长了病，他三下五除二解决了。后来见了面，对他颇有好感。

雷公嘴岛上没电，用煤油灯照明，蒋元海离家太远，没有落脚地方，傅红卫主动把局里分给她的宿舍借给蒋元海暂住。两人接触多了，傅红卫认定这小伙子"人很老实，工作不惜力"，最重要的是"靠得住"，他们成为恋人，后来结了婚。

1987年9月30日，扬中县交通局与扬中县公安局举行交接签字仪式，将全部交通管理职能移交给县公安局，这一变革促使扬中县公安局加紧组建公安交通警察队，以便尽快承担起全县交通秩序管理、交通车辆和驾驶员管理，以及交通事故处理的职责。

蒋元海刚刚参加工作仅两个月，没太在意这件事与他个人有什么关联。

入冬时节的一天，他从雷公岛过江去扬中县财政局办事，办完事去找水产学校的一个同学见面聊聊，他俩边走边聊，路过县政府门口，无意中扭头看到一张公告，原来是县公安局公开招考交通民警的启事。

"我们去当警察吧"，那同学顺嘴对蒋元海说了一句。

蒋元海年轻气盛，想试一把，读高中时最不怕的就是考试，再说刚从学校毕业不久，心想不管怎么考，肯定不比别人差。第二天，他向养殖场领导、县财政局领导打报告，申请去县公安局应试。

领导放手让这个年轻人试试运气。

蒋元海报名时从县公安局领到一本小册子，列有94条规定和交通案例，考试内容全在这本小册子里。他用两天时间把小册子的内容翻来覆去背得滚瓜烂熟。考试结束，他被公安局交通警察队录取了。这位工作未满 1 年的水乡养殖场技术员，倏然跻身扬中县公安局交通警察队城区中队，成为一名交通警察。

五

交警工作到底是个啥差使，蒋元海不是没有掂量，"要吃苦啦!"

春夏秋冬，雨雪风霜，气候天象再不好，老百姓可以躲在家里，单位干部可以呆在办公室里，你交警得上路面，任凭风吹雨打，任凭阳光暴晒。另一种困境是，就算你把法律法规背得烂熟，但运用到执法实践中，被管理者和被执法对象的激烈态度可不是那么好对付的。

蒋元海入警第二年，镇江市公安局组织全市交警举行《中华人民共和国道路交通管理条例》知识竞赛，这一条例是由国务院发布的，全文包括附则总计 11 332 字，蒋元海以满分佳绩夺得全镇江市第一名。

20 世纪 90 年代以前，扬中全岛陆地面积 243 平方公里，境域公路总里程仅有 76 公里，公路等级低，路面皆铺砂石。扬中县公安局接手县交通局交通监理职责之际，全县包括大小型汽车、客货运三轮车、全挂车辆、农用三轮车、两轮摩托车、侧三轮摩托车、轻便摩托车、大小型方向盘式拖拉机、手扶拖拉机在内，总数只有 1971 辆。全县登记在册的自行车则多达 11 余万辆。

蒋元海最初上路执法时，路口没有岗亭遮蔽风雨，没有红绿灯，更没有无线对讲机，全凭挺立身姿、挥动手臂导引过往路口的车辆和行人。眼见着社会经济繁荣发展、城市化进程提速，车辆数量迅猛增多，交警执法难度和受累程度大幅度攀升。

曾几何时，自行车在城区道路上肇事肇祸频发，交警部门展开专项整治；拖拉机进城区一度肇事肇祸高发，交警部门展开专项整治。针对运输车辆人货混载、超载超速、强行超车、无证驾驶、违章掉头等违章违法行为；针对众多摊贩违章占道、违章建筑侵占道路的情形；针对人力三轮车和机动车乱停乱放的现象，交警部门或集中整治，或突击整治，或专项整治。

交警蒋元海像个旋转得停不下来的陀螺，昼夜忙碌，根本无暇探家。最初以为在城区当交警比在雷公嘴离家近的念头，实在是太天真了。

交警执法的强制性，遭到被执法者的抵触和反抗是太平常的事。

蒋元海遇到过形形色色的执法对象，他被人指着鼻子骂过、被威胁要动手揍他，见识过口口声声诬陷警察动手打人的，也见过哭喊撒泼、就地打滚耍赖的。扬中地方不大，人们怎么都能拐着弯儿地攀上关系，执法之后，往

2011 年 3 月 12 日，蒋元海（右）参加江面治安巡逻

往有接二连三的说情人登门，或拎礼品或递红包，这更是一次次严峻的人生考验。

最奇葩的一次执法经历，多年以后依然留存在蒋元海的脑海里。

蒋元海在一段靠近河边的公路上检查过往车辆。这时，一个年轻人骑着簇新的进口太子 250 摩托车由远及近。蒋元海打手势示意驾驶者停车检查，年轻人一没驾驶证，二没车牌照。当他被告知要接受罚款并被责成办理相关证照手续时，他推起摩托车径直抛入河里，然后很潇洒地对执勤交警说，"你们不是要我办驾驶证和牌照吗，我把它扔了，就什么都不用了吧！"

此人是个小老板，不缺钱，在这众人围观场合下，他为不丢面子，不惜"大方"舍财。

六

1987 年，扬中县在三茅大桥建起全县第一座圆形砖木结构的交通岗亭，配置了扩音器。

蒋元海入警工作第二年，扬中县公安局装备了无线电通信网络，大大提升了指挥调配能力。

1991 年，扬中县在扬子大桥建起一座钢筋混凝土的圆形交通岗亭，同时购买了 13 辆警用摩托车用于执勤巡逻。

1994 年 5 月 13 日，国务院批准扬中撤县设市之际，扬中境域内尚未有任何路口设立红绿灯。时隔3个月，扬子大桥路口建起一座方形红绿灯指挥岗亭，成为全市第一个红绿灯路口。自此，扬中市区的多个路口逐渐建起四周式红绿灯、不锈钢圆形交通指挥台、悬臂式光源灯泡红绿灯、悬臂式多相位红绿灯。

交警警用装备也逐渐得到改善，交通信号设备日益完备，交警执勤制度与时俱进。

随着城镇乡村道路建设速度越来越快，随着各种机动车数量的急剧增多，以及驾驶员人数的急剧增多，交通管理压力不仅没有降低，反而越来越大。

自行车闯红灯、驾驶摩托车不戴头盔、行人不走斑马线历来是全国各地交通的顽疾，扬中亦然。

机动车无证无照、证照不符、假照假证，再加上人货混载、超载超速、酒后驾驶、强行超车、无证驾驶、违章掉头等违法违章痼疾，全国各地普遍存在，扬中亦然。

"普通老百姓好教育。"

蒋元海执法遇到过态度恶劣的人，多是官员、有钱人、地痞和无赖。有人口气张狂，叫嚣要找公安局领导说事儿；有人掏出一摞钞票冲地上一摔走人；有人听说要扣车，拔掉车钥匙撒腿就跑；有人见警察上前，紧急呼唤狐朋狗友，围住交警推推搡搡，骂骂咧咧。

蒋元海遇到过这样的执法难题，一名年仅15岁的小女孩，骑着破旧的三轮摩托车清明上街卖纸钱，她在交通岗亭路口被拦下来，小姑娘哭着对警察叔叔说，父母身体不好，姐姐上中专没钱交学费，因为日子实在过不去，她不得不出来挣点钱。

蒋元海听了心里不是滋味，但小姑娘的行为是交通法规所不能允许的，车不能不扣下。面对小姑娘泪眼汪汪地哀求，依法办理的原则不能松动，蒋元海向领导汇报后，积极想各种办法帮助这家人，交警队出面找到村里和镇上，联系扶贫救济款项，交警大队民警和辅警为小姑娘的姐姐捐钱购买学习用品……

改革开放日渐深入，法律法规和部门规章时有更新，交警在纠正违章、吊扣证照、罚款扣车、行政拘留、刑事处罚的执法过程中如何依法执法、公平公正，关系到人民警察在群众心目中的执法形象，更体现着国家法律的尊严和社会治理的文明程度。

七

县财政局都知道蒋元海这个水乡养殖技术员有了女朋友，傅红卫与蒋元海结婚时，原本那个技术员已变身交警。

"靠得住"的丈夫全身心投入工作，没日没夜地干，加班再加班，且不是一年两年、三年五年，妻子说他是个"工作狂"，当普通民警时就这样，一干就干了7年半，后来当了副中队长、中队长、副大队长，一气儿干了13年半，依然如故。

婚后这些年都过来了，傅红卫嫁了个这样的丈夫，只好认命。

那一天，丈夫衣带血渍迈进家门，异臭浓烈，妻子焦急地问他是否受伤，他说是去车祸现场抬伤员不小心蹭上的。妻子看过新闻报道，知道发生过一场惨烈车祸，有人死了。她脑子里总盘桓着衣服上的那斑斑点点的污血，心慌慌，整夜睡不着。她不知道，丈夫常常第一时间赶赴车祸现场，见过几百具躯体残破的血污尸体，每每下手与别人一起搬运遇难者。

一天入夜时分，蒋元海驾车行驶在郊区农村集镇的一条小马路上，迎面远远有摩托车灯光晃来，此时近处有小桥一座，蒋元海驾车拐弯上桥，本应与迎面驶来的摩托车顺行，却惊讶地发现前方不见摩托车灯光。

蒋元海直觉有异，驾车上桥缓行，左右张望，发现桥下有动静，"糟糕，人落水啦"。

他赶紧停车，脱掉衣裤，呼喊着、摸索着下河，只见摩托车倒在桥下岸边，一个酒气熏天的年轻人浮在河里。蒋元海抱起他，在他背部发力拍着，小伙子吐了几口，清醒过来。

河水不深，淤泥却过腰，两人上桥后不得不驱车找个地方，把身上的臭泥污水冲干净……

那是个星期日中午，丈夫极度疲惫地走进家门，他全身湿透，散发着河水腥气和说不出来的一股怪味儿，傅红卫惊愕地望着丈夫问道，"你掉到河里啦?"

家里电视正播放着电视台回放现场直播的画面，镜头对着一段河岸，岸边人头攒动，河岸上有截石栏杆不见了，电视主持人说有辆轿车从那里冲撞后坠河，公安民警正在打捞。

蒋元海洗澡更衣，没敢跟妻子详说事由。

当天早上，有晨练跑步的人看到河岸石栏杆缺失一截，近前察看，发现有轿车轮胎痕迹，猜测有轿车坠河，赶紧报警。时任副大队长的蒋元海刚刚

2008 年 11 月 26 日，蒋元海（右二）向扬中市创建科技强警示范区县
验收专家组汇报交通管理创新成果

值完夜班，立即跟随大队长带领交警赶赴现场，勘察走访。

有民警乘船下河，用长篙探试良久未果，蒋元海自恃水性好，脱衣入河，潜下潜上，对应石栏杆撞断位置，在附近河道反复踏勘，没有发现，再扩大些范围。"哎呦"，他的脚在无意中触到疑似车顶，返身下潜，摸到静卧河底的车体，判断是一辆马自达轿车。

河水混沌、视线不佳。

水下破窗施救绝非易事，蒋元海击破轿车前挡风玻璃，发现车内死者双手紧攥方向盘，其躯体经一夜浸泡已呈肿胀状。他在水里折腾了 3 个多小时，终于将死者拖出车体，浮上河面，几乎耗尽全部气力。他被人从河里拖拽到一只捞垃圾的小船上，全身瘫软……

八

若说交警工作又苦又累，蒋元海有些不屑。

在他看来，这辈子最苦最累的日子早就在青少年时期都熬过了，后来这些苦哪比得上当年一个小指头。其实，交警哪有不苦的，扬中冬天寒风刺骨，零下十几度，交警有时要在大街上连续巡逻十几个小时；酷暑盛夏，柏油马路被晒化了，鞋子踩下再抬脚，鞋底能粘起一片柏油，蒋元海拿温度计测量过，路面温度竟超过 70 度。

妻子最清楚丈夫为工作付出了怎样的辛劳。

交警在街面执勤，长时间行走站立，日复一日、年复一年，蒋元海患有腰椎间盘突出，坐下后若起身需要双手支撑几分钟才行；他每天要讲很多话，长时间与人沟通，进行说服、教育、劝导工作，他嗓子患慢性咽炎；他长年吃饭不规律，患有胃病；他长年被太阳暴晒，皮肤黝黑且患有汗癍，汗癍又称花斑癣，是受到真菌感染的一种皮肤病，每逢淌汗发红、刺痒，他头部、颈部甚至身上都长有癍块。

蒋元海在交警部门工作 22 年，最好的青春时光都奉献给了交通管理事业。

2009 年 9 月，蒋元海从扬中市公安局交巡警大队副大队长职务上调至水上警察大队任大队长。

蒋元海全家合影

也许是上了些年纪，蒋元海感觉体能不如年轻时那么充沛，年轻时睡一觉就可以精神抖擞地出门，而新岗位职务高了，责任重了，情况复杂，更需要他以身作则、勇猛向前。

他初到水警大队，虚心向经验丰富的老水警请教，了解这支队伍每个警员的思想动态，熟悉相关制度和规定及工作流程。

扬中水域面积达 114 平方公里，拥有 102 公里长江岸线，每天过往船只数千艘，水上作业浮吊多达数百台，过驳建筑材料总量接近千吨，这仅仅是水警工作的粗疏框架，确保扬中长江水域社会治安环境持续稳定，是水警大队的首要任务。

——非法采砂利润丰厚，既对江堤安全酿成潜在危险，又直接破坏长江水产的生态环境。

——有船主为争夺采砂资源进而垄断黄砂市场寻衅滋事，聚众斗殴，制造事端。

——有海轮在行驶途中撞坏渔网，遭到渔民强行登船，逼迫停航，引发赔偿纠纷。

——有人窥测码头煤场装卸漏洞，入夜划小船盗运煤炭非法获利。

扬中公安水警每天定点对采砂水域展开巡防，严查破坏和影响水面安全的违法行为，他们与水利局、海事处、航道处等涉水单位建立了水上执法联席协作机制，通过联勤协作确立预警机制，强化对重点水域、重点部位的安全防范。

蒋元海几十年巡街巡路，如今改为登艇巡江。

夏日江面，巡逻艇甲板亦如马路路面酷热灼人，有水警把鸡蛋放在甲板上，甲板温度高于50度，鸡蛋很快就被烤熟；冬日驾艇巡江，风如刀锋，窜入衣缝，阴寒彻骨。

巡江比巡路更危险，一旦会船或遭遇江面罡风，艇上人员的生命安全最最需要指挥员竭力确保。蒋元海每次巡江高度集中注意力，绝对不能含糊，绝对不允许出现一点差错。

结婚几十年，妻子傅红卫依然难以去除夜深时分独自在家的恐惧。蒋元海为她买来一条可爱的小狗，一来给妻子做个伴，二来夜晚楼道里有脚步响，小狗就会警觉。丈夫这辈子从没有固定休息时间，妻子也没少报怨。

有一次，傅卫红在过路口，看到一个拉着爸爸和妈妈手的小女孩突然止步拽住两个大人，爸爸有些诧异地低头问女儿，"怎么啦?"

"你们没有看见红灯吗?"

爸爸扭头左右观察路况后对女儿说，"没有车，快走"。

"不行，蒋叔叔在学校给我们讲过，绿灯亮了才能走。"

傅红卫看到这情景，心底漾起一波热流，小女孩提到的那位蒋叔叔，正是她家的那位"工作狂"。

夜深时分，蒋元海疲惫地走进家门，灿然灯光下一桌子喷香的饭菜摆好了，冒着热气，儿子躺在沙发上睡着了。妻子迎上前，蒋元海心里骤然泛起一丝酸楚……

风劲犹待悬高帆　舵稳方可过险滩

——记扬中市公安局副局长、二等功获得者冯太伟

人物档案：

　　冯太伟，男，1969年6月出生，汉族，中共党员，本科文化，二级警督。现任江苏省扬中市维稳办主任，公安局党委委员、副局长。

2002年4月，冯太伟被镇江市委、市政府授予突出贡献奖，记个人二等功

　　参加公安工作以来，因成绩显著，先后被镇江市委、市政府授予突出贡献奖，记个人二等功1次，个人三等功2次，多次受到嘉奖；荣获优秀公务员、镇江市公安刑侦系统"111"工程第二批侦查破案能手、先进个人等荣誉称号。

　　扬中有个兴隆镇，最初名为青龙镇，这一镇名始于清代中叶，因当地有座青龙桥而得名。

　　民国元年（1912年），青龙镇更名兴隆镇。后来，兴隆镇并入经济开发区，这个镇名便永远地留在扬中史册的文字中。燎原村是一个拥有400多户人家的大村，原来隶属兴隆镇，后来并入经济开发区。

一

1969年，"史无前例"的"文化大革命"正如火如荼地席卷全国各地。

燎原村周边村庄的名称留有那个时代的历史印迹——红专村、兴无村、卫东村、红星村、日新村、东方红村、向阳村、朝霞村。

那一年入夏时节，燎原村九组一户冯姓人家生育了一个小男孩，父母为他取名"小伟"。

小伟出生之时，人民生活处在特殊历史时期，农村"大批资本主义"，公社社员以评政治工分代替按劳取酬，经济核算体制向生产大队核算过渡，部分社、队收回自留地，禁止家庭副业生产，取消农村集市贸易。

小伟出生3年后，家里又添了一个妹妹。

父母年轻时经历过生产资料紧缺、商品供应不足的年代，经历过煤油、棉布、生活用品凭证计划供应的年代。那时，扬中城镇居民每人每月可供应猪肉1公斤，农村户口人则无此供应；那时，扬中城镇居民每人每月可供应肥皂1块，农村每人每季1块……

冯家门前有一汪河塘，屋后有两三亩竹林。

春天，河塘堤岸青草鲜嫩，小鱼三三两两浮上水面，啄出圈圈波纹散开。风入竹林，竹叶发出阵阵轻响，簌簌入耳。春雨飘落，竹笋尖尖，冒出地面。

2005年5月15日，知名企业负责人向扬中刑侦部门
赠送锦旗（左为冯太伟）

在年纪相仿的同村男孩里，小伟是个"头儿"，他点子多，玩起来疯。同伴们乐意听从小伟"点将"，大家分成两拨儿，找一块收完庄稼的田地做战场，敌我双方各据田埂隐避身体，讲好规则，用泥土块互相投掷。

"一声开战"，暴土狼烟，嘶吼叫喊。

有人哭了，被飞来的土块击中脸部；有人违规投掷砖头块，砸破了对方的头，流血不止，双方都吓着了，立即停战，大家围过来安慰伤者，小伟呵斥扔砖块的人。

泪抹完，血擦净，继续战斗，要玩就玩得尽兴，天不黑，不散伙。

小伟哪知道父母当年持家的困窘和无奈。他是冯家长孙，爷爷格外疼爱他。

小伟一天天长大，爷爷唯恐聪明伶俐又淘气的孙子受人欺负，只要冯家这个宝贝孙子与别人家的孩子争执动手，当爷爷的总是毫不犹豫地亮出脾气，厉声厉色地挺身呵斥对方，谁不知道冯家老爷子特别"护犊子"？

爷爷当过多年的生产队会计，精明心细，做事公道，辅佐村干部筹划集体大事，村民服气。

小伟最难过爷爷身患重病，不能下地。他眼看爷爷被病痛折磨得不成样子，渐渐说不出话来，躺在床上，只能拉住小伟的双手，眼里满是慈爱的目光，缓缓地在小伟脸上抚来抚去。

爷爷病故时，小伟12岁，他躺在被窝里一次次泪流满面，眼前浮现出爷爷往日的音容笑貌。

爷爷怎么就撒手人寰了呢，小伟实在想不明白，他永远不会忘却失去爷爷的痛苦有着怎样一股锥心刺骨的悲怆。

"文革"期间，兴隆人民公社成立了革命委员会。

公社革委办公室有个干部与冯家熟识，知晓冯家家谱，他直言小伟这一辈的辈分排在"太"字序列，"太"本意为大，"太"与小分属两端，冯家这男孩既然是长孙，何故取名时舍大取小，他提议改名叫"太伟"，那寓意更好。于是，小伟的名字改称太伟。

二

父亲是"文革"前的高中毕业生，全村只有这一个年轻人上过高中，母亲是初中生。

父亲是冯家老大，下有3个弟弟1个妹妹；母亲有两个哥哥、两个姐姐，她是老小，在兄弟姐妹中学历最高，读书最多，性格要强。

父亲头脑灵活机敏，当过联合乡中心小学的代课教师，每天往返十几公里路途。父亲总是风雨无阻地徒步去学校。那些年就凭两条腿跑路，不知要受多少累。

20世纪70年代中期，扬中全县人口总数逾24万人，全县仅有700余辆自行车，平均343人中才有一辆，那年月，缝纫机、自行车算家用大件，计划供应，只能到供销社排队领票凭票购买，自行车票配发间隔时间长，且数量稀少。冯家也盼望着能拥有一辆自行车，直到80年代初才添置了一辆长征牌自行车。

小伟入读燎原村小学，依然是孩子王。

天气燥热的一天，放学后他领着班上十几个男孩子去大河塘游泳，没想到班主任悄悄尾随而来，将孩子们甩在河堤上的衣裤全都抱走，急得一群男孩子光溜溜儿地爬上岸追着老师跑。

第二天入校上课，班主任责令下河塘游泳的学生当着全班同学的面，站到讲台前跪下。小伟和另一同学倔强不跪，班主任厉声吼道，"淹死你俩，今天就不用跪啦！"

几十年光阴逝去，退休多年的班主任年逾80岁，每每跟冯太伟见面叙旧，只要忆起当年此事，俩人总是开怀大笑。

小伟在小学被选为少先队大队长，学校没有扩音器，更没有播放广播操的音响设备，老师叫他面对200多名全校同学，站在台子上喊操，他嗓门脆亮，从没有喊错口令。学校组织春游、秋游、劳动、为革命烈士扫墓，小伟这个大队长总是扛旗走在队伍前面。

小伟上小学时，国内社会政治格局正在"解冻"，身边的社会生活开始变化，他只记得父亲不再去学校给学生上课，被村委喊去干爷爷曾经干的会计，但他与爷爷不同，父亲进村办企业当会计，没过多久就当上绣花厂的副厂长。

"文化大革命"期间，扬中县的社办企业、队办企业被勒令停产关闭，外地技工一律解散。

十一届三中全会后，国家贯彻国民经济"调整、改革、整顿、提高"的方针，实行改革、开放、搞活的政策，推行经济责任制。扬中农村社办和城镇办工厂恢复发展，全县拥有了117家企业，至20世纪80年代初期，扬中县的校办工业已形成体系。

1978年，"扬中县革命委员会对外贸易局"成立，下设对外贸易公司，转年更名"扬中县对外贸易局"。扬中县对外贸易局促动本地增加对外贸易商品的生产，拓展外销渠道。

小伟的父亲曾经乘汽渡过江，乘坐几天几夜的火车赶往广州，参加一年一度的春秋季广交会，把村办绣花厂的产品带去洽商，他此行见识多多，大开眼界。

父亲见过大世面，深知家门外的世界多大多精彩。

他不止一次神情凝重地告诫正在成长中却尚未晓事的儿子，"你将来考不上学校（大专、大学）就得回家种田"。

三

小学成绩全校第一，初中成绩全校第二、三名，高中成绩第五、六名。

冯太伟自小到大，从不怀疑自己身处优等生之列，上高中以后，他偏爱理科。

高考一结束，冯太伟整天骑车外出找同学一起玩。

高考分数公布时，他还不知道自己到底考了多少分，学校里就有一位老师打探到冯太伟的高考分数，确认其成绩达到一类专科学校的录取线，赶紧打电话告诉冯太伟的父亲。这位老师是父亲的高中同学。

父亲早已找人打听过，若报考公安院校，这类院校会提前录取，为增加保险系数，冯太伟报志愿时按父亲的指点，在填写化工类院校的同时，将第一志愿填写了江苏公安专科学校。不久有两名扬中县公安局的民警进家，了解冯家情况。随即，一张通知单递进家门，通知冯太伟前往镇江市公安局接受政审。

2005 年 10 月 25 日，扬中市公安局召开侦防攻势总结表彰暨提升绩效推进大会，冯太伟（右二）代表刑侦部门上台领奖

父亲陪着儿子上路，早早赶往距家 10 公里外的扬中县长途汽车站，他俩购票登上早班车。

长途车开至扬中汽渡码头，车子驶上渡船。渡船启航鸣笛，横渡长江。这可是冯太伟有生以来头一次出扬中，站在渡船上，这小伙子的目光顺着湍急的江水远眺，未来不知会是啥样子。

渡船停靠在长江对岸的码头上，渡船上的汽车依次一辆接一辆缓缓驶出码头上路。

当来自扬中的长途汽车开进镇江长途汽车总站，乘客们下车出站后，父子俩换乘进城的公交车，前往镇江市公安局。

政审时，冯太伟得知江苏公安专科学校本届开办刑侦治安和劳改等多个专业，一位警官询问他是否服从专业调剂，他犹豫片刻，担心若不服从怕丢了入学机会，便答应说服从调剂。

入学报到的日子越来越近，母亲很有些心神不宁，儿子要出远门，一走就要走好几个月。冯太伟心细，把这一切看在眼里，心里一阵阵翻腾着说不出的滋味。

8 月下旬，一场特大暴风雨袭来，扬中降雨量达到 146.4 毫米，最大风力逾 11 级以上，上千间房屋被损毁，数万亩稻田被淹。兴隆镇有江滩发生坍塌险情。

离家出发，父母从乡下赶往县城长途汽车站，还是父亲陪着儿子，儿子考上的学校在南京城郊。这次走得更远。车子启动，缓缓加速，儿子从车窗眼见母亲一边抹泪一边挥手一边追着车子跑，儿子的心像是被什么紧紧揪扯着……

再一次乘渡轮过长江。

车经镇江，直抵南京安德门，父子俩出站找到学校接站联络点，经引导人员指引，乘上学校接新生的轿车来到校园。父亲跟随儿子一路办妥手续，领完物品，来到宿舍，他帮儿子挂好蚊帐。

为节省开支，父亲要赶乘最后一班江轮回扬中。儿子送父亲来到校门外，眼望父亲渐行渐远的背影，心里空落落的，忽然忆起学过的那篇课文《背影》，朱自清不也是这般年纪上下，远赴外地离家求学，不也是由父亲陪着过江，陪儿子进车站，替儿子安排好车上的座位，不也是谆谆叮咛……

同一届考入这所学校的扬中同乡共有 13 人，冯太伟是其中之一。

入学当晚，上两届的扬中籍学生和学校里的扬中籍教师与扬中新生济济一堂，桌上摆有瓜子、水果，大家互相介绍认识，气氛融洽，这场老乡会大大缓解了新生离家的愁闷情绪，他们在教师和老生的热情介绍中知晓了学校生活的诸多事项。

四

1982年10月，国务院批准成立江苏公安专科学校，这是全国第一所省属公安专科学校。

冯太伟走进这所学校校门时，这所学校已经成立5年，全国第一次"严打"业已结束。他入校学习刑事侦查专业，该专业着眼于培养刑事犯罪侦查的专门人才，当年开设课程涉及刑事案件侦查、犯罪现场勘查、侦查讯问、刑事证据和法律等科目。

公安院校的学生生活与普通院校大不相同，这里实行准军事化管理。晴空烈日，学生们列队在操场上拔军姿；夜静更深，突然号声急促，紧急集合出发，夜行拉练。初来乍到的男女新生必经校规严苛的道道"关卡"——爱睡懒觉、衣着不整、个人物品乱摆乱放、不按时熄灯、被褥不齐整——当众检讨，写检查，甚至罚站走廊、做值日卫生。

冯太伟在高中时练就了一手笔记功夫，字写得快，写得工整，纸页干净，要点突出，段落分明。入校后，一位教授在授课时拿起他的笔记本向全班同学展示。

南京市栖霞区位于南京市主城北部，北临长江，因境内有"江南第一名秀山"栖霞山，故名栖霞区。冯太伟在南京市公安局栖霞区分局刑警大队实习期间，旁听会议持笔记录，大队领导看到这位警校学生的笔录材料后激赏有加，当众表扬，让这小伙子心底那份由来已久的自信像鼓足的风帆，劲力满满。

2009年9月23日，国庆60周年安保巡逻，扬中市委书记凌苏，扬中市委常委、政法委书记沈大银到路面亲切慰问公安民警（右一为冯太伟）

1990年1月，南京市公安机关按照国务院部署开展扫除"六害"斗争统一行动，坚决打击卖淫嫖娼、拐卖妇女儿童、迷信骗钱害命、聚众赌博、制贩传播淫秽物品、制贩吸毒品。截至当年3月底，南京查破"六害"专案2473件。

冯太伟跟随栖霞刑警亦步亦趋地实习了3个月，在一线目睹着"师傅"如何办案。带他的师傅时任分局刑侦大队副大队长，跟师傅去江边勘查江边浮尸，跟师傅入户勘查被盗现场，感受最深的是全大队上下一心、锲而不舍的团结氛围。

刑警推不掉伸张正义的职责，避不开扑朔迷离的案情，每每遇到案情重大、线索稀缺、时间紧迫、上级催促的刑事案件，如何正确判断，避免走弯路；如何高效工作，尽快擒获罪犯，没有一个精诚默契、相互激励、包容合作的团队，不可能攻难克险、屡战屡胜。

时光仿佛眨眼间消逝得无影无踪，毕业日期一天天迫近。

父亲担心儿子回不了扬中，提前来校找教师、找系主任"扎篱笆"。系主任笑着说"你儿子留在南京有什么不好，能跟我们在一起啊"。父亲最慌的是这个——儿子若留南京工作，将来再成个家，与父母相距百十公里，父母若患病就医，儿子怎能在身边悉心照顾?!

1990年7月1日零时，扬中县完成了第四次全国人口普查，全县总人口为274 185人。

时隔1个月，冯太伟从学校毕业，将自己的户口从学校集体户口回迁扬中，他弄不清自己到底是不是算在家乡总人口的统计之内。

五

回到家乡扬中县公安局报到，冯太伟与同校3名同届毕业生分到刑警队。

新警入队要安排老民警带一段工作。8年前入警的孙小平成为带小冯的师傅。接触多日，小冯发现师傅做事严谨，非常周到，尽管师傅年长小冯9岁，但他不摆架子，很顾及年轻人的感受。

工作不久，冯太伟接受了一次案情排查任务，被派往城乡结合部的村庄调查询问，看看有没有人注意到一名身着牛仔服装的人经过，此人涉嫌一起盗窃案。小冯找到村治保主任把警情通报中的嫌疑人情况介绍一番，对方说本村绝对没有，说他认识刑警队长，小冯转身返回。

刑警队长一见小冯，十分惊讶地脱口而出"这么快就回来啦?"

听完汇报，队长耐心给小冯讲解调查要点，告诫他该问的必须问到、问清楚，不可马虎随意，更不能听人家说没事儿，你这就走人，叮嘱他要逐一对被询问人做详细笔录，每个自然村、每个村民小组至少找两三个人，那些人要在特定时间段走在路上，或是家居路口、道边能见到过路行人，再把嫌疑人的体貌特征讲给对方，看对方有没有印象。

刑警队副队长葛成群的年龄比冯太伟整整大一轮，小冯也叫他师傅。

那年夏天，小冯跟着老葛下乡调查案情，从小路拐上一段田埂，眼见前面田埂被水淹没，若绕路势必耽误时间。小冯穿着皮鞋，老葛穿的是塑料凉鞋。小冯正不知所措，老葛二话不说，背起小冯涉水上路。"人家可是领导啊，一把年纪"，小冯心里真是过意不去，这件往事一直压在他心里。

小冯参加工作仅仅4个月，扬中发生一起恶性抢劫杀人案，引起省公安厅领导的特别关注。

1990年12月16日入夜时分，一只装载两万块红砖的水泥船行驶在长江江面上，船上一对夫妻突遭打劫，妻子被杀身亡，丈夫头负重伤被抛入江中，他挣扎着游到江岸边获救，于夜深时分报警。两名嫌疑人杀人抢钱后驾船逃逸。

新年临近，这起长江上发生的抢劫杀人案迅即被列为全省当年特大刑事案件。

扬中警方立即展开调查，确认被害夫妻是江苏省宝应县金河乡的个体运输户。

据爬上江岸的生还被害男子回忆，两名嫌疑人以买红砖为名，在油坊镇六圩港码头登船同行，他们叫夫妻驾船运砖至江段上游的中滩港。船行江中，两名嫌疑人狠下毒手。船主头部意外遭钝器重击，昏死过去，被人抛入江中，他挣扎上岸，不知妻子下落。

扬中县公安局在省厅和市局领导的直接指挥下成立专案组。冯太伟参加专案组，投身缉捕行动，没想到这竟是一场旷日持久的艰苦较量。

六

船主头负重伤，受到惊吓，一时难以详述遭遇过程。

警方连夜驾驶快艇巡江，搜索被嫌疑人驾驶逃逸的水泥船，预测那只船因重载难以快速行驶。与此同时，专案组成员连夜逐村走访住户、村干部，询问人们是否在夜半时分听到、看到或发现什么异常情况。

次日清晨，警方在扬中太平村江岸边发现了那只搁浅的水泥船，船上空无一人，嫌疑人已弃船逃离。警方随即在沿岸20公里范围内展开搜巡。又有消息传来，太平村临近江边有户村民报案，称自家院内放置的大木盆被人盗走。那大木盆是渔家打鱼所用，乘坐两个人在江上划行没有问题。

难道嫌疑人偷乘木盆渡江了？

太平村西临长江，本地称夹江，冬季这里江面狭窄，仅千余米宽，且江流不急。警方赶紧派人前往江岸对面展开走访，发现丢弃在岸边的大木盆以及一件棉袄，可见嫌疑人盗用木盆搏命渡江，上岸逃亡。

船的这条线索断掉。

2011 年 4 月 11 日，扬中市公安局召开新闻发布会，
宣布"2011.2.16"特大贩卖毒品案告破（右为冯太伟）

警方在猜测预判中想到，嫌疑人上船跟船主商议运砖事宜未引起怀疑，那二人应该是熟悉船运、熟悉港口码头的内行人；二人抢劫杀人后驾船夜航，有驾船经验。由此，调查重点转向熟悉扬中江运、经常在江上走船的人群。

冯太伟彻夜奔走，没穿大衣，一夜寒气冻透全身。他顾不上感冒发烧，来到六圩港大闸，向守闸人询问。受害人曾驾船经过六圩港大闸江面，又对两名嫌疑人中一人上门牙是重叠的相貌记忆深刻，港闸这边能不能提供涉案线索呢？

扬中全县共有 10 条主要港道可终年通航 20 吨的机动船，六圩港即是其中之一。

扬中县航道管理站配有专职人员实施管理，船过港道闸口要收取过闸费。

冯太伟跟闸口管理员聊起嫌疑人特征时，管理员记得有这么一个上门牙重叠人，他与另一人驾船来扬中进港不止一次。由于船过闸进出港口必须付费，管理员站在闸墙高处放小绳垂至船上，绳端系着钱夹子。船上的人把过闸费夹好，少不了仰头与管理员交接。管理员没留意那两人口音是哪地方的，却对其中一人门牙重叠的相貌印象深刻，还说"那俩人都是年轻人。"

冯太伟把管理员说的话记录在本子上，没想到他在汇报情况时挨了批评，原因是他没让管理员在本子上签字署名，以证明是他自己讲述的话。小冯只好再去找港闸管理员补签，自此牢牢记住这次教训，以后再没有出现同样的错误。

警方虽然尚不知晓嫌疑人姓名，但随着涉案线索渐渐汇集，目标明确指向二人身份所在地——安徽省涡阳县。涡阳地处皖、豫、鲁三省交界，全县总面积2107平方公里，总人口一百好几十万。涡阳县河流属淮河水系，涡河是淮河在县境内的一级支流，它横穿县域中部，两岸支流呈叶脉状。涡河两岸分布有数十个村镇，行船者众多。

要想在此寻找两个不知姓名的人，犹如大海捞针。

七

扬中刑警第一次驾车前往430公里之外的安徽省涡阳县，足足行驶了十一二个小时后才抵达。

得知涡阳县城关镇有个渔业大队，县里有个渔业运输公司，专案组决定先从渔业大队、渔业运输公司开始走访。

警方除了掌握上门牙重叠的年轻人相貌，还对嫌疑人在江边丢弃的棉袄以及棉袄衣兜里的一串钥匙进行过分析。棉袄上有一个因烧灼形成的小洞，最初推断是电焊火花溅落所致。侦查员在扬中把那件棉袄拿到工厂向有经验的人请教，有位老工人十分肯定地说，那是打铁迸飞的火星在棉袄上溅出的洞。

侦破工作由此稍稍推进。

办案民警到涡阳县劳碌43天，结合上门牙相貌特征遍访船民和铁匠铺，追踪到一嫌疑人父亲面前。原来父子俩都干打铁营生，这位父亲称已很久未见儿子，不知其去向。侦查员问明住址，找到嫌疑人家居地，用棉袄衣兜里留下的钥匙捅进门锁，家门竟然顺利打开。然而，屋内空空荡荡，嫌疑人闻知扬中警察追踪而来，逃得无影无踪。

专案组锁定一名涉案嫌疑人的真实姓名、年龄及家庭关系，进而依稀获知另一嫌疑人的点滴情况，两名嫌疑人是表兄弟关系，这二人一人家住县城，一人家住农村。

警方两处扑空，无人知晓两名嫌疑人身在何处。

腊月二十二那天，冯太伟与专案组同事从涡阳返回扬中。

大年三十那天，扬中县公安局副局长带上冯太伟4名同事再赴涡阳，两个嫌疑人均未返家，抓捕再次扑空。

春节刚过，日子还在正月里，冯太伟与同事三赴涡阳，在一嫌疑人家乡拿到截获下来的一封家信，那是嫌疑人写给未婚妻的，信里夹有一张嫌疑人在山东济南趵突泉照的相片。专案组据此知晓嫌疑人相貌，立即派人赶往济南，从信封邮戳、日期及投递点入手，摸排周边地区，在街头巡看，未有任何发现。

时光在一年一年中流逝，每每中秋、春节，冯太伟与办案民警都要驾车去涡阳。

冯太伟不间断地在刑侦一线办理大大小小的刑事案件，已经从当年那个青涩的警校毕业生成长为干练的刑侦大队副大队长。在第七次驾车前往涡阳的路上，他用这次行动是"七上八下"还是"七死八活"跟同事开玩笑，但这一次的确有了重大突破。

冯太伟曾见过一名涉案嫌疑人的未婚妻和妹妹。这一次进门，发现那人的未婚妻不见了。警方的猜测之一是，如果那二人不愿分开，未婚妻很可能投奔嫌疑人一起生活。此时，嫌疑人妹妹结了婚并有了身孕。

这么多年过去，扬中警方锲而不舍地持续追捕，嫌疑人家庭成员心理压力极大。冯太伟问嫌疑人妹妹"你嫂子去哪里了？"终于从她口中获悉了一条重要线索。据她讲，嫂子是在第三年离家去找哥哥，去哪儿不知道，好像是一个叫"历鸡（发音）"二道河子的地方。

八

摊开全国地图，叫二道河子的地方真不少。

河北省承德市、辽宁省朝阳市、吉林省吉林市都有个二道河子村，黑龙江的海林市有二道河子镇，鸡西市有二道河子矿，嫌疑人到底逃到哪个二道河子呢？

地图上没有叫"历鸡（发音）"的地名，既然有个"鸡"，会不会是"鸡西"呢，黑龙江省鸡西市有二道河子矿，这地方有点靠谱。那年夏天，冯太伟带上几名刑警，赶赴东北。

冯太伟带队抵达那个偏僻的矿区，经与当地警方沟通，拿出嫌疑人照片，说这是个南方人，会打铁，有孩子，曾经杀人潜逃。派出所所长一听是来追捕杀人犯，说这里一年发生数百起命案，别看地方不大，常住人口5万人，外来人口流动性很大，哪儿的人都有。派出所所长见来人有些气馁，赶紧说他所里还有两个管市场的辅警，二人明天来派出所，说不定那两人能提供有用的线索。

第二天一早，两名辅警一看嫌疑人照片，不等冯太伟说啥，脱口而出"这不是市场里打铁的那个人吗？"冯太伟心里一震，真有点喜出望外。辅警熟悉此人，说他每天一早骑着三轮车去农贸市场贩菜。辅警带着冯太伟一行人前往山脚下的一处僻静房舍。冯太伟心想，这么大老远跑来，又追捕了这么多年，这次可不能让他再逃了。

冯太伟全家福

在那条通往山脚房舍的小道上，一阵三轮摩托车声响由远而近，骑三轮的人见有人在路上，减速近前，冯太伟与抓捕队员一拥围住，对眼瞬间，他即刻认出来人正是涉案嫌疑人。

"我们是扬中公安。"

骑在车上人闻听此话，浑身立刻瘫软。抓捕队员给他戴上手铐，正准备带他走，他这时提出一个请求，可否见家人一面。冯太伟点头同意，带他来到家门前，他妻子面色晦暗地呆呆迎上来。

冯太伟多年前见过她，她那时是嫌疑人的未婚女友，眼下她已是他妻子，与他生育了3个孩子。那女人叫3个孩子跪在丈夫面前，嫌疑人对妻子只说了一句话，"你们收拾收拾回安徽老家吧"。

被擒获的这个嫌疑人是表弟，他表哥与他各逃各的，断掉一切联系。

转年腊月，表哥将户口转至河南洛阳市的新安县，改掉原来的姓，落户在窑场村一户无儿无女的老夫妻家中。消息传来，冯太伟带队跨省抓捕，扬中至新安县近900公里路程。

正午时分，天寒地冻，车近洛阳，路面结了一层薄冰，待冯太伟发现情况不妙，脚踩刹车，车体瞬间在路中间旋转一圈半，重重地弹撞到路边护栏上，一车人足足5分钟没丁点声音，全都吓呆。从车窗环顾四外，路上已经有6辆大小车辆或侧或翻，场面惊骇……

冯太伟一行在新安县掌握到嫌疑人的详尽线索，驱车赶往郑州。

郑州街上一处电器修理店，几名侦查员布控守候，只见一对男女开门锁进店。冯太伟紧跟两步，大喊一声嫌疑人原姓名，那男子回头一愣神，侦查员一拥而上，将他双手铐牢。

原来这名嫌疑人跨省迁移户口后改姓，攀上一村户无儿无女的老夫妻当义子，后来考上郑州一所大学，毕业当上一名中专教师，他与在校教过的一名女学生结婚，婚后生育两个孩子，又在省城街上开家小店，日子过得平宁幸福。

这名嫌疑人当晚与冯太伟吐露往事，说他逃离这些年总有噩梦没完没了地纠缠，他从不敢吐露一丝一毫，实在受不了，就一个人跑到僻静无人的树林里放声大哭。他知道迟早有一天会被逮捕归案。

九

冯太伟自毕业之后一直奋战在刑侦一线，可谓久经考验的资深老刑警。

静心回首，除却上级指派他去扬中市联合镇公信村和联治村挂职党支部书记两年，若以2012年初春卸任刑警大队大队长一职后出任市公安局党委委员、纪委副书记粗算，冯太伟干刑侦逾21年。

不要说冬日彻夜蹲守、阴寒潮冷；不要说夜半出警、风雨无阻；不要说忍饥挨饿、精疲力竭；不要说面对刀枪、危及生死。什么是工作超负荷，什么是透支健康，什么是压力山大，亲情顾不上，病痛顾不上，只要警情出现，冯太伟每每义不容辞地奔波出警。

历经20多年不懈打拼，冯太伟遍尝过刑警内心的苦辣酸楚。

自扬中市公安局纪委副书记职务转岗副局长，冯太伟将正人先正己的训诫牢牢把持，激励自己在领导岗位上做好表率、勤政廉政、努力学习、带好队伍。走上领导岗位，冯太伟深感办案压力与在一线当刑警完全不同，正所谓"主帅无能，累死三军"，他岂能有片刻懈怠。

若问冯太伟"什么是好刑警?"

回答一句话，"好刑警就是要有不撞南墙不回头的精神"。他接着再补上一句，"责任心要放在第一位"。

云阵拂潮布天色　阳光透射暖江流

——记扬中市公安局交警大队教导员、二等功获得者陆纪权

人物档案：

陆纪权，男，1963 年 10 月 22 日出生，汉族，中共党员，大专文化。1984 年 10 月参加公安工作，一级警督警衔。现任扬中市公安局交警大队教导员。

2003 年 6 月，陆纪权被江苏省公安厅记个人二等功

参加工作以来，先后参与侦破"4.30"杀人案等数十起大案要案，因成绩突出，被江苏省公安厅记个人二等功 1 次，2006 年至 2009 年连续 3 年被省政府评为"江苏省平安创建先进个人"，2007 年被省厅授予"全省公安派出所工作'111'工程首批优秀派出所所长"，被镇江市公安局、扬中市人民政府记三等功 4 次。

童年记忆里珍藏着裁缝用的那些老物件的往日影像，那可是伴随父亲走南闯北讨生活的"吃饭家伙"。

——竹尺，尺表嵌缀着亮闪闪的星星点点，显示着寸标。

——卷尺，软软漆布制成，一面标有公分，另一面标有市寸。

——剪刀，歪把，刀刃锐利，双刃平齐。

——划粉，滑石粉制成的粉块，用于在布料上画线。

——粉线袋，用棉布或绸缎缝制，袋中装有滑石粉，一根棉线贯通袋中。

一

父亲是裁缝，年轻时远赴上海。

多少年来一直延续着这样的评判——裁缝哪里都有，中国最好的裁缝大多在上海，上海有着中国时装行业大本营之谓。父亲进大上海打拼生活，那时"文化大革命"尚未开始，人们的心绪沉浸在享受新中国新生活的喜悦之中。

裁缝本是一门古老的手艺。

中国民间流传的歇后语有"裁缝的尺子——量人不量己"之说。旧式裁缝需要独自完成量身、选布、画线、裁剪、锁边、缝纫、钉扣、熨烙、试样等各道工序，俗称"一手落"。这些手艺人中有开设店铺的裁缝，有上门制作的裁缝。父亲没有家资垫底，只能凭手艺做上门裁缝。

小纪权见过父亲浸湿布料，把打湿的布料铺在干净桌面上观察布料纹理，抻平理好布料，见过父亲用老式的熨斗轻轻熨烫，避免出现折皱。布料经过整形和熨烫变得平平顺顺。

剪裁丝绸、丝绵、丝麻类面料之前，父亲用竹尺或卷尺量定尺寸，手持粉线袋，抽出贯通袋中沾满滑石粉的棉线，在布上轻轻一弹，旋即留下一条白白的线痕，再接着持剪刀裁剪，小心翼翼地沿线剪开布料，屋里静得能听得见剪刀剪开布料的轻微声响。

俗话说"人靠衣服马靠鞍"。

为人裁缝制衣，最讲诚恳忠厚，布料尽其所用不浪费，一针一线不得少，针针角角不得马虎。裁缝手巧，更要聪明，什么人穿什么衣，什么形体适宜怎样裁剪方能制出称心样式，裁缝势必费心琢磨，更要能参透人心。

小纪权耳濡目染父亲如何裁剪缝制，还偷偷玩过父亲的裁剪工具。父母最担心儿子乱摸乱动伤着自己，严加管教儿子不能把玩裁缝工具，尤其不能乱动剪刀。

　　父亲闯荡大上海积累了见识，提升了手艺，他返回江苏，被泰兴黄桥一村办厂请去做服装厂的技术人员。泰兴在扬中北边，与扬中隔江相望，两边靠船只摆渡往来。父亲将积攒下来的1000多元钱投入新家宅的建造，将昔日草房泥墙拆掉，那栋青砖瓦房成为村中最惹眼的建筑。

　　20世纪70年代，媒体铺天盖地宣传"割资本主义尾巴"，父亲何曾料到凭自己辛苦劳作赚钱盖得的青砖瓦房，在席卷全国的政治风潮中竟成为群起攻之的罪证和靶子。他不仅被押到八桥公社大会堂被拘禁数月之久，还被责令退赔集体2000余元钱款。惊恐的父亲和母亲向所有亲戚借钱求助，将当年这笔数额可观的钱款足数奉上。

2006年11月3日，新坝派出所荣获"国家一级
公安派出所"荣誉称号（左一为陆纪权）

　　多少年过去，陆纪权依然清晰地记得，当年一斤江虾才卖2角钱，一斤江蟹卖1至2角钱，他小时候捕虾捉蟹，只为换些零钱贴补家用。有一天，他独自钓到20多斤江蟹，家人一个没吃，全拿去卖钱了。

　　父亲关在公社，母亲每天要去送饭，家人那些日子里提心吊胆，不知会不会有更糟糕的事发生。那年正月初一，母亲独自一人去江边捞浮柴，天寒地冻、江风刺骨，她从江里捞出浮柴担回家，在屋外晾干水分，以便日后烧水烧菜煮饭之用。

　　母亲心善，自家受穷能够忍受，却见不得别人家揭不开锅。她宁肯饿着自家人，也要借粮送给断顿的邻家。母亲吃苦耐劳的身影总能鲜活地浮现在陆纪权儿时的记忆中。

二

小纪权记忆力好，被村干部发现后派上用场。

在"文革"年代，每逢毛主席"最新指示"向全国发布，各地都要组织群众上街游行庆祝。偏于一隅的长胜村也不例外，人们在村口用树枝搭起"彩门"。一旦县广播站大喇叭播放毛主席发表"最新指示"，出村入村的人们从村口那"彩门"下经过，必须要跟领诵者大声朗读多遍"最新指示"，而小小少年陆纪权记忆出众，听一遍广播就能把"最新指示"记得一字不差，由此被挑去村口"彩门"前当领诵者。

童年受穷挨饿的经历一辈子忘不掉，灶台上的大柴锅里煮得总是稀汤寡水的"饭"——那是极少的米粒与芋头、红薯、秧草、红花草的混合物。有一次，年过六旬的外婆喊小纪权跟表弟去一里地外的供销社打酱油，塞给他俩打酱油的钱和空瓶子。

这俩小子拎着瓶子一路走一路玩，来到供销社，扒着柜台交完钱，看售货员用铁舀子和漏斗打满一瓶酱油，跑跑颠颠地回家，没小心瓶塞松了，溢出黑黑的酱油汁溅到手上，他俩好奇，伸舌头舔舔手背，哎呀，这么好吃啊！

家里来亲戚才要打酱油做菜招待，平日家里只用盐，用不起酱油。

哪想到这俩小子在回家路上竟把一瓶酱油喝个底朝天，眼瞅着回家交不了差，他俩犹豫再三，知道犯了错。站在外婆面前，小哥俩你看我，我看你，拿着空空的酱油瓶不知如何是好。时隔几十年，陆纪权还是想不明白，那满满一整瓶酱油到底是怎么空口喝进肚儿的?!

小纪权上了长胜村里的小学，每逢学校放农忙假，学生们都要帮家里干农活。纪权人小，帮父母下田插秧，虽然不能像大人那样一趟出手管好几行，他就盯住眼前的一行秧苗下手，父母干多久，他也咬牙干多久，太阳晒、蚊虫咬、蚂蟥蛰，汗水流进眼睛里，皮肤晒得火辣辣地疼，晚上上床时，小纪权浑身哪儿都不得劲，分不清身上哪里酸麻胀痛。

小纪权差2个月满6周岁就进入长胜小学成为一年级小学生，他这拨年龄的孩子上小学赶上五年学制，上初中两年学制，上高中两年学制。很多农家孩子为尽早帮家里干农活或外出务工，放弃上高中。农家孩子若上高中，家里不仅要多为孩子支付两年的学费和生活费，而且孩子因此不能务农帮忙或务工挣钱，这在生活水平极其低下的年代里，穷苦人家的孩子上高中，家长是要下很大决心的。

陆纪权初中升高中那年，恰逢改革开放第一年，在思想解放的浪潮中，教育制度有了巨大变革，前两届靠贫下中农推荐上高中的升学制度改为考试择优。年仅 13 岁的陆纪权执意要上高中，在父母的赞同下，他考试过关，从八桥中学初中毕业，升入高中。

三

1978 年 12 月，十一届三中全会召开。

转年，全国各地农村开始实行联产承包责任制，这场巨大的社会变革带动了扬中乡（镇）、村工业（社、队工业）的提速发展。父亲以手艺传名日久、见识广、开办过服装作坊，他也备受村镇干部青睐，被聘入村服装厂负责生产和经营，县轻工局曾多次调父亲去任职，镇领导坚决不放他走。

陆纪权 1979 年高中毕业时参加高考，差几分落榜。因无钱参加补习班，只能放弃了上大学的梦想，在村里做起了通讯报道员，当起了误工补工村干部。由于他写的新闻报道稿经常在县广播电台播出，1980 年 4 月被八桥人民公社广播站招收为通讯报道组人员，这小伙子的视野骤然开阔，他参加三级干部培训、下乡搜集好人好事、目睹农村经济结构与社会分工正在发生日新月异的变化、报道改革开放以来农村的新事物、给领导拟写会议发言稿。他边学边干，一天到晚忙个不停，内心蛮充实。

好景不长，由于改革开放的深入，八桥人民公社撤销改设八桥乡人民政府，广播站通讯报道组也随之解散，他被安排到八桥牙刷厂当一名金工，实际上就是学做车床。

陆纪权脑筋活络，悟性好，没多久就能熟练上手。乃父做事专注、心细手巧，儿子秉承遗传。师傅们看出这小子是棵好苗子。企业迫于同业竞争的压力，急需用自动化取代人工操作，如何实现关键工序的全自动运行、推出新产品，重任落到年轻的陆纪权肩上，先是仿造全自动牙刷栽毛机，当时去国营大厂找来图纸和另一位老钳工按图施工，历经两个月摸索，终于搞出样机，试产成功。随后又造了五台全自动栽毛机，这些机器开动后相当于 40 个工人的工效，为牙刷厂机械化生产技术水平的提升做出了贡献。

由于经济的发展，皮鞋逐渐在寻常百姓中普及。牙刷厂为了扩大产品销售，新上制作鞋刷项目，鞋刷表面切毛光滑成为工序急需解决的一个关键问题。牙刷表面狭长面积小，鞋刷比牙刷宽许多倍，市场上没有此类设备销售。

闻知苏州一家国营牙刷厂拥有全自动鞋刷切毛机械，陆纪权就职的牙刷厂领导想把苏州的机器工艺技术学到手，解决鞋刷表面切毛光滑的难题。

陆纪权被派往苏州，哪料到一说来由，人家坚决拒绝提供机械图纸，他连厂门都很难进，更别提进车间探查了。在苏州泡了十多天，他费尽周折，终于找到一个机会站到机器前偷瞄一眼，洞悉关键所在。他回扬中不断试验，在实现切毛自动化的同时，能够实现鞋刷表面切毛光滑。

在厂里工作4年，这个年青人本以为自己不惜力工作，本以为凭其掌握的技术在几百号工人里数得上头几名，本以为在厂子改制的转机中能得到重用，但他心气太高，现实并不像他想象得那样，这个年轻人有些心灰意冷，想到整日站在车床前，这就是自己未来的人生吗？

四

进入20世纪80年代，市场经济大潮汹涌而来，搅起人、财、物的交汇流动，往昔沿袭的社会秩序出现剧烈变化，社会治安状况也因此渐趋复杂。1984年7月，一则消息在扬中广为传播，县公安局向社会公开招聘合同制民警，还要在各乡镇建立公安派出所。

家乡八桥镇要建公安派出所，要招聘合同制民警。

陆纪权正处于不知如何改变命运的困惑之中，这个机遇的降临让他眼前一亮，何不前去应试一把，当个警察也很不错的嘛，他去报了名。父亲得知儿子想放弃干了4年的工作，劈头给他一句，"当什么警察"，"没得法当警察！"

2006年3月12日，中央政法委副秘书长、中央社会治安综合治理委员会副主任、中央综治办主任陈冀平（前排左二）视察扬中市政法综治和平安创建工作（左一为陆纪权）

　　4 年前去牙刷厂学徒，那时陆纪权才 16 岁，他遵从父亲的意愿和安排。4 年后，眼看就满 20 周岁，他在厂里已是众所周知的"小能人"，父亲知道心高气盛的儿子在厂里受到一些心理上的挫折，可这又算得了什么呢，他还年轻，不愁将来没机会，哪能因此把已经捧起的技术饭碗一砸了事啊！

　　陆纪权顺从父亲的意愿，虽然报了名却没去应试，后来听说当时有 70 多人报名参加考试，只通过了 1 人。没想到八桥乡公安特派员找到他谈应聘之事，他谎称工厂设备坏了要修，太忙没时间。

　　乡公安刘特派员再次找到小陆子，游说他参加应聘考试：

　　"人家都考完了，我赶不上啦。"

　　"那不是事，我们愿意再给你个机会。"

　　刘特派员老练，早就看穿小陆子的内心，虽然这年青人不愿忤逆父亲意愿，但他的犹豫不定和口不对心，已经显露出内心对应聘的明显渴望和好奇。

　　陆纪权走进曾经熟悉的乡政府，走进原乡公安特派员那间办公室应聘，考官为他重新拟定的作文考题是《乡村新事》。他凝思片刻，想起步入镇政府看到大红光荣榜上赫然写着的表扬信，说的是一缪姓父亲送子参军的好人好事。再联想起民间老话有"好铁不打钉，好人不当兵"，于此构思落笔，一篇写乡村送子参军的生动记叙文很快完成。

　　凡是乡镇派出所招聘考试的卷子，都要经过县公安局把关负责人审阅过目，陆纪权应聘写就的《乡村新事》被送到县公安局。不久，新成立派出所前来任职的所长笑眯眯地告诉小陆子，你通过招聘，要成为八桥派出所的一名合同制民警了。父亲后来知道儿子去意坚定，他叮嘱了一句话，"当警察，要把事情做公正。"

五

　　全县各乡镇共有 400 多名适龄青年踊跃报名参加首批合同制民警考试，经县委遴选出 49 人报省公安厅批准，刚满 20 周岁的陆纪权跻身其中。正值朝气蓬勃的大好年华，这批青年入警伊始先在县公安局接受了 1 个月的培训，培训结束后分赴各乡镇见习公安业务。

　　陆纪权的人生敞开了另一扇门——什么车床、模具、生产线、技术改造；什么奖金、工资级差、技术荣誉，仿佛眨眼间消失得无影无踪。

　　乡镇派出所成立之前，农村常住人口的四项登记事项及人口统计由乡镇政府的文秘掌管。乡镇派出所成立后，这一整摊子工作全都转交给乡镇派出所负责。小陆子穿起 83 式警服，上白下蓝，精神抖擞地奔走于乡村之间熟悉社情民情。

当年八桥镇统辖着 12 个行政村，小陆子分管 5 个村，他或乘公共汽车或骑车或步行走村串户，与村干部和农户聊家常、聊收成、聊生活，更留意治安状况和信息。所长教导他，与老百姓打交道要靠自己悟，要尊重人家取得信任，千万不能以为当了警察就耀武扬威。

4 年寒暑交替，村干部、老百姓全熟悉派出所的这个小陆子，远远在田里望见他就招呼这个小民警有空到家里坐坐。赶上饭点，人家招呼他进门，人家吃什么他吃什么，像亲人一样相待。有一次，人家热情招呼他进门吃饭，可摆在饭桌上的饭馊得厉害，他装作没事儿似地咽了下去。

走访记录、整理材料、重点人口管理、防火防盗宣传、调解民间纠纷、案发现场调查。乡镇派出所民警干的事涉及方方面面，可谓"全活儿"，上级部署的任务要完成，有些事情并非公安该管的，在老百姓眼里，你当警察的就得管，还得管好。

小陆子没有警校学历，自知不能没有系统专业知识的储备，他托人从警校把教材借到手，连白天带黑夜地抽空摘抄学习笔记，拓展工作视野。

"破案有乐趣。"

2006 年 8 月 15 日，江苏省法治教育检查组在
新坝派出所检查工作（左二为陆纪权）

他在八桥派出所工作期间每每发生刑事案件，他都当成一次学习的机会，跟着县里经验丰富的民警勘察现场，潜心琢磨人家怎么调查取证、怎么分析

线索，学习侦查破案的原理，积累侦查破案的经验，研究分析把握破案的规律，逐渐摸索破案的方法。

渐渐地，他在派出所崭露头角，也在全局小有名气。入警5年，他与另两名专案组人员为办理一起诈骗案件，有了一次远赴外省办案的难忘经历。1989年春节前，新坝镇多家公司业务员在贵阳被以签订铅锭合同诈骗30余万元。他和一名检察院干警远赴外省办案的经历至今记忆犹新。

乘火车抵达数千公里外的贵州省，追踪嫌疑人奔波于贵阳、凯里、安顺多地，当地打电话用老式的手摇电话机，长途电话靠人工插线转接。那里山高林密、道路险峻、与人交流语言不通，要靠翻译。乡政府招待这些远道而来的警察，只有一盘花生米、一盘咸菜，大山里的村民不知有公安局，只知有解放军。

记得当地乡镇司法所长开着自家的手扶拖拉机载着他们行路，记得当地人争执激烈时就用土枪轰击对方，还记得车行陡峭崖壁，骇得他不敢往山下看，更难忘有一次在深山里步行整整24小时。结果，专案组在贵州大山里整整劳碌了3个月，最终破获了这起诈骗案件。家人收不到任何音信焦虑无奈，以为陆家小子死在外省没人知道下落呢。

六

小陆子很在意合同制民警的身份，尽管穿警服、有警号、有执法权。毕竟这份差使吃的是乡镇财政的饭，不占用政法编制，他企盼着什么时候能脱掉"草帽警察"的帽子，列入政法编制。

机会来了，县公安局交通警察队要从公安内部招收民警以增加人员，上级通知时特意讲明，新入交通警察队的民警将享受省财政拨付的工资，这消息显然对那些靠乡镇财政拨付工资的合同制民警具有吸引力，招收条件要求应招者政治表现好、工作能力强，单位推荐。全县只招了5人，他是其中之一。

"到那儿干了1个月，我就后悔了。"

报名之前，他根本不知道当交警有多辛苦，等上岗执勤一比较，才发现这份差使真是苦不堪言。别看在乡镇派出所经常下乡，只要回所里办公，大小有间屋子能够遮风避雨，好歹有镇政府的食堂可以打饭。

相比之下，交警整天上路执勤，风吹日晒、尘土飞扬，八桥交警中队刚组建，无房无车无食堂。大家担心天天在外吃不起，只好顿顿买碗面，好容易执勤点建起一座砖砌岗亭，可惜岗亭太小，中队5个人全进去却挤不下，雨雪交加时大家只好轮流躲避。

十一届三中全会后，国家允许个人从事运输，城乡个体专业运输户、个体专业运输联户不断涌现，运输业的蓬勃发展也致使道路交通事故数量迅速攀升。来自省交通厅、省公安厅层层下达的政令、任务指标、专项整治接踵而来，扬中交警与全省交警一样，放弃节假日、顾不得家务亲情，奋战在道路上压事故、保畅通。

陆纪权入职交警队仅仅两年，因表现出色，由普通民警提升为县交警队八桥中队副中队长。再两年，他通过自考拿到江苏公安专科学校公安管理专业毕业证书。

陆纪权更加自信。

1994 年 5 月，陆纪权调到西来桥派出所任所长兼西来桥交警中队中队长，成为第一任由外乡人来担任的派出所所长。西来桥镇位于扬中市东南角，是一个独立的岛镇，全镇镇域总面积近 20 平方公里，辖 12 个行政村，总人口18 000 余人。

陆纪权赴任去西来桥镇要乘渡轮，渡轮一天只有 6 班次，间隔时间较长，周一早上清晨 5 点多就从市区出发，乘坐 6 点 50 分的渡船至西来桥镇。若赶不上就要等好久。

来到西来桥派出所一看，陆纪权倒吸一口凉气，眼前是几间破旧不堪的平房，派出所没有食堂，民警只能去邻近的供销社食堂搭伙，下午 5 点开晚饭，去晚了，就吃不上晚饭，只能自己想办法解决。派出所民警上厕所只能去露天茅坑如厕。当时有个退伍军人听到调到该派出所，他"哇"地一声哭起来。

派出所所长办公室有个旧沙发，陆纪权没怎么坐过。公安局长为给新上任派出所所长鼓劲，来视察时一屁股坐到那沙发上，局长像触电一般弹起身来，原来沙发里有个立着的钉子刺中了局长的屁股。

"就这副烂摊子的样子，怎能让大家安心工作?"

陆纪权闻知供电所有一栋老办公楼，他找到供电局长，软磨硬泡，终于得到张姓局长的理解，同意将办公楼无偿提供给派出所使用。仅 3 个月时间，西来桥派出所搬至原西来用电所的老办公楼里办公，办公条件得到较大的改善，还建起了小食堂和小浴室，让民警有了安心工作的基本条件。

为了从根本上解决西来桥派出所无办公用房的现状，1996 年，陆纪权头脑里冒出了自建办公房的设想。他再三与镇政府协商置地建房，频频与规划、国土、财政、供电、建设等政府部门沟通接洽，请求援手，直到促动此事真正进入施工阶段。

西来桥派出所建成一栋四层小楼，楼内有接待大厅、办公室、会议室、

2005 年 5 月 17 日，群众向新坝派出所赠送锦旗（右为陆纪权）

民警宿舍（每间附带洗澡间和卫生间）。当地老百姓相传"派出所这栋楼比镇政府牛！"

小楼落成，陆纪权心醉，日久盘桓心跳的梦想变成现实。

七

"轰隆一声响，玻璃飞过港，肠子挂树上，群众遭了殃。"

1994 年元旦，西来桥镇西来村一郭姓村民私自生产烟花爆竹引发意外，郭姓村民在爆炸中当场死亡，其姐姐被炸成重伤，郭家三层楼房被毁。时隔 4 个月，陆纪权来到西来桥派出所任职，方知这方岛镇上分布着上百家制作烟花爆竹的大小作坊。

到西来桥不久，陆纪权通过调查了解，摸清了非法私自生产烟花爆竹的农户达到 100 余家，获悉本地几乎年年都因烟花爆竹事故要死人。他有针对性地重点部署安全防范工作，建立制度，强化责任。现实严峻，这个派出所所长过得了安全生产这一关吗？

面对西来桥镇非法生产烟花爆竹的严峻现象，陆纪权强化风险意识，不敢有丝毫疏忽大意，每月组织民警突击检查，一旦发现有私自生产烟花爆竹的，严厉查禁没收，并依据法律作出处罚。

1995 年 9 月 26 日，国庆节前夕，西来桥镇福星花炮厂因工人违章操作引爆火药，当场炸死 2 人，炸伤 9 人。福星花炮厂爆炸之时，陆纪权正站在过江渡轮的甲板上，猛地听到对岸一声爆炸闷响，以为是手持电台里传来附近行刑的枪声。那天恰是当地一名杀人罪犯伏法的日子。他过江下船立即闻听镇上发生烟花爆竹死伤事故，赶紧奔赴现场。

事故现场惨不忍睹，浓浓的烟火味道中混杂着人肉烧焦的恶臭气息，陆纪权眼看烧焦的场地上留有扎眼的"人皮手套"，不知是哪位死者手臂被高温烤化皮下脂肪，皮肉脱开，焦黑手掌上部还连接着"皮套"……

"我们发现这家村办企业存在烟花爆竹隐患，给这家企业和村委发出过整改通知书，有公章和回执为证。"陆纪权清楚地记得，这家村办企业厂长在事故发生前接到整改通知书拒不签字，他显然顾虑到若按整改通知去做，肯定会影响生产，而此时生产繁忙，按订单要求时限赶制烟花爆竹，耽误不起，故而不愿签字。此时，原福星村党支部书记胡某说"多大的事，我来签。党委政府让发展村级经济，你们派出所没事找茬。"他大笔一挥，签上了自己的名字。事故发生后，该支部书记被追究刑事责任。

"身正不怕影子歪。"

这起重大安全生产责任事故发生后，市人民检察院行将介入事故调查，欲追究派出所所长是否涉嫌渎职犯罪，市公安局领导要求陆纪权尽快写一份详细的工作汇报材料。这个派出所所长用了整整一夜时间查找历次安全检查的台账及隐患整改通知回执，随后执笔疾书，一直写到天色大亮。

这份汇报材料详尽地回顾了派出所如何构建安全防范制度及开展相关工作，有事实、有根据、有旁证、有记录。经局领导审阅后转交给检察机关，由检察院下派的检察官进行实地调查，做出实事求是的定论，结论是这个派出所所长在事故发生前尽到了法律赋予的职责，不存在渎职行为。

转年五一劳动节前一天，陆纪权布置好派出所在劳动节前后的全部工作，乘船过江，回到八桥家中。没想到天刚亮，居家邻近村办厂的门卫来敲门，让他赶紧去西来桥，说是凌晨时分西来桥镇大兴村四组发生两死一伤的重大命案。

为赶上头班渡轮过江，陆纪权心急火燎地奔出家门，市公安局局长詹德龙和副局长钱世庆接到报警后已于凌晨渡江，急赴西来桥案发现场，陆纪权赶至现场时看到两位局领导神情凝重，就因为扬中历史上还没有发生过两人同时被杀身亡的命案。

走进命案现场，那里是一幢独栋村宅小楼，陆纪权眼前呈现着极其血腥的场面，男主人遇害死在二楼床上，被害女主人遇害死在床前，家中有个十几岁的女孩中刀后逃出，被急送医院救治。

詹德龙局长指示在中心现场2公里范围内排查犯罪嫌疑人。陆纪权立即

2005 年 3 月 22 日，陆纪权（右一）和民警在审查嫌疑人

安排派出所民警兵分四组，得益于西来桥派出所扎实的基层基础工作，仅用 2 个小时就摸排出破案线索。与遇害夫妇同村组的一施姓男子被列为涉案重点嫌疑对象。尽管他身影难觅，但更多的线索让案情愈加明晰起来，通过深入调查，办案人员在施家门坎前发现血脚印，施妻、施兄嫂送施逃走却知情不报。

这桩命案隐藏一段悲惨缘由。

施姓男子与遇害者生前一起跑煤炭生意，没想到挣来的钱全被对方揣进自己腰包，施多次上门讨要不成，他让妻子再去上门讨要，哪料想对方不仅蛮横霸道，还调戏猥亵施妻，施无法忍受如此屈辱，痛下杀手。案发 1 个半月后，施姓男子在广西北海市被办案民警擒获，经侦查机关移送检察机关公诉，他在数月后被判处死刑。

八

1997 年 10 月，陆纪权从西来桥派出所调入市公安局治安科任科长。此刻，他可谓受命于危难之时。当年 6 月，扬中公共娱乐场所管理出现漏洞，被新华日报社内参予以曝光。针对场所行业治安管理混乱的现状，他提出了"教育培训到位，规章制度健全，硬件设施达标，动态检查正常"的 24 字工作方针，扭转娱乐场所的治安面貌，一跃成为全镇江市的先进典型。

陆纪权又以社区警务为抓手，夯实基层基础工作。他主持设计了社区民警工作日志记录簿，编印了派出所民警常用法律手册，提高基层民警的工作效率，社区警务工作名列全镇江市第一。

2010 年 7 月，陆纪权调至城东派出所任所长。当时该所辖区内治安秩序乱，案件高发，群众投诉多。他到任后，通过实地调查了解，洞察问题关键所在。他逐一落实整治措施，对辖区内利民市场、南园水果批发市场、金星木材市场以及长途汽车站四处乱点加以整治，对寻衅滋事、打架斗殴的从严查处，迅速解决了治安秩序乱的问题。

针对案件高发，他了解到汽车站周围小旅馆多，流窜作案人员一进扬中就在城东辖区作案的特点，加强对辖区内近 50 余家小旅馆的整治。此外，强化夜间巡逻防控，有效地压降了案件高发的态势。

针对群众投诉多的现状，他从完善接处警机制入手，设计了接处警工作交办单，从源头开始，逐一将接警、处警、调查取证、案件办理等多个节点落实责任，增强民警责任心，力求每起警情都能得到公开公正、依法依规的处理。结果大大提升了辖区群众的满意度。

2003 年 4 月，陆纪权调至新坝派出所任所长。到任后，针对新坝经济发展迅猛的特点，他狠抓农村警务站建设，一村一站，规范运作，抓技防人防的有机结合，在镇江市范围内率先建成技防镇，狠抓为企业服务，为经济发展护航。真正做到了"发案少、秩序好、群众满意"，在扬中市成为第一个"公安部一级派出所"，2008 年至 2009 年度在镇江市政法委组织的社会机构抽样调查中，荣获镇江市以派出所辖区为单位的公众安全感和群众满意度双第一的好成绩，他也因此连续 3 年被省政府评为"平安创建先进个人"，并荣立个人二等功。

九

2012 年 1 月，陆纪权调任交巡警大队教导员，这一刻让他时常回想起年轻时当交警的难忘经历。就在调动工作的前几个月，陆纪权年过七旬的父亲突发白血病逝世。

追忆父亲这辈子的人生，想起父亲在他一心从警、放弃工厂技工前途时告诫的话，他为父亲撰写悼词时，大滴大滴的泪珠悄然落到纸页上——"当警察，要把事情做公正"，这是父亲当初对儿子的简朴忠言。

转瞬间，33 年前的往事历历在目。从警至今，他已变身为阅历丰富的职业老警察，亲身经历并目睹过时代变迁的风风雨雨，洞悉身处警务革新变化的步步进程，他相信对人生意义的理解有着自己独特的认知。

潮涌江涛万鼓鸣　归帆乘风盛气凌

——记扬中市公安局警察协会副主席、二等功获得者葛成群

人物档案：

葛成群，男，1957 年 10 月出生，中共党员，汉族，大学本科文化，一级警督。原扬中市委维稳办主任、扬中市公安局副局长，现任江苏省扬中市公安局警察协会副主席。

**2006 年 9 月，葛成群被江苏省委、省政府表彰，
荣立"平安创建"个人二等功**

1978 年参加公安工作以来，先后侦破系列杀人、抢劫、强奸、盗窃、重大经济等案件，被镇江市委、市政府表彰为"严打先进个人"。荣立个人三等功 2 次、嘉奖 5 次；1992 年至 2001 年调至原扬中县三跃乡、三茅镇担任分管政法工作副乡（镇）长，负责社会治安综合治理工作。因成绩突出，被省委、省政府表彰为 1997 至 1999 年度全省社会治安综合治理先进个人；2001 年 4 月调任扬中市公安局党委委员、副局长，2006 年被江苏省委、省政府表彰，

荣立"平安创建"个人二等功。

起跳，远投三分球，球入篮筐。篮球比赛，无论前锋后卫，考验身手更考验头脑，看谁能在激烈对抗中视野开阔、传球巧妙、远投手感出色。

葛成群自小酷爱篮球，年轻时在场上很是风光。别看他个头不算高，可人家在场上担任后卫，组织进攻又协同防守，只要学校举行篮球比赛，不论读初中还是读高中，他可是在校学生中的不二人选。

—

葛成群祖籍江苏盐城阜宁，生在江苏溧水县。

盐城阜宁历史悠久，古称黄浦，史载阜宁"阜明水秀，乡坊稠密，土地肥饶，民灶辐辏"。然而，葛成群对溧水向北 350 公里外那片素有"江淮乐地"之称的祖籍之地没有啥概念，他既不在那里出生，也未在那里长大。

他有一个哥哥、两个姐姐，在葛家子女中排行最末位。

长大后知道自家太爷在阜宁老家开过药店，爷爷会扎针灸，做过瓦匠和木匠，爷爷活到 94 岁；知道爷爷给父亲取名开泰，寓亨通安泰之意；还知道母亲也是阜宁人，外公是私塾先生，专教小孩子读书识字。

父亲 1944 年参加革命，随部队南下到溧水，在那里成家。

1953 年 3 月 1 日，共青团溧水县委员会成立，未及 28 岁的葛开泰成为县团委第一批领导人中的一个。他在儿子眼里是慈父，温和又开朗，喜爱篮球，干工作有股雷厉风行的军人风范，想干的事就一定要干成。

儿子自小对父亲怀有敬佩之心，儿子眼里的母亲也是开朗通达的人。

葛成群懂事时记得这样的情景，溧水县委机关食堂无米下锅，蒸南瓜当主食，偶尔有窝头吃就挺喜庆。父母吃不饱，腿浮肿，可他们总忍着饿，把食物省给孩子。然而，早年在溧水县委大院里与小伙伴玩耍度过的童年时光，葛成群至今觉得十分美好。

1965 年 2 月，父亲携全家前往百十公里外的扬中县任副县长。

去扬中要乘船渡长江，当年渡江要靠人力操作的木造帆桨船，船体不大。扬中有数百条船只，机动货船和机动拖船仅区区几条，客船均为木造帆桨船。

20 世纪 60 年代中期，扬中县人口总数为 21 万人，农业人口就占到 20.3 万人。

全县行政编制为 387 人，县级机关有 218 人。那些年扬中多灾多难，只要遭遇台风、暴雨、雷击、冰雹，就有成百上千的民间草屋泥墙倒塌，死伤者众，民间还曾流行疟疾，染疾数万人。

父亲赴扬中任职那年，葛成群刚刚 8 岁。尽管父亲的干部级别比扬中许多人要高一些，但在同事眼里他性情平和，为人和蔼，从不摆官架子。他来到新地方、新单位与同事相处很得人缘。

就在那一年，一个名叫洪康燮的人在四川成都病逝，享年 76 岁。

这位江西婺源县人曾于 1934 年出任扬中县长，他上任废除掉一些不合理的苛捐杂税，引进湖桑发展蚕桑生产，兴修水利、修堤浚港，主持修筑了扬中历史上的第一条公路，还增办公立小学，主张"废私塾，兴学校，推行义务教育"，在全县下令禁止妇女盘鬏缠足……

洪康燮在国民政府时期主政扬中短短 4 年，成为扬中历史上民众铭记不忘的一个人。

2004 年 10 月 28 日，葛成群（右前）在扬中市综合庆典安保现场参与指挥

葛开泰到任扬中副县长未及 1 年，史无前例的"文化大革命"爆发，1966 年下半年，县委机构逐渐瘫痪，党组织停止活动，各级干部全都"靠边站"，全县工业、商业、学校呈现"闹革命"的混乱局面。农村禁止家庭副业生产，取消农村集市贸易。

转年，县级机关造反派成立红色造反司令部，彻底夺掉县委、县政府的行政权力。

刚满 40 岁的副县长葛开泰尚未施展政治抱负，就因家庭出身存疑受到冲击，被红卫兵揪上台批斗，继而夫妻双双下放"五七干校"接受劳动改造。

二

"文化大革命"期间，扬中的小学处于混乱停顿状态。扬中县中学撤销后新创办了城镇中学，原县中校舍改为工厂厂房，校内的课桌凳、图书、仪器等财产全被分光搬尽。

1969 年初，扬中的中小学管理权下放给人民公社的生产大队，由贫下中农管理。小学生们因为社会动荡，学校经常停课，他们不用去学校上课，不必做作业，荒废了学习知识的好年华。

正在读小学三年级的葛成群赶上"文化大革命"时期学校"放羊"，他父母受到政治冲击，顾不上教育孩子。成长中的葛成群把精力和时间用在打篮球上，打一整天也不觉得累，第二天还是如此这般，无比过瘾。

扬中那里的经济生活极其贫乏，商品紧缺，吃粮靠计划供应，城市户口男性每人每月定量供应 28 斤粮食；食糖供应每人每月 150 至 250 克，节日加 50 至 100 克；城镇居民每人每月供应肥皂 1 块，农村每人每季仅 1 块。

街上卖冰棒 3 分钱一支，烧饼 3 分钱一个，油条 3 分钱一根，小孩子经过冰棒车前只能抿抿嘴唇，瞄一眼赶快扭头走开，若想吃冰棒，几人凑钱买，再轮着一人咬一口，更多的孩子兜里没有钱解馋。要知道，小学生一学期的学费 8 角钱，这数字在当时已经很是一笔不小的家庭支出了。

1971 年，国家普及初、高中教育，小学升中学不要求考试成绩，仅象征地简单考一考，人人都能上初中。若要上高中，则采取推荐办法招生，学制改为"二、二制"，即初中二年、高中二年。这一年年底，扬中恢复县中学，将农机厂"五·七"学校改为扬中县中学。

葛成群是 75 届扬中县中学的高中毕业生，他记得全班有 54 个同学，大家都被动员去农村插队。扬中县早在 1964 年就开始动员知识青年上山下乡，5 年后的扬中县革委会成立起上山下乡办公室，专门负责办理知识青年和干部上山下乡。

县里召开知识青年上山下乡欢送会，葛成群在会场上佩戴大红花，听着欢送锣鼓敲得震耳，拎起行李排队上车，前往联合乡黄山套农场。葛成群是县里第二批到那里下乡的知识青年。农场在扬中境内，离县城不足 6 公里，却是江边荒滩开垦出的田地。

农场里除了带队农工师傅年长一些，以连队建制编入的知识青年全是十七八岁、十八九岁的小伙子、大姑娘，他们正值朝气蓬勃、精力旺盛的年华。大家起早贪黑，中午不休息，无论列队出工、耕田犁地、种麦栽秧、施肥灌溉、收麦割稻、担粮推车、筑堤围坝，连队跟连队比，班组跟班组比，个人与个人比，在集体荣誉和个人荣誉面前，谁也不愿落后。

葛成群在农场度过 4 个冬天，最最寒冷的时段要数 1977 年 1 月，当地气象局有记录，地面极端最低温度竟然低至零下 23.2 摄氏度。即便在如此严寒的日子里，农场知青要利用冬季农闲大搞水利设施建设，疏浚沟渠，冒着天寒地冻的刺骨寒风外出劳动。

葛成群虽然没在农村长大，他仗着体能好、有力气，排名不输他人，但他心里清楚，那些自小从农村长大的同龄人特别能吃苦，特别有毅力。在农场 3 年多日子里，葛成群在农业排、农科队干过，因表现出色当上了知青班的班长。

三

1977 年 10 月 12 日，国务院宣布当年恢复已经停止 10 年的全国高等院校招生考试，以统一考试、择优录取的方式选拔人才上大学。恢复高考的招生对象是工人、农民、上山下乡和回乡知识青年、复员军人、干部和应届高中毕业生。

消息传到黄山套农场。

知青们深知这是一次改变个人命运的重大机会，纷纷借劳动休息或睡觉时间偷偷找来初、高中课本复习功课。谁都明白，不能公开复习功课，因为按照县知青办公室的要求，按照农场制定的生活纪律和劳动纪律，若有人不好好出工干活，他或她的个人评价就会降低，那意味着招工或其他离开农场的机会降临时，他或她会因此失去机会，而考大学又是人人没多大把握的事。

2005 年 9 月 8 日，葛成群在全市侦防攻势推进会上讲话

1977 年 12 月 10 日，全国 570 多万年轻人从农村、工厂、部队、城市忐忑不安地走进考场。由于报考人数过多，印刷考卷的纸张出现严重不足，直接影响到那些走进考场的考生们能不能领到考卷。中央果断决定紧急调用印刷《毛泽东选集》第五卷的纸张印刷考卷。1977 年高考结束，全国总共录取新生 27.3 万人。

葛成群未能跻身 27.3 万高考新生的幸运行列中。他的高考总分成绩离录取分数线只差 3 分，更让他沮丧的是，他想参军，又因年龄关系未能如愿。

哥哥已参军，两个姐姐考上大学，接连与改变命运的机遇失之交臂的他心里很不是滋味。

入农场第三个冬天，《中国青年报》一篇题为"正确认识知识青年上山下乡问题"的评论员文章引发了全国范围的社会震动。年底，各地知青返城潮开始出现，态势愈加猛烈，大批从城市下放农村的知识青年纷纷被招工返城。

改变命运的机会降临到葛成群身上。

县委组织部两名干部来到黄山套农场，他们专门为县法院、县检察院、县公安局挑选适合条件的农场知青而来。考察确定 3 名男知青和 2 名女知青入选，葛成群入选被分配去县公安局。

出于慎重，在这个人生选择的重要时刻，敬重父母的葛成群把消息告诉家里，希望听听父母的想法。父母支持他从事公安工作，同时表示，如此大事应由他自己选择。

怎样从县委组织部领到一张盖有大红印章的介绍信，怎样走进当年县公安局院门、楼门、办公室门，怎样递交介绍信后聆听入职工作安排，葛成群不会淡忘那天整个经历的详细过程。

自此，他把自己这辈子托付给县公安局这个单位。

1978 年 12 月 18 日是中国共产党第十一届中央委员会第三次全体会议在北京举行的第一天。

十一届三中全会结束了粉碎"四人帮"之后两年中党的工作在徘徊中前进的局面，实现了建国以来党的历史的伟大转折。值得一提的是，同是这一天，葛成群到扬中县公安局办理入职手续，他的人生命运也在这一天实现了重大转折。

十一届三中全会后，全国各地开始平反、纠错，一大批冤假错案受害者的名誉得到恢复。

葛成群父亲在"文化大革命"中遭遇到的政治冤情得到了平反昭雪。

四

中华人民共和国成立之际，扬中县公安局基本完成建制。

"文化大革命"开始后，一股"砸烂公、检、法"的反社会行动在全国蔓延，扬中县与全国各地一样，政法机关多年陷于瘫痪。

葛成群入警时，扬中县公、检、法三家恢复工作仅5年，尽管恢复后的县公安局设立秘书股、刑侦股、治安股、政保股、预审股、看守所，继而又增设了消防股，但县局在人员配备、工作程序、上下级关系等诸多管理环节方面尚未完全理顺。

"治安股那时加上我只有3个人。"

葛成群分到治安股工作，这部门一个股长、一个内勤、一个外勤，受当时社会经济发展水平的制约，治安管理在公安局整体工作格局中并不占有重要位置，当时治安工作的主要任务是防火、防盗、防事故、防矛盾激化。

比起在农场的数百名知青来说，县公安局不过40来人，再加上总有人外出办案或调查，这个单位实在显得有些冷寂。扬中县公安局恢复工作时，全局只有可数的十几套民警服装，不得不实行公用警服制度，民警穿警服是要请示领导、获得批准，才能借穿外出办公。

20世纪70年代后期，县公安局经镇江市公安局批准，自筹经费，到省城南京找一家服装厂，给每个民警订做一套包括春秋两季的民警服装。随着相关政策放宽，公用警服制度成为历史，县级公安机关的警服改为从上级机关领取。

"我领到的警服是上白下蓝那种"，葛成群记得第一次穿警服的情景。

早在1972年，人民警察夏季警服改为与交通民警相同的上白下蓝、戴白色大檐帽。此前，警服全身颜色为藏蓝色，再早些年，警服颜色是由深棕绿色改变而来。葛成群入警时，男女警帽原来镶有的两道蓝牙线改为红牙线黑丝带帽墙。

"我第一个月领到的工资是20元。"

葛成群笑着回忆说，他把第一次领到的工资全交给父母，父母让他留下自己用。他知道父亲平反后的工资为16级干部待遇，月薪103元，母亲平反后的工资等级为干部21级，月薪53元。父母并不需要用小儿子的工资支撑家庭生活费用，但葛成群的心思是，做儿子的理应把刚刚领到的工资交给父母，这举动含有对父母养育之恩的敬谢之心。

没有培训，没有师傅系统地告诉你怎样做好工作，葛成群入警伊始抓紧一切机会熟悉业务，观察、询问、读书、思考、总结，遍阅机关内部刊物和《人民公安》杂志，从中汲取专业知识和信息，把重要章节和段落抄录到本子上。

1979 年 3 月，全国人大法制委员会成立，仅仅数月后，全国人大相继颁布了《刑法》《刑事诉讼法》《地方各级人民代表大会和地方各级人民政府组织法》《全国人民代表大会和地方各级人民代表大会选举法》《人民法院组织法》《人民检察院组织法》以及《中外合资经营企业法》等 7 部法律。

7 部法律涵盖了保障公民权利、健全人大建设、恢复司法机关建设以及为改革开放提供法律保障等领域，尤其是《刑法》和《刑事诉讼法》的出台，对维护国家和人民的利益、惩罚犯罪、指导司法机关正确行使权力具有重大的作用和影响。

葛成群记得，扬中县公安局立即组织对《刑法》和《刑事诉讼法》的学习，人人要将立法本意和具体法条牢记在心，以应对越来越复杂的工作事项。

五

20 世纪 70 年代，扬中县刑事案件的年发案量大多在几十起上下徘徊，其显著特点是系列案件突出，罪犯锁定某一固定地区连续作案，或者锁定一个或几个目标连续作案。持刀拦路、入室抢劫、持刀入室强奸、杀人抢劫，以及绑架等这类暴力案件极为少见，团伙犯罪极少，但案发总数却呈现出逐年增多的趋势。

"小葛子，去干刑警怎么样?"

"好啊"，葛成群知道干刑警要受苦受累，他回答领导时想的是，"这可是个锻炼人的好机会"。结果，从警刚满 1 年，葛成群从治安股调入刑侦股，股里有 9 名民警，第一次接触死尸是在江边。

接到老百姓报警，葛成群跟随老刑警赶往长江岸边。岸边有具江上飘来的浮尸，把穿着衣服的浮尸拖到岸上，几乎看不出人形，臭味扑鼻，"我们在上风处，又没戴口罩"，葛成群呆立一旁，毛骨悚然地看着老刑警如何勘验。那一天，他生理反应剧烈，吃不下饭。

葛成群调入刑侦股刚刚 1 个月，县公安局连续两天发还被盗物品，将 20 多家单位和 50 余户的失窃物品登门奉还。发还明细清单上写有：被面被单 25 条、被絮 6 条、布料 25 尺、绒线衣 12 件、衣服 60 件、"三五牌"钟 2 座、皮鞋 6 双，以及套鞋、雨伞、钢精锅等生活用品和生产用具总共 93 件。

上门奉还失窃物品的民警难忘一幕幕被百姓拥戴喝彩的情景，群众的欢

2006 年 4 月 29 日，葛成群（前排左）出席中共扬中市公安局第三次党代会

喜溢于言表，如同过大年时那样的喧嚣热闹，这是对刑警艰辛工作的莫大奖赏，也让年轻的葛成群内心受到极大震撼。

想当年，刑警外出办案主要靠步行，县公安局只有两辆幸福 250 摩托车、一辆上海东风侧三轮车、一辆北京吉普车。县公安局在安装传真机和会议电话机之前，与镇江市公安局的联系仅有一部磁石电话机。用于刑侦技术勘察的只有一部 120 海鸥照相机。

葛成群记得，20 世纪 80 年代初，县公安局没有单独的预审室，预审涉罪嫌疑人或在办公室或在宿舍内进行。直到 20 世纪 80 年代初，扬中县公安局才配备了两名痕迹技术员、一名照相技术员和一名法医。

那是 1980 年 1 月，葛成群当刑警第二个月，扬中县公安局针对盗窃案高发的多个地区布置警力展开侦查，擒获在常州煤矿当掘井工的一名扬中本地人，此人白天睡觉，夜深时分潜回家乡行窃，不仅偷盗"三票"（粮票、油票、布票），甚至连人家的一个鸡蛋、一把韭菜、几块豆腐干都要"顺"走。

短短一年时间里，此人作案 80 余起，计有 24 个大队、12 个社办企业、6 所中小学、3 个医疗站、70 多户村民家庭失窃财物。刑警终于设伏抓住这名作案累累的犯罪嫌疑人时，老百姓莫不拍手称快。

受条件限制，痕迹物证的概念和方法还未广泛使用，葛成群当刑警之初，要骑自行车去办案，破案主要依靠走访调查，多看、多问、多想、多记是刑警的基本功。当刑警第三年，葛成群被分派当刑侦技术员，到镇江参加全国刑事技术职称统考,学习1年,系统学习和掌握如何搜集犯罪物证的技术,并接触到DNA技术的使用。

1983年,葛成群通过考试,获得了痕迹助理工程师证书,在检察机关备案,凭此资质可行使刑事技术鉴定权。

六

入警4年,葛成群身处改革开放后经济形势越来越加速发展的潮流中,亲身感受到社会治安状况日益复杂化、刑事案件趋向高发态势。尽管公安机关在一次次打击犯罪专项行动中倾力维护社会安定,但这与政府和老百姓对生命财产安全的企盼尚有距离。

20世纪80年代初,社会各地赌博风气日盛,扬中一些乡镇企业负责人、厂长、经理、供销员凭着走南闯北的见识,手头又有些活钱,率先参赌,后有党员、干部入伙,赌博输赢数额越来越大,从几百元、上千元,甚至万元以上。

葛成群记得,自1983年起,扬中暴力犯罪案件逐渐增多、连年不断。尤其是自1986年春季至1990年春季4年期间,扬中多个乡镇接二连三发生蒙面人持刀入室强奸、拦路抢劫案件数十起。百姓惊惧。警方多次设伏巡查,迟迟未能擒获作案嫌疑人。

入夜时分,一女工骑自行车下班行至一条河边,有人从路旁窜出,用刀顶住她的颈部索钱,这女工乘其不备,抓住刀柄大喊救命。嫌疑人被正在附近巡逻的联防队员抓获。经警方讯问,此人原来就是百姓闻之色变的"蒙面人",他坦白交代自己犯下的28起涉罪恶行。

来自扬中县公安局的统计资料显示:1981年,扬中全年刑事案件发案142起,其中重、特大刑事案件12起。1982年,扬中县刑侦股改称刑警队。距1981年仅仅两年后,扬中1983年刑事案件发案数量攀升至209起,其中重、特大刑事案件增至29起。

1983年8月25日,中央政治局作出了《关于严厉打击刑事犯罪活动的决定》,提出从1983年起,在3年内组织3个战役。同年9月2日,全国人大常委会颁布了《关于严惩严重危害社会治安的犯罪分子的决定》和《关于迅速审判严重危害社会治安的犯罪分子的程序的决定》。

扬中成立"严打办公室",公、检、法三家联合办公,迅速启动严厉打击刑事犯罪活动的第一战役。1983年9月27日,县人民法院在县体育场召开万人公判大会,对30名刑事罪犯进行公判。第一战役截止于1984年7月底;随后启动第二战役，此次战役截止于 1986 年 3 月底；紧接着启动第三战役，此次战役延续到 1987 年春节。"严打"之后，扬中刑事案件高发的态势得到有力的遏制，人民群众有了安全感。

具备一定现场勘察、痕迹检验技能和经验的葛成群，在"严打"战役中与同事不舍昼夜地劳碌办案，几天几夜不睡，吃饭没准点，有家难回，每每现场勘察，细辨足迹、提取指纹、蹲守设伏、奔袭抓捕，他与同事不言苦累，奋力拼搏。运用现场提取的痕迹物证揭露、证实、打击犯罪，技术破案对各类刑事案件破获率起到关键作用。

从治安股调入刑警股，葛成群担任了 7 年的刑侦技术员。

随着刑侦技术手段不断更新，警用勘察器材逐年添置，淘汰更新。葛成群使用过海鸥牌 120 照相机以及熟练配置显影药水冲扩照片，后来使用过现场勘查灯、自动曝光仪、735 静电吸附器、体视显微镜、现场勘查包和法医解剖包。再后来，县公安局又添置了指纹比对仪、指纹显现箱等装备。

七

"严打"第一战役结束，扬中县公安局战绩实效突出，被公安部记集体一等功。

葛成群与全体民警当之无愧地享受来自上级机关的这份珍贵赞誉，更享受来自全县干部群众的认可和称道。1987 年 7 月，临近而立之年的葛成群出任扬中县公安局刑警队副队长。

上任伊始，恰逢公安部、省公安厅部署集中打击流窜作案的统一行动。此前，扬中县公安局已经对县境内的流窜作案展开了为时两年的彻底清查。这一专项行动持续开展了 8 年之久。同样持续多年的还有反盗窃、打击盗窃自行车等专项行动。

"犯罪的往往是聪明人，也是没有底线、甚至是偏执疯狂的人。"

社会开放面愈大，信息流通愈快，人们的思维方式不仅多元化而且立体化，罪犯谋划犯罪、逃避打击的思考也愈加缜密，形形色色的犯罪嫌疑人琢磨如何在获取钱财和利益之后避开打击，葛成群所在的刑警队在开展各个专项行动中感受到巨大的工作压力。

自 20 世纪 80 年代末起，扬中建设大潮风起云涌——县乡公路拓宽新建、长途汽车开辟新线、汽渡码头建成通航、金属机动船彻底取代木造帆桨船、客货运量迅猛激增；电信开办无线寻呼、特快专递、移动通信；人们手中积攒起越来越多的钱财……

　　预谋犯罪的歹徒们窥测到社会生活方方面面的变化，他们清楚，若想顺利实施不法侵害获利，要尽可能地利用一切手段。罪犯入室行窃，携带各种工具，采用口香糖、插片等技术手段开锁，用小型千斤顶扩开防盗门窗；寻呼机使用暗语联络，驾驶摩托车、汽车作案；犯罪团伙内部分工细致，行动预先进行计划。

2007 年 5 月 9 日，葛成群（左）在全市治爆缉枪专项行动上讲话

　　一名 3 岁幼儿在幼儿园门外突然失踪，家长心急如焚，许诺万金悬赏线索，县公安局成立专案组，根据线索追查到山东省临沭县。时隔 4 个月，被拐卖幼儿得到解救，犯罪嫌疑人被擒获。警方讯问得知，幼儿被犯罪嫌疑人拐走，以 3000 元价格卖到山东。这是扬中第一起拐卖儿童犯罪案件。

　　新年将至，一男子浑身是血倒在扬中油坊镇四墩子村一村民养殖场西侧江滩。

　　受伤男子向警方讲述，入夜时分，他在江上行船，两名嫌疑人趁他和妻子不备，用铁棍和铁锚将他和妻子打落江中，妻子不知下落，船被抢走。第二天，身受重伤的妻子被人发现，在送往医院途中死亡。7 年后，警方持续不懈的缉捕有了结果，两名涉罪歹徒分别在外省被擒获。

　　盛夏时节，三茅乡同心村一村民家中传出哭声，邻居闻声查看，只见丈夫抱着"上吊自杀"的妻子尸体痛哭。丧妻之夫时任扬中县人民法院执行庭庭长，而娘家人根本不相信自杀之说。县公安局法医姚恭亮、技术员王平勘查尸体后，初步认定死者被勒颈毙命，不是上吊自杀。

出于慎重，扬中县公安局请来上海、省公安厅以及苏、锡、常等单位的法医进行死因论证，鉴定结论最终确定这是一起性质恶劣的凶杀案。警方结合鉴定结论及调查走访的涉案相关情况，经过艰难讯问，最终突破了这名原法院执行庭长的心理防线，他不得不供认如何蓄谋已久雇凶杀妻的全过程。

两名涉案罪犯被执行死刑时，扬中万人空巷，围观群众人声鼎沸，刑场附近被围得水泄不通，载有两名罪犯的警车不得不改道绕至第二刑场行刑。这起杀妻案在民众中口口相传，两名罪犯遭到万人唾骂。

"任务都是大家共同完成的，荣誉都是大家共同努力取得的，我只是公安队伍中的一员"，这是葛成群发自内心的想法。从 23 岁到 35 岁，这段不短的人生全都"泡"在刑警队，多少日子都是没白天没黑夜拼过来的，多少任务都是不吃不喝不睡咬牙坚持完成的。

八

1991 年 2 月 19 日，中共中央、国务院发布《关于加强社会治安综合治理的决定》，其中规定："各级党政领导要亲自动手，一级抓一级，一级包一级，一抓到底，层层落实，要把社会治安责任制同经济责任制、领导任期责任制结合起来，将社会治安综合治理目标管理同责任人的政治荣誉、政绩考核、职级提升和经济利益挂钩。"

江苏省政法委随即下发文件，要求在各个乡镇政府配备分管综合治理工作的副乡长。扬中县委、县政府从司法机关抽调干部任命一批副乡长，葛成群由县公安局刑侦副大队长岗位调到三跃乡担任副乡长。

扬中县 1986 年辖 6 个镇 6 个乡，三跃乡曾名为三潘乡，1988 年更名为三跃乡。

1994 年 5 月扬中撤县建市，三跃乡撤乡建镇。2001 年 3 月，三跃镇撤销，整体并入兴隆镇。

葛成群在三跃乡做副乡长 6 年，任职之初哪有什么经验。在刑侦队工作那么多年，公安队伍令行禁止，比起基层政府工作相对简单，习惯已成自然。宣布担任副乡长职务之前，新任命的副乡长、副镇长都要在县政法委培训，然后层层签订目标责任制。

不要说从没干过副乡长这差使，葛成群自小到大跟农村人打交道就不算多，再说综治工作有多少人干过？考验他的是一次人生新挑战。

经过走访调查，葛成群对这里社会综合治理情况有了大致了解：这里是欠发达地区，乡间打架斗殴时有发生，频频出现因小事村邻大打出手的事端，或是为河塘权属拼死拼活，有喝农药自杀的，有多年闹访不休的。

葛成群在副乡长职位上见识了底层社会生活的真实状况，了解到民俗民风，锻炼了如何平衡协调各方关系的能力，学会如何掌握政策尺度，把上级布置的综治工作要求落实到位。他经过努力工作，实实在在地提升了干部群众防范犯罪的意识，将人防、物防、技防制度在各村逐一落实。

身为综治副乡长，葛成群常常需要调动派出所、司法所，再协调民政、土地管理、计划生育等各方面的负责人协同解决信访纠纷，要做到解决矛盾纠纷不出村不是易事。那些年，葛成群的多元思维得到拓展，判断能力得到提升，自信心更加充实。由于工作出色，撤县建市后的扬中市委、市政府将葛成群调往三茅镇任副镇长。

比起三跃乡管辖的 2 万多人，三茅镇人口 10 万余人，这个镇古来就是扬中重镇、经济文化的中心。解放后一直是县政府——后来的市委、市政府所在地，这里的综治工作要复杂得多。工作任务重、管理范围大，既管三茅地区、市直各部门，又管三茅镇域范围，同时兼管开发区的综治工作。

凭借 6 年基层政府工作经验的积累，葛成群在三茅镇勤勤恳恳工作了 3 年，从操作层面打通了综治责任落实落地的"最后一公里"——完成上级要求对"责任督导和追究"以及"一票否决"适用情形的进一步细化，大大促进了社会治安综合治理各项工作在基层的落实。

九

"兜了一圈，回到娘家。"

葛成群离开公安做副乡长、副镇长在外"漂泊"日久。2001 年 4 月，他回到公安局，被任命为扬中市公安局副局长兼经侦大队大队长。那时，经侦大队单独组队未满 3 年，大队民警同样面临着边学边干的情形。

"经侦业务与刑侦业务不同，我没接触过，需要重新学习。"

葛成群提醒自己，干刑侦技术员的底子入新部门绝无老本，必须从头干起。

借鉴做综治工作积累的经验，葛成群强化专业学习，钻研案例。针对扬中供销员经济特点，以及挪用资金案件逐年上升、企业苦不堪言的现实，他带领经侦民警一方面抓打击破案，为企业挽回经济损失；另一方面抓治理，建立完善一整套治理方案，组织开展一系列的专项治理。

任职 5 个月，他指挥大队民警侦破扬中非法公众存款的重大案件，涉罪嫌疑人涉嫌向 120 多户农民非法吸收存款 95 万余元。

2003 年 8 月，江苏省委、省政府决定率先在全省范围内开展建设平安江苏、创造最安全地区活动，力争 3 年创建，把江苏建成全国最安全省份之一。

2006 年 9 月，省委、省政府下发《关于在全省开展新一轮平安江苏建设的意见》。平安扬中建设涉及面广，工作量大，覆盖社会、政治、经济、生活的方方面面。作为平安创建主力军的公安机关责无旁贷，积极策应市委、市政府的决策。

葛成群吃透上情，明确创建工作的目标、任务、时序要求，他协调各方，全面推进平安创建活动，着力解决制约平安创建工作的瓶颈，主动争取各级党委、政府的支持。

在接下来的 6 年时间里，他深入基层抓调研、抓指导，深入社区、机关、学校、厂企抓检查、抓落实。扬中市连续 6 年被省委、省政府命名为全省社会治安安全市（县区），人民群众的安全感、满意度逐年攀升。

2007 年 9 月 14 日，葛成群在保卫十七大再动员会上讲话

2009 年 7 月，葛成群被任命为扬中市委维稳办主任。

社会转型、企业改制，城市建设和经济发展过程中矛盾重重，对抗性加剧。他悉心调研，制订出突发事件和群体性事件处置预案，引入执法告知机制，主动与矛盾诉求方开展对话，紧紧依靠各级党委政府开展多层次的说服教育工作，依法积极稳妥地处置各类突发性事件和群体性事件。

借鉴综合治理的经验，葛成群狠抓全市维稳工作机制建设，落实各级维稳责任，做到组织、工作、人员、经费落实，建立完善矛盾纠纷排查机制，信息报送机制，及时掌握社会动态，超前开展化解工作，将各类矛盾纠纷处置在萌芽状态。全市维稳工作连续3年位列镇江市考核第一。

2013年4月，葛成群退居二线，人生历程的点点滴滴浮现在眼前：知青、治安警、刑警、刑侦技术员、刑侦队负责人、副乡长、副镇长、副局长、市委维稳办主任……

"踏实做事，诚实做人"，葛成群评价自己"工作认真细致，不莽撞，不推诿，不扯皮，有问题勇于承担责任，平易近人，上下级关系融洽"。

年近六旬，葛成群依然葆有年少时的爱好——篮球。

如今，他琢磨着，打篮球跟公安工作、基层综治工作有着某种潜在的联系，他笑着大声说，"天下大道理其实都是相通的嘛"。

帆近帆远江入海　潮去潮来春复秋

——记扬中市公安局党委副书记、政委、全国特级优秀人民警察仲纪华

人物档案：

仲纪华，男，1963 年 10 月出生，汉族，中共党员，省委党校研究生学历。1984 年 10 月参加公安工作，一级警督警衔。现任江苏省扬中市公安局党委副书记、政委，扬中市党代表，扬中市人大代表，扬中市纪委委员。

2007 年 6 月，仲纪华被授予
"全国特级优秀人民警察"荣誉称号

1999 年至 2001 年连续 3 年被省公安厅授予"江苏省人民满意警察"，2000 年被镇江市委、市政府授予首届"人民满意公务员"，2001 年被扬中市授予"十大杰出青年"、被镇江市授予"优秀青年卫士"，2003 年被镇江市委授予"十佳廉政勤政标兵"、被镇江市政府授予"镇江市劳动模范"、被公安部授予"全国优秀人民警察"，2007 年 6 月，被授予"全国特级优秀人民警察"。从警 33 年来，个人先后被嘉奖 10 次、记三等功 6 次、记二等功 3 次。

扬中为长江下游冲积沙洲，四面环江。

何时有人登上这片沙洲垦荒，何人最先渡江到此安家，史志未有只言片语。此地民间代代传下一句话"穷奔沙滩富奔城"，意喻先民生活走投无路"奔沙"至此。

仲纪华仅知祖上是从山东逃荒而来，却不知详细由来。

一

20世纪50年代末，大跃进运动以及牺牲农业发展工业的政策导致全国性粮食短缺和饥荒，此后那几年被称作"三年自然灾害"时期，后来又改称"三年困难时期"。

时逢"三年困难时期"，扬中县新坝乡新桥村一户普通农家诞生了一个男孩。

男孩的父亲姓仲，年轻父母为这个初生的儿子起名纪华。小男孩降生时赶上饥荒之年，就在他出生前几个月，一场大暴雨将扬中全县15万亩麦田和1.5万亩秧田淹没，新坝部分农田绝收。

赶上扬中粮食总产量连年大幅度下降，农民口粮极其紧缺。患病人数在全县20余万人口中占到9%，更多的人因营养不良患上浮肿、消瘦等疾病。成长中的小纪华身处吃不饱、穿不暖的艰辛时代。

小小年纪，仲纪华就要尽力地帮助父母干家务，割猪草、拾柴草、烧灶火、煮猪食、喂猪、清理猪粪、积肥。少年纪华早早懂事，跟随父母参加生产队集体劳动挣工分，插秧、种麦、挑把子、脱粒、挖河塘、修河渠、筑堤坝，多挣一个工分就减轻一点点生活压力。

生产队社员们日日早出晚归，即使大年三十、正月初一，甚至整个春节期间都不得歇息，人们筑牢江堤、疏浚渠道。县广播站大喇叭鼓动人们过一个又一个革命化的春节，宣称过春节是封建旧习俗，要人们彻底把这旧习俗从意念中扫荡干净。

父母不仅整天投身生产队的各项劳动，还时常参加生产队召开的大会小会，学习文件，及时了解政治形势，还要在学习会上表态发言。小纪华在承担家务的同时，还要帮父母照料好两个年幼的妹妹。

那些年台风频繁，少年纪华亲眼见过台风裹挟暴雨雷电袭来的情景。狂风像鬼怪一样发疯般吼叫，吹得大人们在屋外站立不稳，吹得墙倒屋塌、老树折断；吹得车翻船沉、烟囱摧折、人畜伤亡；他见过父母眼望成片庄稼被冰雹砸得倒伏不起，悲戚无奈。

仲纪华至今记得老房子，记得当年老房子空间狭小，光线暗淡，锅灶连屋。

老房子是幢草屋，三架梁，以木材、竹子为骨架，四周围上芦芭或砌土堡为墙，屋顶苫盖稻草或麦草，檐高五六尺，常需换草苫盖。

营养不良的年代挡不住蓬勃发育的青春，纪华比同龄人入学晚，瘦瘦的他却一个劲儿蹿个儿，读完小学上初中，他的个头已逾 1.7 米，在教室里坐在最后一排。小学时，这个男生喜爱文字，学校发给学生散着墨香的语文新书，他总是欣喜阅读，琢磨着字里行间透出的奇妙意境。

2017 年 1 月 3 日，江苏省公安厅党委委员、副厅长吴跃章等
领导参观大全集团警企联防工作（左三为仲纪华）

同龄人依当年学制，读初中两年，读高中两年。

高中毕业，纪华参加高考落榜，他知道个人实力还差得远，又因家境无法支付他补习高中学业的费用，他不甘现实困境，坚持寻找读书升学的机会，拒绝像往届以及同届初、高中毕业生那样，一毕业就回家帮父母种田。

<h2 style="text-align:center">二</h2>

仲纪华高中毕业那年，他一心报名参军入伍，但他的心愿没能实现。扬中本地教师资源十分匮乏，各村虽然都办有小学，但随着人口高峰及教育质量面临的压力，扩充教师队伍成为扬中教育部门头疼的事，由于外地大学生或师范生不愿意到扬中任教，只好从扬中本地的高中毕业生中遴选教师。

新坝乡新江小学距新桥村五六公里远。

仲纪华经人介绍，拿着村委、毕业母校和派出所给出的三级证明，好不容易谋到去这所村办小学当代课教师的一个位置，每月能领到 30 块钱报酬。他当时的想法是，去学校代课，可以边代课边寻找自己想要的机会。

教师每天早上要提前到校，仲纪华去学校的路程需步行一个多小时。无论冬夏，他每天早早出门赶往学校。与学校教师熟悉了，他利用空闲时间向那些有经验、有学养的老教师请教。

新江小学是村办小学，全校有十几个班。仲纪华当学生时，语文成绩一直不错。随着教学进度的推进，他一次次站在讲台上，向一班班的孩子们授课，自己对语文这门课的知识也在逐步加深理解和积累。

仲纪华去新江小学代课不久，国家推行农村经济体制改革，恢复农民生产经营、分配交换的自主权。新桥村完成了分田到户，仲纪华父母分得三亩多田地。有了自家的土地，仲纪华既要去代课，还得顾及家中应季的农活儿。

在新江小学代课一年半，时逢扬中县教育局招考合同制代课教师，仲纪华参加考试后被录取，前往丰裕乡永新小学出任代课教师。这所重点小学每月给代课教师的报酬比新江小学多 20 余元。让仲纪华欣喜的是，这所学校的师资力量和教学水平更强，更顺应他内心的向往。

永新小学在另一个镇上，距家 11 公里，比原来代课的学校远得多。

仲纪华执意将此前代课积攒的全部收入拿出来，购置了一辆长征牌自行车，每天骑车往来那段路程，他当年对那辆自行车无比爱惜，每天返家后都要细心擦拭，保持车体每个部件都光亮如新，不沾一点泥垢。

到永新小学代课 6 个月时，江苏省实行市管县体制，扬中县属镇江市管。不久，人民公社取代人民政府 25 年行政权的历史被终结，扬中全县相继成立乡镇人民政府。仲纪华家乡所在的新桥生产大队恢复了几十年前使用的村名。

仲纪华在永新小学代课那些年，全校有 55 个班级，他当上五年级两个班的班主任，要负责学生的学习和生活，要组织班会、帮助班干部搞好班务、参加学校多项活动，鼓励学习差的学生努力赶上。学生有病没来上课，他要带着班干部去家访探望，这位代课教师一度累得在教室黑板上写字时手指捏不住粉笔。

瘦瘦的仲纪华已长成身高 1.79 米的大人，此时恰好是他到永新小学代课两年之际，一个难得的人生转机呈现在他面前。1984 年 7 月，县广播站播出一条消息——扬中县公安局为筹建 12 个乡镇派出所，在全县招聘合同制民警。

三

确知县公安局招聘合同制民警仅考语文一门，仲纪华兴奋、激动，立即着手备考。

新坝乡有 72 名应聘青年到镇政府报名，有比他小几岁的，也有比他年龄大的往届高中毕业生，仲纪华喜爱文字由来已久，再加上这些年在小学教语文课的知识积累，他对应试很有信心。

考场设在新坝乡一家公司的大会议室里，考题分成语文基础知识和写一篇作文两部分，考试时间限定为两小时。仲纪华摊开考卷，仔细阅题，作文时执笔凝思，然后落笔成文。他走出考场，在等待结果公布的日子里，感觉时光似乎变得漫长起来。

仲纪华顺利通过笔试，随后与通过笔试的应聘者一道接受面试。面试通过比例为 3 : 1，最终取前 2 名入选合同制民警。记得当年接受面试时，人人要独自应答多名考官的提问，这些考官有县公安局政工办公室的干部，有新坝乡政府的领导，还有即将上任的新坝派出所所长。

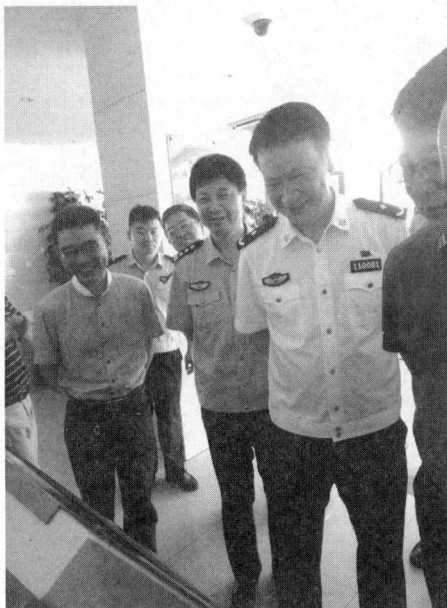

2016 年 7 月 23 日，江苏省公安厅党委委员、副厅长、维稳办副主任程健东，镇江市副市长、公安局局长陈金观等领导来扬中市公安局调研实战型指挥中心和勤务指挥室建设工作（前排左二仲纪华）

面试结束，入选者的个人档案，包括社会关系、政治表现等综合情况需经县公安局全面审查后定夺。又经历了等待的焦灼——期待、渴望、猜测、预想，直到那年 9 月接到镇政府通知，仲纪华胜出众多应聘者，去县公安局办理入职手续。

命运的大门终于向这个心怀志向的年轻人敞开了。

接到入选通知，仲纪华"喜出望外"。正值全国轰轰烈烈地严厉打击刑事犯罪，民警代表国家和社会正义，在全国人民心目中有着很高的地位。在仲纪华眼里，民警是一份让人尊敬的职业，是一份更加体面的工作。

20 世纪 80 年代初，两部反映民警生涯的影片放映时令万人空巷、争相观看，一部是电影前辈仲星火主演的《405 谋杀案》，另一部是电影前辈于洋执导、主演的《戴手铐的旅客》。影片的故事情节让各地观众对人民警察怀有极大的崇敬。

扬中县委、县公安局在全县遴选出 49 名合同制民警人选，经报省公安厅批准，这批有志青年集中前往县委党校，接受公安业务知识、技能、体能的封闭性培训，继而分赴全县 12 个乡建立的公安派出所。

中华人民共和国成立之初，扬中县人民政府就设立了三茅镇公安派出所。

解放前，三茅镇即是扬中域内政治、经济、文化的中心。1973 年 8 月，在"文化大革命"中被"砸烂"的公、检、法机关撤销了军事管制，恢复正常工作。

仲纪华入警之初，江苏全省取消乡镇公安特派员制度，由省公安厅推行一乡一所新规制，扬中农村没有公安派出所的历史从此改变，全县 12 个乡相继建立派出所，一直由乡镇工作人员负责的农村常住人口四项登记和人口统计管理工作正式移交给乡镇公安派出所。

扬中县农业人口占绝大多数，1984 年在全县总人口 260 899 人中的农业人口达到 245 506 人。

新坝乡有 19 个村、288 个村民小组。这个乡管辖着近 30 平方公里的面积，总人口近 3 万人，其中非农业人口不足 700 人。新坝派出所设在乡政府院内。

仲纪华走进新坝派出所，这个刚满 20 岁的小伙子结束了当"孩子王"的小学教师生涯，放下教鞭和粉笔，不再备课、家访，不再与学生家长谈话，一头扎进派出所业务。派出所人少事多，他和同事使出浑身解数，以一当十，奋发工作。

四

农村人口的户籍登记要比城镇户籍登记复杂得多。

且不说仲纪华入警十多年后扬中公安机关才开始采用计算机技术。单说当年农村户籍登记，其纸质文档全凭民警持笔填写。随着改革开放进程的逐渐深入，农村人员流动量越来越大，本地流出流入人口的户籍登记及管理工作愈发复杂。

仲纪华在新坝派出所工作近4年，既要承担分片辖区管理工作方方面面的职责，又要负责派出所杂务繁多的内勤事项，举凡呈报上级各项统计数据、填写各式表格、拟写各种文字材料，以及为所领导撰写汇报材料和总结报告。

那些年，扬中县启动"严打"第二战役第二仗，同时开展各个专项行动：打击流窜犯罪、反盗窃、反内盗、打击偷盗自行车和机动车犯罪；那些年，江苏省政府下达收缴枪支弹药、爆炸物品及凶器的布告；那些年，蛰伏民间数十年的赌博活动开始泛滥……

当民警注定比当教师要忙碌得多，仲纪华曾经习惯的教师生活节奏完全改变了，那些年不要说公休节假日歇不下来，即便是常常加班到夜深时分，也还有干不完的事。

扬中县公安局于1987年10月组建县公安交通警察大队，接收了县交通局移交过来的交通管理职能，大队内部设立秩序股，由这部门承担全县道路交通事故处理。县公安交通警察大队在各乡镇下设执勤中队，县公安局要求各乡镇派出所抽调表现优秀、工作能力强的民警加入执勤中队。

仲纪华被挑选到刚组建的新坝交警中队，每天排班上路流动巡逻，仲纪华专门负责处理道路交通事故，他的工作与大队秩序股对接，他要第一时间赶到事故现场查明原因，分清责任，又要针对事故赔偿进行调解。

为了熟练掌握道路交通事故处理工作，仲纪华被领导送去省城南京接受短期培训，学习相关法律条文，学习如何现场勘察、如何分清事故责任、如何填写执法格式文本、如何书写调解笔录，以及制作调解协议书。

县公安交通警察大队组建时，全县包括汽车、摩托车、农用运输车和挂车在内，机动车数量为321辆，而1986年仅有99辆机动车。随着机动车数量逐年猛增，道路交通事故也随之猛增。

成立仅1年，县公安交通警察大队就感到极大的工作压力，大队领导提出"大干40天，瘦掉4斤肉，不死1个人"的口号，交警们在入冬时节冒严寒上路巡查，不断展开专项治理，查处无证照驾驶、超载超速、强行超车、

2016 年 6 月 30 日，仲纪华（右二）走进扬中电视台"政风行风热线"视频直播节目

乱停乱放、酒后驾车等交通违章违法行为。

交通事故肇事方与受害方往往在赔偿数额上存在较大分歧与争执。仲纪华先向双方耐心介绍并讲透法律规定，从双方立场上揣摩其心理动向，公平公正地处理。在法律允许的情况下尽可能地帮助双方。

仲纪华在新坝交警中队工作业绩出色，县公安局交警大队将这个年轻人抽调到大队秩序股。

走进这个部门，工作视野更宽阔，挑战也更严峻。未满 27 岁的仲纪华抱定一个信念，处理交通事故要有智慧、有耐心、有毅力，要细细分析研究每个关键环节，对熟悉和不熟悉的当事人一视同仁，还要循循善诱、情理得当，方能服人。

在秩序股工作 3 年，经仲纪华过手的案件无人投诉，曾有交通事故双方当事人均向县公安局写表扬信、送锦旗来感谢仲纪华，感谢他妥善、得当地处理了赔偿事宜，促成了双方都认可的赔偿协议。在处理事故期间，有当事人想方设法送礼，仲纪华一概拒绝，态度坚决。

五

未及而立之年，仲纪华从县公安局交通警察大队调到县公安局办公室担任副主任。

人生遇到的许多转折，往往并非容你做好充分准备。从普通民警升任身负一定管理职责的干部，离开交警业务去应对从未经历过的新事物，任职新岗位对仲纪华来说，无疑是一场十分严峻的挑战。

局办公室副主任要负责全局层面的各类文字材料，主管档案搜集、整理和保管，了解和掌握财务收支情况，调动车队公派用车。这个岗位离局领导最近，要求任职者有较强的社交能力，要人情练达，解决和协调问题能做到果断、利落、高效。

时逢国务院批准扬中撤县设市，县公安局改为市公安局，内设机构变动频频，有更名分立的派出所，有新成立的派出所，全局干警增至263人。局办公室忙得应接不暇，昼夜加班加点，源源不断地报送材料。局办公室如同交通枢纽，上通下达，确保时时政令畅通，遇有重大事件、案件发生，不能延迟，更不能出差池。

工作压力越大，仲纪华越苛求自己和属下办妥领导布置的各项工作，容不得半点疏忽和失误。担任局办公室副主任满3年，一项艰巨任务降临——市局领导委托仲纪华负责新建办公大楼的具体事务。

早在仲纪华入警前两年，县公安局将办公用的平房改建为四层办公楼，这栋办公楼建成使用12年后，尤其是在扬中撤县设市后，大大地落后于时代发展的需要。

仲纪华一边埋头学习与建筑有关的知识，找熟悉建筑的行内人打探信息，一边外联国土、规划、建设等政府部门办理手续，再与设计单位、建设单位、招投标单位、施工单位商洽。情势逼得他这个建筑外行必须尽快多懂一些门道，多了解一些行情，以便与行内人对话协商，毕竟是用公款盖大楼，责任重大，要洞悉建筑行内诸多的规则和条件，方可在与各方打交道时少吃亏或不吃亏。

筹建市局新办公大楼时，局办公室副主任仲纪华肩上又多了一项职务，局党委任命他兼任市局110指挥中心副主任。多年以后，只要提起1997年市局新办公楼建成，仲纪华内心满满的自豪感就会显露在脸上。

"大楼1月基建打桩，12月搬入办公。"

要知道当年的工程既要拆除大院原建的两栋办公小楼，又要新建两栋办公大楼，施工期间还要确保日常工作不受影响。仲纪华付出的心血和精力是常人难以洞悉的。

市局新建大楼投入使用后，人们站在两栋办公大楼之间仰望，一边是高达6层的综合办公大楼，一边也是高达6层的办公楼。两栋楼建筑面积总计达到9000平方米，楼内各层均有会议室，会议室和食堂均安放大功率立式空调，办公室空间宽敞，桌椅、文件橱柜规格统一，各办公室安有壁挂式空调。

2015 年 8 月 13 日，仲纪华（右一）陪同时任扬中市委政法委副书记、公安局党委书记、局长吴明成慰问因公负伤民警王黎民

步入新办公大楼的领导和民警们莫大欣喜。人们感同身受，办公环境和条件亦然今非昔比。同在此时，扬中市局"110""122"安装了自动报警系统，将年初"有警必接、有难必帮、有险必救、有求必应"的承诺落实了技术保障，让警务与服务民生更加密切地联系在一起。

六

谈起而立之年后的从警履历，仲纪华将此概括为"3698"一组数字，其中喻示着他 33 岁出任市局办公室副主任、36 岁出任城西派出所所长、39 岁出任三茅镇政府副镇长，在城西派出所当所长 8 年。

1998 年 12 月，仲纪华被任命为城西派出所所长。

城西派出所脱胎于扬中最早设立的派出所——三茅镇派出所，该所成立于 1949 年 7 月，曾在 1962 年更名为扬中县公安局"城镇派出所"，1984 年 4 月又改回原名三茅镇派出所，1993 年 12 月更名为城西派出所。

卸任市局办公室副主任兼 110 指挥中心副主任，仲纪华去城西派出所当所长。

距此半年前，市局召开改革和加强派出所工作全体干警大会，推行派出所警区责任制。时隔数月，原城西派出所副所长因犯非法拘禁罪被扬中市人民法院判刑。仲纪华可谓临危受命，被遣去"救场"。

上任伊始，他深感派出所里士气低迷。而此时，公安部正在大力整肃队伍思想、纪律和作风，倡导从严治警，构建执法责任制。省公安厅印发《江苏省人民满意派出所考核细则》，要求全省各派出所开展"人民满意创建活动"。转年1月，全省公安法制工作座谈会在扬中召开，全省13市的公安局法制部门均派人到会。

城西派出所地处老城区，这里是扬中市政治、经济、文化中心地带；这里党政机关多、公共场所多、特种行业多、房屋出租户多、暂住人口多、人口流动性大；这里辖区范围大，治安情形错综复杂。

再好的制度要靠人去执行。

如何把制度条文变成人人心里的行动准则，人人执行制度毫不犹豫，坚持职业底线，仲纪华当所长先抓好派出所领导班子的思想建设，统一认识，他公开宣明"向我看齐"。自此苛求自己务必事事处处带头，每天早上提前到办公室，每天下班最后一个离开，他几乎放弃掉所有的公休假日，任所长期间没请过一天病假和事假。

老话说"人心齐、泰山移"，城西派出所有这样一个实实在在的带头人，有一个齐心协力的所领导班子，民警服气，大家心往一起想，劲儿往一处使，曾经弥漫的消极气氛一扫而光，人人精神面貌焕然一新。

七

社会经济迅猛发展，人民群众物质生活水平日益提升，一些人见利忘义躁动着犯罪动机。而刑事案件高发、人民内部矛盾凸显社会暗流交汇地袭扰着百姓的平宁生活。

入夜时分，一抢劫团伙实施犯罪逃离现场，仲纪华率民警在接警数分钟后赶到，连夜追擒涉案嫌疑人；夜深时分，一起聚众斗殴案件发生，仲纪华得到确切案情线索，驾车带领两名民警赶赴外地，将主犯和同案嫌疑人先后擒获；有两名外地人爬楼行窃，多次钻窗入室，搅得居民人心惶惶，仲纪华指挥布控，访查旅社，亲手擒获涉案数十起的犯罪嫌疑人。打击犯罪，仲纪华身先士卒，个人侦破刑事案件420起，抓获犯罪嫌疑人175人。

坐等刑事案件发生，毕竟被动。

仲纪华开动脑筋，建起一支32人的联防队伍，将辖区划分出4个防控区，设定4条防控干线，设立6个治安执勤点，在偏离市区的农村创设8个警务站，由民警带领联防队员轮流昼夜值守，形成"点、线、面"的防控部署，继而对私房出租户推行新创立的"五个一"管理模式，即符合条件者必须挂

2014 年 11 月 11 日，仲纪华向外来务工人员发放居住证

牌，做到"一块牌子、一张出租许可证、一份责任书、一本外来人员登记簿、一堂法律课"。

针对辖区内老旧民居、楼房成片，既没有安设技术防范设施，又没有建立起封闭管理制度，更有诸多外来人员分散租住的滞后现状，仅靠人防如"瘸子行路"。仲纪华力荐技防资金投入，游说"政府投一点、居民拿一点、派出所筹一点"并加以落实，在镇江市率先开展对居民小区的改造。相继引入数百万元资金，建起一批批 4A 级技防小区，拟订《居民防范须知》，印制 4 万余份分发入户，着力提升居民防范意识。

2001 年 4 月，仲纪华肩上又担起一份重任：经市政府批准，他在派出所所长任上当选为三茅镇副镇长，分管政法和社会治安综合治理。依据在镇政府任职之便利，仲纪华得以结合派出所工作，将一系列防控刑事犯罪措施接连推出，促成辖区立体化预防犯罪网络的全覆盖。

仲纪华担任三茅镇副镇长兼城西派出所所长期间，城建重点工程、城乡环境改造工程引发征地拆迁纠纷，税费改革、国企改制引发群体上访。情绪激动的人们围堵党政机关，酿成各类群体性事件，仲纪华赶赴现场，既要维护党政机关正常工作秩序，又要协调民众合理表达诉求，他出面平息民众的过激情绪，让百余起围堵党政机关的群体事件得到妥善解决。

自 1999 年以来，城西派出所在仲纪华的带领下屡屡荣获自上级机关授予的多项荣誉，有团省委、省公安厅授予的"青年文明号"称号，有省公安厅授予的"江苏省人民满意派出所"荣誉称号，有省文明委授予的"江苏省文

明单位"荣誉称号，还有团中央、公安部授予的"全国青年文明号"荣誉
称号。

八

仲纪华在城西派出所的工作成效被局党委领导看在眼里，认可他的工作
魄力、工作胆识和勇气，经局党委向上级机关举荐，仲纪华在派出所所长任
上被提拔为扬中市公安局副局长，并于 2 年 3 个月后离开了他服务了 8 年的城
西派出所，就任专职副局长。

有统计载明，仲纪华担任所长 8 年期间，他拒吃请 300 余次，拒收礼金
价值 5 万余元。派出所民警们知晓，这个所长从不到辖区美发厅、歌舞厅、
桑拿等场所消费。在这样的所长带领下，这个有着"扬中第一大所"之谓、
有着百余名民警和辅警的集体以廉洁自律为荣，亲民爱民、公正执法，未发
生一起违法违纪案件。

就任专职副局长仅 3 个月，仲纪华荣膺"全国特级优秀人民警察"称号，
这是组织上对他辛勤劳作、发奋工作的肯定。他格外清楚自己面临着更繁重
的任务，已有的荣誉标志着既往，未来需要继续投入更大的勇气去拼搏。

不论分管财务还是基建工程；不论分管平安创建、治安管理还是绩效考
核，也不论分管出入境管理还是警务保障，仲纪华个性中攻坚克难、争创一
流的执着特性要求自己不懈进取。

——扬中平安创建工作在全省领先，连续 10 年荣获"江苏省社会治安安
全市"；

——据江苏省统计局调查结果显示，自 2010 年以来，扬中人民群众对社
会治安满意和基本满意率继续保持 98% 以上，位列全省县（市、区）前茅；

——扬中市局社区警务工作经验被镇江市公安局广泛推广；

——扬中市技防城创建获省公安厅命名，成功研发"智能调度指挥实战
平台"获得省科技进步二等奖；

——扬中群防群治"红袖标"义务巡防工作在全省广泛推广；

——扬中市公安指挥大楼、交警大队、看守所、车管所等一批重点工程
先后顺利开工建设；

——全局 2007 年至 2010 年期间，非生产性支出减少 620 余万元，争取各
项资金 2000 余万元，盘活资产 6000 余万元。

值得一提的是，仲纪华从基层普通民警一步步走上领导岗位，他始终恪
守一条人生底线，绝不伸手获取不正当钱财。无论在乡村派出所登记户口，

还是在交警中队处理事故；无论在局办公室管理财务、车队，还是筹建办公大楼商洽建筑事项；无论是在派出所所长任上，还是当了副镇长，他婉拒一切财物酬谢，坚守做人底线。

即使在出任扬中市公安局党委委员、副局长，升职为正局级干部之后，仲纪华依然清醒地保持着廉洁自律的风范。仲纪华出身贫苦家庭，自小就有"人穷志不穷"的理念，最瞧不起贪恋不正当财物。

来自扬中公安的统计显示，自 2010 年开展技防城建设以来，全市入室案件，街面两抢案件，盗窃电动自行车案件等发案数呈逐年下降趋势：2012 年、2013 年，入室案件发案数同比分别下降 8.36%、7.17%，街面两抢案件同比分别下降 66.67%、57.15%，盗窃电动自行车案件同比分别下降 6.19%、11.62%。在此期间，扬中市局利用技防监控系统直接查破或提供线索协破刑事案件数分别占破获刑事案件总数的 20%、24.26%、28.39%。

仲纪华副局长在分管治安管理工作期间，治安管理、户政管理、技防等各项工作均名列全镇江市第一，全局户政基础工作连续 7 年在镇江市名列第一，实现"七连冠"，扬中市局被镇江市局授予"基础工作优胜单位"称号。

2010 年 6 月 7 日，仲纪华（前排右）陪同市领导在高考安保现场指导工作

身为人民公安队伍中的一员，仲纪华相信扬中市公安局多年来获得的荣誉和取得的工作成效归功于集体、归功于每一位集体成员竭诚努力的付出，而他从警至今，无愧自己内心和肩上担负的各项职责。

九

2013 年 2 月，仲纪华出任扬中市公安局党委副书记、政委。

普通百姓知道，政委是执掌政治思想工作的。担任公安机关的政委，具体工作细项囊括党组织建设、政治教育、绩效考评、立功奖励、表彰先进、公共关系，以及从优待警等制度的落实。不难设想，若想确保拥有品质优良、战斗力超强的一支队伍，仅就思想工作着手，势必少不了大量、经常性的细致工作。

就任新岗位，无疑又面临着一次人生的挑战。

仲纪华梳理近 30 年积累的从警体验和经验，赴任伊始即提出一整套工作原则和措施：强化领导班子建设，加大整庸治懒的力度，充分发挥领导干部的模范带头作用；倾尽全力，进一步加大从优待警力度，暖警心、稳警心、得警心，以心换心；严格规范民警接处警行为，改进执法作风，堵塞执法漏洞；提高预防和减少违法违纪案件发生的主动性；依照考核规定和相关条令，针对重点问题民警绝不放松教育管理；充分运用先进典型的示范、激励和引领作用，推动公安工作不断创新发展。

仲纪华推行"八化"管理的做法得到了省公安厅相关部门和镇江市公安局的认可，省内外公安同行们前来扬中学习考察，实地看看什么是"所容所貌整洁化""窗口服务便捷化""值班处警标准化""执法办案规范化""绩效管理项目化""思想工作人性化""内务管理军事化"和"奖惩考核硬性化"。

2007 年 6 月 20 日，仲纪华（右二）走访三茅镇文化小区与群众交谈

与"八化"并行的"八度"也融入了仲纪华的精心筹划，这是由政工部门牵头，聚合纪检、督察、法制、信访参与推行的"1＋4"队伍管理新模式，每月对"班子共事融洽度""主要绩效完成度""交办工作执行度""内务管理精细度""队伍风险管控度""舆情应对关注度""先进典型培植度""惠警优警关爱度"展开分析研判，进而形成报告文字。

深入人心的思想政治工作彰显出扬中公安的亮丽魅力，扬中市公安2013年政治工作绩效考核在镇江市排名第一；2015年，扬中市局在扬中市级机关绩效管理考核中获得执法管理部门序列以及绩效管理十佳单位"双第一"佳绩；2016年，扬中市公安局再次荣获市级机关部门绩效管理考核第三序列第一名，并连续两年被评为市级机关部门绩效管理考核"十佳单位"。全局有265名个人、29个集体受到市级以上表彰。

时值仲纪华担任扬中市公安局政委、党委副书记近4年之际，他在年末递交的个人述职述廉汇报文字中这样评判自己："在日常工作中，严格执行局规禁令，身先士卒、以身作则、为民警作表率；在为人处事中，不带私心、不谋私利、不争名利、不搬是非，始终保持共产党员的政治本色"。

飒飒芦花抚江日　潾潾光斑耀碧空

——记扬中市公安局出入境管理大队大队长、全国优秀人民警察黄翠桃

人物档案：

黄翠桃，女，1973 年 4 月出生，中共党员，汉族，大学本科，二级警督警衔。现任江苏省扬中市公安局出入境管理大队大队长。

2012 年 6 月，黄翠桃被授予"全国优秀人民警察"荣誉称号

工作以来，认真做事，平淡做人。因成绩突出，先后被授予"全国优秀人民警察""全国公安机关出入境管理暨外国人管理工作先进个人""第四届镇江市十大女杰提名奖"，第二届镇江市公安局十大"马天民"式好民警，镇江市公安局窗口服务能手，第一批镇江全市公安机关和谐警民关系示范岗，扬中市劳动模范等荣誉称号；荣立个人三等功 2 次，嘉奖 5 次。

春日融融，晴空风柔，杨柳泛青。

扬中一农户家中有女婴呱呱坠地，起个啥名儿好？母亲望着自家草屋门前的桃树林，桃花盛开，灼灼耀目，"就叫翠桃吧"。日后，"黄翠桃"三个字填写在小女孩户籍登记姓名的那一栏里，不再更改。

一

"太平厅"，清光绪三十年（1904 年）建置命名，民国三年（1914 年）更名为扬中县。扬中三茅镇以上至雷公嘴称为上洲，三茅镇以下至中心沙称为下洲。

1973 年初春，黄翠桃降生在扬中下洲的永胜乡胜利村，这一年距扬中设县已有 69 年。

镇名、村名载有一页页历史印迹。

永胜地名自民国初年即有，始于何年未知，而扬中建置仅百余年，这一地名的设置年代不会越过百年。胜利村邻近有"得胜""战胜""红旗""干劲""红光"诸村村名。不难猜测，胜利村村名来自抗日战争之后。

1949 年 4 月 22 日，中国人民解放军第 20 军渡江，从铁匠港渡口上岸激战，牺牲 7 位战士，永胜镇专门建有七烈士纪念墓碑。铁匠港距胜利村仅 3 公里。解放后，永胜乡共有 72 人被纳入扬中革命烈士英名录，这些出生在永胜乡土上的英烈们分别牺牲在淮海战役、渡江战役和抗美援朝战争中。

由永胜乡改名的永胜镇于 2001 年被撤销，这个有着近百年称谓的镇子以其全镇 1.7 万人口的建制，完整地并入八桥镇。镇名虽然撤销了，却磨灭不掉曾经在这里出生的人们对这片乡土的眷恋和追忆。

20 世纪 70 年代，扬中家用电话机几乎没有，黑白电视机更是鲜见，那年代却是小孩子集群游戏、喧闹沸天的时代。

折纸——飞机、仙鹤、小房子、钱夹、宝塔、匣子枪，花样很多。

挑绳——细线结成线圈，在双手指掌间勾、挑、翻、抻，呈现出复杂漂亮的立体图案。

丢沙包——看谁身手敏捷，闪躲机灵。

跳房子——单脚蹦，将石子准确地踢进地面画出大大小小的方格，考验控制力。

跳皮筋——用复杂的勾、挑、踏、蹉和转身，由两端抻皮筋的同伴多脚踝向头部一级级设关提升难度。

踢毽子——踢、打、奔、掰、颤、盘、压，要看竞技孩子腰身、腿脚的花样功夫和运气。

丢手绢——大家围圈蹲下，面朝圈内唱着丢手绢的歌，一小孩拎手绢趁谁没注意，在人家背后丢下手绢就跑……

老鹰捉小鸡——队首大孩子扮老母鸡角色，挡着面前企图逮到大孩子身后拽衣角的最后一个小孩子。

小翠桃是家里的"夹心饼干"，上有姐姐，下有弟弟。

父母日夜参加生产队劳动，格外忙碌，白天干活、晚上学习，根本顾不上自家3个孩子。小翠桃与小朋友做游戏，在外疯玩一天仍兴致勃勃，她自小独立性强，养成了能做的事绝不烦劳家人的习性，这女孩子还很有些男孩子的大度、仗义和豪气。

桑葚是小孩子们最期盼的果物，桑树枝干上冒出青青的葚果，一天天长大，渐渐变成淡粉色，若这时摘葚果，太酸太酸，再贪吃的孩子，嚼上一口都要吐掉。随着葚果色泽加深，变成深红色，再等到麦田金黄一片的时节，葚果就成了紫色。这时，桑葚汁液丰满，甜美诱人，嚼上几口，嘴角、手指都会染上黑紫黑紫的果色。

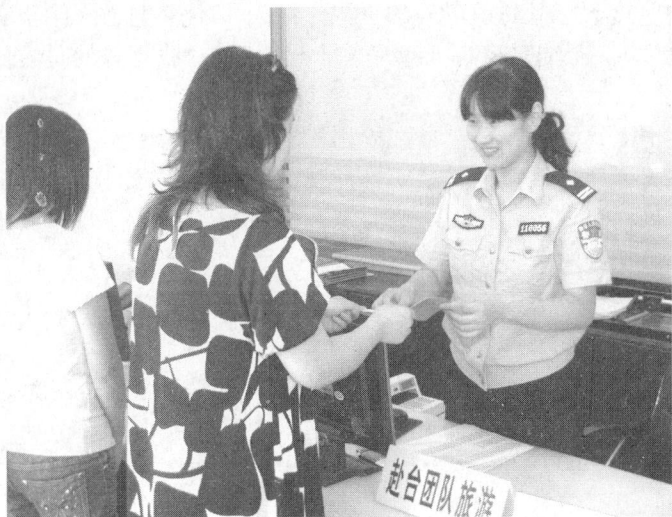

2008 年 7 月 28 日，黄翠桃为前来办理证照的群众服务

小翠桃带着几个年龄小的孩子去摘桑葚，她知道有条小河上横亘着一棵大桑树，在桑葚成熟的时节里，胆大的她，独自一人挪步走上粗硕的树干，探身出手，将眼前一颗颗桑葚摘下，捧在手心，准备返身分发给岸边眼巴巴等着的一群小孩子。

哪晓得脚下一滑，手未把牢，身体失去重心，"噗通"一声坠入河心……

黄翠桃童年记忆里珍藏着许多快乐往事。

二

入夏时节，扬中多发台风，常常暴雨如注、江潮激荡。

扬中地势低洼，地下水位高。长江汛期一到，江水高于扬中海拔高程，适逢潮汐、洪峰、台风、暴雨肆虐，每每形成极大破坏力。

小翠桃出生刚满3岁，夏天里持续不断的暴雨将全县16万亩农田浸在水中，水深1米以上的农田逾2万亩。就在这一年，扬中下大气力动员民众高筑江堤、抛石护岸、整治港汊、规划水系。小翠桃的父母跻身众志成城的人流中，担土推石、开沟挖渠。

小翠桃的父母秉性温和，性格有些内向。

母亲温婉、贤惠、隐忍、内敛，不太爱讲话，她在自家六姊妹兄弟中年龄最小。

父亲手巧，会做服装，起初在家里做，后来开办了小服装厂，整天在外奔波不停，他熟悉这爿岛镇以外的世界，结识了不少生意伙伴和朋友。父亲上了年纪之后，一提起当年，总会底气十足地说，"我年轻的时候什么地方没去过"。

小翠桃记得奶奶脾气大，母亲挨奶奶骂时会忍不住落泪。她还记得母亲在灶膛前烧火，撸过一把把稻草塞进灶膛，被火苗燎燃的稻草闪着红红黄黄的光焰映在母亲脸上。灶台上一股股蒸汽钻出锅盖，混合着菜香和米香的诱人气味在屋里弥漫四散。

当年农户家家生活不富裕，谁不想从集体劳动中多挣些工分来贴补清贫的生活。

母亲当过生产小队的记工员，小翠桃看到别人家的孩子跟大人去挖沟槽可以记工分，不明白自己母亲为什么从来不安排自家孩子去劳动。小翠桃长大后才明白，母亲不是心疼孩子，而是不想给人家落下口实，说记工员爱占集体便宜。

农历五月初五日是端午节，扬中家家要做芦叶、竹箬包的粽子。

长江岸边离家只有4里多路，小翠桃跟着大人去江边打苇叶，望见江上往来穿梭的大小船只。打下苇叶后，再跟大人回家包粽子。

黄氏祖上何时何地迁徙而来，小翠桃不念想，父母也无详解。

据说扬中本地各姓祖先多为南北邻近陆地上来沙洲垦殖的贫民，少数来自盐阜地区，年代可追溯至宋代。另说有长江上游顺江而下的捕捞渔民择居此地，也有说因太平天国交战频繁，有逃避战事移居来的家族，更有本地杨姓声称据其有家谱记载，他们是隋炀帝杨广的传人。

扬中档案馆最新向社会公开征集家谱、宗谱，收获了姚、匡、黄、倪、郭共5个姓氏的家（宗）谱61卷，不知黄氏家（宗）谱中能否续上胜利村黄家这一脉。

那个眉目清秀、身材细细瘦瘦、疯玩不知疲累的小女生到了入学年龄，她背起小书包，默默牵着五年级姐姐的手走出家门，去村上的胜利小学报到。她——小翠桃，成为当年扬中县 34 026 名小学生中的一员。

小翠桃入学之际，有两件事似乎与她完全不搭界：一是扬中县中学经江苏省教育厅考察确定，入选全省首批重点中学之列；二是全国人民代表大会发布并施行《中华人民共和国国籍法》。谁知道呢，命运将这两件看似与她无关的事件，悄悄插入这个小女生未来的人生历程中。

三

"她的手冰凉，从来没有这样的感觉。"

扬中县中学上高二年级的翠桃走进家门，望着躺在门板上的母亲，她快步近前蹲下，轻轻抚摸母亲那只苍白的手，顿时感到一股冰冷寒气袭心彻骨，令她浑身一颤。

2008 年 7 月 29 日，黄翠桃（着警服者）接待前来办事的外籍友人

前一年冬天，母亲似乎受凉患了感冒，胸口疼痛，自以为得了胃病，对症吃药。然而，病情折磨得她一夜夜躺在床上翻来覆去睡不着，嗓子突然说不出话来。

父亲慌了，带上母亲乘渡轮过江，遍寻各地医院诊治，他们去上海、去北京。辗转几个月求治不见好转，只好再返回扬中。那年春节的一天早上，姑姑跟姐姐说悄悄话，翠桃无意间听到一句，"医生让回家"。

翠桃犹豫着过完年要不要在家陪母亲，父母都劝她返校读书，翠桃离家时心存幻想，总觉得母亲素来耐苦耐劳，扛上一阵子，这场病兴许就过去了。

扬中县中学离家14公里，翠桃推着自行车上路，全程要骑一个多小时。

高中学业紧张，学校要求学生每两周只能在周日回家休息一天，翠桃不顾规定，一到周日就回家探望母亲，每每进门，她就听母亲在痛苦呻吟，以至于返校上自习课时，耳边时常幻听到熟悉的呻吟声。

翠桃听姐姐说，母亲除了打杜冷丁止痛，别无药剂救治，她患的是胰腺癌。

杜冷丁越打越频繁，姐姐自学注射，在家中服侍母亲，母亲身上遍布针眼，最后竟难以下针。

那天上午，翠桃正在上课，村里人驾驶三轮农用车急奔学校，从教室里叫出翠桃，帮她向老师请假，说家里出了紧急大事要赶回去。翠桃一听，直觉不好，却不愿往坏处想。

农用车一路颠簸着开进村，翠桃远远望见家门外边围了好多人，心里一沉。

下车进门，翠桃咬紧嘴唇，念头纷乱地想着"不会那么快吧?""他们不会不及时告诉我吧!"

那是母亲，她衣着整洁、面色惨白、无声无息地平躺在两个条凳架起的一扇门板上……翠桃呆住了，时间停滞了，泪水止不住扑簌簌地滚落，胸口憋闷得上不来气。

此后，如烟往事幻化景象，时而清晰、时而模糊，皆有母亲熟悉的面容、熟悉的声调。几次梦见母亲，睁眼醒来，翠桃不敢相信方才是梦，不敢相信不是现实。

少女翠桃真真切切地体验到什么是锥心刺骨。

"我那时真得好不懂事啊!"

想起母亲送她去高中报到，翠桃和母亲走进宿舍，她一人跑出门找同学欢笑聊天，把母亲一人丢在屋里。等她回来时发现母亲不在，后来听母亲说，她带着从家里骑车驮来、未缝完的被褥，去学校食堂找两张方桌拼起来，在那里缝完最后的针脚。

想起跟母亲一起回家，母亲在路上随手递给她一个橘子，她一眼看出那橘子不如母亲手里的好，不由分说，出手就把母亲手里的橘子抢过来。

母亲没有等到翠桃长大、工作、有出息，就过早地离开了人世。

翠桃无以报答母亲的养育之恩，这成了她心底不敢触碰的痛楚。

<h2 style="text-align:center">四</h2>

过了很久很久，翠桃觉得母亲还活着，还在等着她。

那一夜有了梦，梦见母亲要她把骨灰迁到一棵大柳树下，她就能活过来。翠桃当真了，高兴极了，梦醒后睁了眼，还不愿相信那仅仅是一场梦。

翠桃天生文科成绩好。

从小学到初中，这小女孩从来没觉得考试有压力，她不是调皮捣蛋的学生，也不属于勤奋刻苦的学生，初中时就没怎么好好学，临近初中升高中，连她自己都对考试没信心。她知道父亲在青海有生意，动了心眼，鼓动母亲找初中班主任商量，看能不能考试前把户口挪到青海去，哪知道班主任撂下一句话，"她就是去了青海，也考不上"。

2008 年 8 月 5 日，企业负责人向出入境大队赠送锦旗（左为黄翠桃）

母亲回家转述班主任的话，没想到惹毛了眼前站立的女儿，女儿清秀的小脸上迸发出一团怒气。母亲见状赶紧补上一句软话，"考不考得上，无所谓"。女儿转身走开，动了真格，她把那些一贯不爱理会的数理化课本、复习题集全找出来，从头开始，用心领悟一页页的公式，认真演算一道道题目。

女儿这口气赌出了奇迹。

考试张榜，翠桃的分数竟然跃上全县最好高中——扬中县中学的录取线，这成绩惊愕了同学、惊愕了初中学校的老师，班主任甚至不愿相信这是事实。翠桃反而没有多大惊喜，颇有"险处不须看"的从容神情，这女孩儿只是淡淡地说，自己不过是"考运好"罢了。

成年后，回想成长中性格的改变，翠桃认为这一切始于初中。或许考高中这段波折促成她明晰自己究竟有多少自知、自尊、自信的张力，俨然奠定了未来自我个性拓展、延伸的第一级阶梯。

进入高中，学习更紧张，翠桃依然我行我素，四处搜罗课外书，举凡武侠、言情类的通俗小说，迷得她爱不释手、出神冥想，牵挂书中人物命运，揣度人物关系发展，全然沉浸在跌宕起伏的虚拟情节中，享受着穿越时空的美感。当她被任课教师一而再、再而三地没收了一本本小说时，却并不在意受到如此处罚。

母亲病逝一年，翠桃高中毕业日期临近。

就在那一年，88岁高龄的邓小平第二次赴深圳特区视察，发表了一系列重要谈话，推动中国掀起新一轮改革开放的热潮。

就在那一年，翠桃就读的扬中县中学被江苏省教委确认为江苏省合格重点中学。参加完高考，父亲为了让这个女儿见见世面、开开眼界，特意安排了一次远行——去浙江温州——而这位高三女生对未来人生依然朦朦胧胧。

温州，浙江省省辖地级市，中国民营经济发展的先发地区，有着"改革开放前沿阵地"之誉。父亲带着翠桃乘渡轮过江，再送她到火车站，叮嘱温州朋友在那边接站。翠桃曾多少次站在家乡江岸边看江船，却未乘坐过越江渡轮。

父亲豪侠、仗义，多年结识下的温州朋友热情真诚。

翠桃在温州逗留数日，不适应那里城市的街景，看到街上路人行色匆匆，看到马路上出租车疾驶往来，这且不说，最不适应的是那里什么都讲钱、钱、钱。

父亲的温州朋友买了张机票，让这位高三女生从温州坐飞机返回。不要说同龄人，就算是把扬中本地人挨个数过来，当年恐怕没有几人坐过飞机。19岁的翠桃这一趟远足，坐江轮、坐汽车、坐火车、坐飞机，见识过数百万人口的温州，新奇是有些新奇，但并没有感到多兴奋，反而很有些闹心。父亲去南京机场接女儿回家，问女儿温州印象如何，女儿脸上的表情让父亲很是迷惑。

五

邓小平视察南方发表了一系列重要谈话，开启了中国创建现代市场经济体制的改革大潮。翠桃父亲经营的服装厂挂靠在兽医站之下，与同时代许许多多的"红帽子"企业一样，面临着改革大潮的冲击。高考结束，父亲忙于企业转型，无暇顾及翠桃高考以后事项的安排。

翠桃的高考志愿是她自己随便填写的。

扬中县中学那一届毕业生共有6个班，与翠桃申报同一择校志愿，又一同被江苏人民警察学校录取的该校毕业生共有3人。要去学校报到时，父亲出差在外，姐姐陪翠桃上路，乘渡轮过江，乘长途车到镇江，去镇江火车站乘慢车前往南京，出火车站再赶公交车，最终抵达江苏人民警察学校的龙潭校区。

走进校门，翠桃在治安管理区队（班级）登记表里写下自己的姓名，与姐姐一起找到学生宿舍，安排好铺位和生活用品，与姐姐告别。自此，这个来自扬中的高三女生迈进了人生的新旅程。

小学、初中、高中、警校，翠桃从没练过字，却一直被人夸奖字写得漂亮。

在电脑尚未普及的年代里，能写一手漂亮的好字，在选择工作时往往会被用人单位高看一眼。翠桃先前赴警校面试时，面试教师注意到她写下的字体工整娟秀，不禁赞了一声，"字写得挺好啊"，接着，老师让她再加写一行字看一看。

入校后，翠桃参加警校举办的学生硬笔书法比赛，获得了一等奖。在她看来，得这个奖实属意外，"我可真没练过字啊！"不在意书法获奖，却在意作文没获一等奖，那篇参赛作文是写奶奶的，她写得很投入，很动情。

天生偏爱文科的翠桃，庆幸在这所学校学习不再受数理化课程的烦扰，她与同宿舍女生融洽快乐地共同学习生活，结下深厚情谊。这份友情不因毕业分手而消散，一直延续到20多年后的今天。

龙潭校区偏于南京一隅，那里紧邻一所监狱和一座水泥厂。

翠桃自小在长江岸边的乡村长大，湿润的空气里一年四季浮动着草香、花香、稻麦飘香，哪有什么烟尘蔽日的时候。回想在龙潭校区读书的日子，翠桃印象最深的是那家水泥厂的大烟囱总是隆隆地冒着浓浓的烟尘。在校两年，她的鼻子就从没舒舒服服过，总觉得有什么粉尘异物呛进鼻腔。

警校自有警校章程，这里培养出的学生是要承担起人民警察的神圣职责——"维护国家安全，维护社会治安秩序，保护公民的人身安全、人身自由和合法财产，保护公共财产，预防、制止和惩治违法犯罪活动"。

警校学生纪律严明，必须服从命令听指挥，养成雷厉风行的作风，不允许散漫任性、自由自在，学生出校门，必须打报告，经批准放行。翠桃最记得那次请假探家，龙潭校区距扬中轮渡码头有上百公里之遥，要赶路、赶渡轮，人到轮渡码头又要一班班地等船，若赶不上最后一班轮渡，好不容易请下来的假就废掉了。探家请下来的假期只有一天，第二天她又心急火燎地从家往校区赶，好似一场与时间赛跑的战斗。

翠桃高三毕业之前4个月，扬中长江大桥的建设者们举行了隆重的开工典礼。

翠桃入警校期间，建设者们夜以继日地建设着这座承载着扬中世代人期盼的长江大桥。直到翠桃从警校毕业，立身站在返乡越江的渡轮上，她仔细端详着江面上即将完工的巨大桥身，想着在不久的将来乘车就能过江，那会能够省下多少宝贵的时间啊！

翠桃从警校毕业仅仅3个月，扬中"四喜"临门——扬中长江大桥通车、撤县设市、实现小康县、建设生态县。

六

翠桃从警校毕业，走进扬中市公安局报到，被安排到城西派出所工作。

当年，扬中市公安局成立了"110"指挥中心，却尚未开通报警系统实施24小时接警，而全年刑事案件发案数仅为261起。

城西派出所是扬中市区的大派出所。

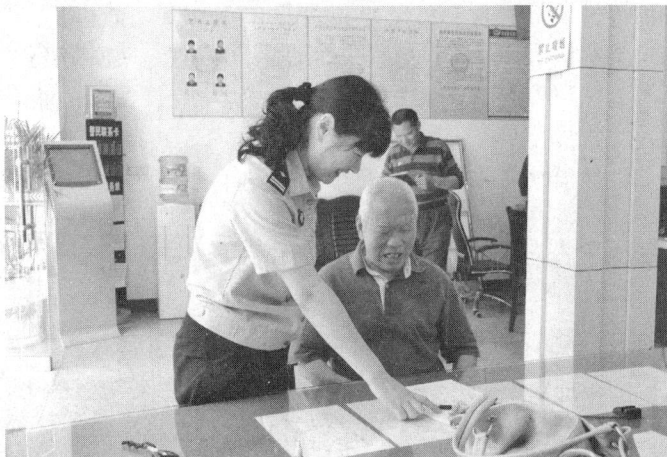

2012年5月17日，黄翠桃热情接待前来办事的群众

翠桃进所上岗，当时户籍、内勤、材料申报工作并未明确分属，合在一

起做。她边学边干。工作未满两个月，带她做户籍工作的一名女警因调动工作去了上海。初来乍到的翠桃开始独立工作，最初感受强烈的是，她觉得警校学习的课程在实际操作中很有些脱节。

户政接待窗口，事务繁杂而忙碌。

翠桃要严格依照户籍管理的法律、法规、政策以及上级机关的规定和要求，开展辖区常住户口登记工作；每天受理群众申请，接受群众咨询和信息查询，办理户口、证件；每天负责职责权限内户籍管理事项的审查核准工作；每天负责出生日期、民族变更更正、疑难户口、出生满1年未申报户口、收养子女落户和16周岁以上公民名字的变更更正，还要负责姓氏、性别、籍贯变更更正和补登（录）、删除以及需上级核准的户口迁移等户口业务的审查上报工作。

那些日子，翠桃忙得连午饭都顾不上。每每上午开门办公，门外人潮蜂拥挤入，喧嚣吵闹。她在接待窗口不停地接受询问，不停地应答、解释、告知。一整天下来，口干舌燥，咽喉痛楚，却不敢端起水杯大口喝水，毕竟就她一人值岗，无人替换，更不敢因上厕所耽误了那些心急火燎前来办事的民众。如是数年，翠桃竟养成不爱喝水的习惯。

各种表格、统计、台账、分析。

证件查验、核查、收费、发放、鉴定。

簿册、印章、资料、记录、调查材料装订、归档和管理。

户籍与内勤工作事无巨细，不能出错。

"今天的事一定要做完，明天搞不定有多少事要做。"翠桃很快摸索出应对繁忙的最佳方式，促成了快捷、高效的工作效果。

翠桃工作第二年，扬中市启动对全市各镇、村、街道、巷门牌号码的清理整顿，做到一户一牌一号。原有户籍需要一一对应准确。此举尚在扬中市局举办全员计算机培训之前。当时的户籍档案均为手工操作，户籍栏中填写的字体必须采用手写正楷，这需要填写人耐心细致，不错不漏，也需要写下的字体周正清晰。

"做任何事都要细致。"

翠桃总会将心比心，想着那些来窗口办事的人们肯定内心焦急，若不及时办妥手续，一定会对他们的生活带来影响。接待窗口的工作节奏快得让人无暇歇息，翠桃将此视为对自己意志和韧性的考验，更是对自己工作效率和质量的挑战。翠桃恪守自己做人做事的原则，同事和领导都看在眼里。

七

1986年10月，扬中县公安局增设出入境管理股。那时，翠桃刚刚从小学升入初中。

1994年3月，扬中县公安局将20年前设立的政保股改称政保科，出入境管理股也随之改称出入境管理科，这两个科室实际上是一个部门两块牌子。

翠桃在城西派出所工作近两年半后，调入扬中市公安局政保科。

政保科全称为政治保卫科，其职责是为了打击境内外敌对势力的破坏活动而搜集情报、掌握动态，以便采取措施、快速反应。出入境管理科则是公安机关出于保障中外公民合法权益、维护国家利益的目的而行使的一项重要行政职能，这项工作要求公安机关对中国公民和外国人出入境活动及与之相关的事务行使管辖权。

接触出入境管理工作第一年，翠桃记得扬中全年仅办理了79项出入境业务。

为了全面熟悉这项新工作，她花费了整整一年时间，将所有出入境管理档案查看了一遍。当年办公条件很差，存档档案全为纸质，用木柜储存，而办理出入境的程序和手续也十分繁琐，民警要对申请人有无"污点"、直系亲属有无犯罪、成分好不好等诸项进行审查，要去申请出境人单位、住所地管辖派出所做调查笔录，形成文字后向上级公安机关——镇江市公安局汇报，等待审批。申请表格有3张同样格式的，需要抄写3份，任何一栏填写内容都不能出现错字、漏字、误登，更不允许出现虚假信息。

手工填写档案的工作终于被电脑替代而成为历史。

为加强出入境管理业务能力，翠桃被领导指派前往上海参加公安部专门为基层单位举办的出入境管理培训班，脱产学习一年，学习外语和涉外法律知识。她还参加了电脑使用技能和输入法的专门培训。这些培训显然是为了应对未来社会发展趋势的迅猛大潮做好准备。

改革开放之后，随着经济社会快速发展，对外交往日益频繁，出入境各项管理制度也在相应简化，强化服务理念。中国出入境人员数量逐年呈现"大进大出、快进快出、迅猛增长"的态势。

2003年，江苏省省内居民办理出国、往来港澳台等出入境证件25.5万件，办理住宿登记的临时入境境外人员100万人次。2012年，相关统计数据攀升至258万件和212万人次。

翻阅扬中出入境档案记录，1993年扬中出国出境人数为52人，入境人数为28人。2002年，扬中出国出境人数达到617人，入境人数为413人。当地

2012 年 6 月 11 日，黄翠桃（左一）载誉归来，受到同事迎接

人出国出境的申请事由从以往单一的探亲、定居，拓展至访友、商务、劳务、自费留学、自费旅游多因事项。

八

扬中市公安局内设机构的变化折射出时代的巨大变迁。

出入境管理科曾与政保科并存同一部门，使用两块牌子，后来并入国内安全保卫大队，继而转入治安管理大队成为属下中队，直到 2012 年，扬中市公安局组建起出入境管理大队。

黄翠桃被局党委任命为新组建的出入境管理大队大队长。

这一刻，她从事出入境管理工作已有 15 年的经验积累，扬中公安出入境管理制度的改进和创设离不开她的不懈努力和探索。"绿色通道""特快专递""急事急办"等新举措的推出，体现着简化程序、缩短时间、提高效率、节省成本、尽可能方便申请人的理念。

在素不相识的申请人面前，翠桃神情平和，稳重大方，办事麻利，不烦不躁，更能急人所急，为他人着想而不惜尽心尽力。这位资深女警官的气质和风度在当地广为传名，由她带领的出入境工作人员队伍，营造出高效、便捷、畅达、亲切的环境，感动着一个个来此办证的申请人。

为方便那些在非工作日急办手续的申请人，黄翠桃大队长公布了个人联系方式，她的手机时有应接不暇的繁忙，以至于夜深时分仍有求助电话打来，她也曾劳累到接听电话即耳中巨鸣、头痛欲裂。

何苦这样难为自己？

　　翠桃心有忖度，每个申请出入境的人是不会草率作出决定的，申请事项势必与个人生活的仔细规划相关，还需要调用财力。谁都愿意痛痛快快、顺顺当当地办妥手续，谁也不愿意遭遇磕磕绊绊、别别扭扭。

　　尽管这份工作免不了受苦受累，但这既是一份职责，又并非没有真诚相待的回报——那是对方如愿拿到审批手续时开心地微笑、真诚地感谢、由衷地赞扬、热情地握手。

　　翠桃从警已逾20年，这位大队长个人成长的社会大背景恰恰处在改革开放不断出新的壮美画卷中。她觉得任何人在她的位置上，只要用心，都能做到她所做的事。

　　"我没有什么轰轰烈烈的功绩，只是做了应该做的本职工作。"

　　若问这位长江岸边长大的美丽女子要过怎样的人生，她心里恪守八个字，"认真做事，简单做人"。

万里晴江天际渺　潮汐再衔海声来

——记扬中市公安局副局长、二等功获得者钱学友

人物档案：

钱学友，男，1970 年 12 月出生，中共党员，汉族，毕业于江苏人民警察学校，二级警督警衔。现任江苏省扬中市公安局党委委员、副局长。

2012 年 9 月，钱学友被江苏省公安厅记个人二等功

参加公安工作以来，先后参与侦破公安部挂牌督办的"2013.6.17"特大电信诈骗案，"2016.10.10"利用网络开设赌场案，扬中黑恶势力犯罪团伙头目王某为首的特大敲诈勒索、寻衅滋事案等一批有影响的案件。

因成绩显著，先后被记个人二等功 1 次，三等功 7 次，多次被评为先进个人。

扬中县长江渡轮码头。

一个未满 20 岁的年轻人手里紧紧攥着一张船票，等待首发渡江轮船启锚。在那个暑气未消的清晨，这个年轻人心中澎湃的激情犹如眼前湍急的江

水，浩浩荡荡，直奔远方。

他生长在扬中农村，家境贫寒，他要去省城南京，去江苏省人民警察学校报到，跻身那一年的新生之列。渡轮靠上长江对岸码头，这个年轻人背起行囊，启步登船，离乡远行……

一

知扬州不知扬中者，疑心有个叫"扬中"的地方。

扬中四面临江，与扬州隔江相望，长江在这里聚沙成洲，人们将江中沙洲分别命名为太平洲、中心沙、雷公嘴、西沙。这里建置百年，先民垦荒未见详载，仅知自宋代始，有渡江者登洲、围垦种植。清末民初，扬中陆地雏形初成，统称太平洲，太平洲曾更名太平县，后更名扬中县，寓"扬子江中"之意。清代，逃荒避难者络绎不绝、拖家带口迁居至此。

钱学友出生在扬中县新坝乡一个农民家庭，上有年长1岁的哥哥。

新坝地处扬中西北，三面临江，清初乡民筑坝围田，连接三洲，镇名即由此而来。历经先民数百年垦田种植，这里土地肥沃。

钱学友听长辈说过，祖上由杭州迁来，太爷是扬中最后一个举人，爷爷开过私塾馆，当过私塾先生。爸爸在家族里排行"文"字辈，哥哥和他在家族里排行"学"字辈，哥哥叫学成。钱学友降生，长辈欲给这娃儿起名，奶奶说邻村有个小孩子叫友，那名字挺好。"友"字被钱家移来，变成钱家二小子的名字。

江南木匠名扬四方，造房与打家具分属大木匠和细木匠。大木匠造房选树，伐砍刨凿，将木料制成柁、梁、柱、椽、檩，连带打门造窗；细木匠专制家具，举凡床、柜、橱、架、箱、桌、椅、凳，均归细木匠打理，手艺高的细木匠要能缕木雕物。

老话讲"荒年饿不死手艺人"。

父亲没能做个读书人，身处饥荒年代的这个男人，凭着坚韧和机灵，自学木工手艺，伐树、开料、制锯、制刨、制墨斗、制斧把儿、制凿把儿。

父亲是个老实巴交的男人，从来不打孩子。

上小学时，钱学友记得有同学来上课，脸上、身上青一块紫一块，经询问得知，同学父亲暴怒出手，用荆条死命抽打澡盆中的儿子，荆条抽偏，竟将木制大澡盆的一块立板打崩，水泄一地。相形之下，钱学友更念自家父亲的仁慈之心。

母亲是个厚道的农村妇女，从来不跟别人吵架，饥荒之年，看到有讨饭者走过门前，宁肯把自家锅里的稀米汤舀给人家，自家少吃，也从不犹豫。

做木匠有句行话，"一世木匠三世力"，莫说砍、劈、刨、锯、凿，木匠做工哪样不是力气活儿。最怕力气出了，梁柱不正、榫卯不合，这手艺的牌子也就砸了。

钱学友儿时记忆中有这些瞬间——父亲出神地盯着一个做工精良的大木桌，左端详右端详，想必是琢磨人家的工艺；父亲每临年关奔波收钱，给人家做了工，人家允诺年底一并还清，但苦日子里的人们总有这样那样的借口拖延，讨账若不央求不纠缠，哪有人痛痛快快地掏腰包；更记得爱读书的父亲手捧书籍入神默读的情景——家风熏陶，潜移默化地浸润着兄弟俩的性情和心灵。

2016 年 4 月 23 日，钱学友在奥体中心扬中第十三届河豚节"放歌河豚岛"音乐晚会安保现场接受新闻媒体采访

为减轻父母负担，改善清贫生活的命运，钱家兄弟像所有农村家庭的孩子一样，力所能及地干起田里的各种农活儿，插秧、种麦、施肥、间苗、割稻、收麦、脱粒、扬场。难忘割稻收麦，累得人腰背极度酸楚；难忘麦芒再刺肤，混着汗水，刺痒蜇痛；更难忘辛苦一年，断顿借粮，家里过春节时，锅里竟无米可煮。

于此，兄弟俩随着年龄的增长，改变未来命运的念想愈加清晰，读书跳出"龙门"的欲望愈加强烈。父母当然明白这些，总是默默地尽最大努力支持着两个孩子。

二

哥哥学成 8 岁上小学，学习成绩应了自己名字的寓意，他成绩出众，高中毕业考上江苏省司法警官学校，成为当年毕业同学中的佼佼者。亲朋好友与四乡八里的村民口口相传，钱家大小子有出息，可以把户口转成城里人，毕业能端铁饭碗、吃公家饭。

学文 9 岁上小学，入学比哥哥晚了两年，高考以 1 分之差未入榜，就在他懊悔不已之际，哥哥毕业回家，眼看他头戴增配金黄色丝编装饰带的大檐帽，身穿橄榄色、的确良面料的 89 式夏装警服，衣领领花是松枝衬托的红色盾牌，盾牌上嵌有金色五角星，好个英气勃勃。

弟弟不敢相认眼前的哥哥，父母含笑不语地凝视着站在眼前的大儿子。弟弟看着哥哥，羡慕不已，默默立誓，一定要像哥哥那样，考警校。他拽着哥哥跑到镇上，闯进一家照相铺，换上哥哥的警服，神气十足地站在照相机前摆拍了一张相片。在父母和哥哥的鼓励下，钱学友在高考落榜后的一年里，宁肯少吃少睡，把宝贵时间全部用到补习功课上。

"头顶一江水、脚踩一只盆"，这是扬中人对扬中地势的形象比喻。

扬中地处北亚热带南部季风气候区，雨量丰沛，境内地势低平，河汉密布，长江潮汐涨落直入全境。20 世纪 90 年代，这里常常遭受长江洪峰、台风暴雨袭击，洪涝灾害频繁，遇有特大洪水过境，总是浊浪排空，江岸崩坍，险情不断。

眼看离高考只有 10 天，学生们正在紧张备考，一场特大的狂风暴雨骤降新坝一带。风雨肆虐之处，数百间民居屋倒房塌，伤亡众人。钱学友一心参考，顾不得许多，直到他手持准考证，按照准考证号码的编排走进考场，对号找到座位，在桌上摆好笔，静候考官发考卷……

高考结束，钱学友回家等候考分张榜。

幻想、担忧、期盼、无奈——日子仿佛变得特别缓慢，那段日子让再次参加高考的钱学友心绪忐忑。前次高考，钱学友所在高中毕业班里没有一个同学考上任何学校。这一次，自己能过录取分数线吗？

考分张榜，钱学友如愿被江苏省人民警察学校录取，年轻的胸膛里充溢着仿佛嘭然炸开的喜悦，一切纠结骤然消失得无影无踪。他看到父母脸上欣慰的笑容，如同当年哥哥高考中榜那样。

那一年，江苏省人民警察学校在镇江市（扬中县隶属镇江）只招收 10 名新生，钱学友报志愿选择了这所警校，全县仅有他一人被这所学校录取。钱家二小子考上警校的消息不胫而走，一时间，乡邻在路上与他的父母照面时纷纷打招呼祝福。

三

江苏省人民警察学校校址远在省城南京。

从扬中到那所学校的路途有120多公里，钱学友要乘渡轮过长江，还要乘长途车前往。别说去省城，钱学友去扬中县城的次数也是屈指可数。一下子来到省城南京，那城市的繁华气派让这个乡下长大的孩子感到震惊。

"满负荷"是当年流行的热词，如今几乎被人遗忘。

同年入校的那届新生共有200余人。钱学友分入治安管理专业，他在校奋力学习公安业务、法律知识、诉讼程序等多项科目，可谓"满负荷"运转。记得当年校园的学子们发奋读书蔚然成风，同学们的每一天都过得紧紧张张，不敢懈怠。

入校一年，暑期临近，一场百年不遇的特大洪水席卷江淮。

1991年初夏，长江流域暴雨如注，江河横溢。当年扬中5月进入梅雨期，50余天内降雨量高达893.1毫米，致使水位居高不下，历史罕见。进入汛期，扬中江港万米堤防因长时间受高水位浸泡和暴雨冲蚀，险情频现。而扬中南北遭遇苏南苏北河道连续泄洪，西有江水洪峰巨涛，东有海潮顶托挤压，情势更加危急。

2013年9月28日，钱学友（右一）陪同扬中市副市长、
市委政法委副书记、市公安局党委书记、公安局局长李祖健（左一）视察
江苏省第八届园艺博览会开幕式典礼安保工作

7月中旬，一场大暴雨致使扬中地界一段港堤溃决。扬中县政府组织25 000多人抢险救灾，人们获悉江潮水位预计还会增高，县委常委不得不召开紧急会议，考虑备齐舟船车辆，做好撤离4万人到江南的准备……

上了年纪的扬中人不会忘记1954年那场洪灾。

1954年长江流域气候异常，百年罕见的流域性特大洪水暴虐而来。有文字记载，扬中全县决堤140处，27个乡被淹农田10.76万亩，淹死30多人，受灾人数7.3万人，占全县农业总人口的41％。

然而，1991年入夏的这次洪灾水位竟高出1954年的超警戒水位。

年轻的钱学友在那个夏天真切地感受到家乡民众众志成城、誓死拼搏的精神。

扬中县防汛指挥部通过县广播电台下达命令，"每户捐献两只编织袋，装满泥土，送到指定地点"。农户们连夜搜罗编织袋，将房前屋后的泥土装袋，再手提肩挑，车载人拉急送指定地点，许多农户不惜扒开自家竹园、菜地、山芋地取土。次日清晨，指定地点人潮涌动。据统计，一夜之间，扬中7万农户捐出15余万袋泥土。钱学友父母的身影也汇入川流不息的运送队伍之中。

"死守江堤保扬中！"

扬中人同心同德、携手抗灾，将一场罕见的特大洪灾化解在浊浪排空的江堤前。

四

毕业分配，学生们告别校园，各奔前程。

钱学友走进家乡扬中县公安局报到。4天后，他被下派到新坝乡派出所。派出所连他在内总共8个人，他的对讲机编号是"8"。生于新坝、长于新坝，钱学友走进家乡派出所，开始接触家乡那生动多姿的社会民情画卷，这一切是他从小到大从未知晓过的。

1983年，新坝由公社体制改为乡。就在钱学友毕业工作那年，新坝乡改为镇。

来到新坝镇派出所当内勤，钱学友方知这片地面上当时居住着2.4万人口，统辖着16个村，全镇人口中只有164个城镇户口，他算是拥有城镇户口百十人中的一个。

没当过派出所内勤的人，真不知道那活计多繁杂多劳碌。

举凡户籍管理、各类报表、情况汇总、书写台账、收集档案、立卷归档、管理印章、保管财物、保障后勤、配合外勤等10余项工作都是内勤的事。单说户籍管理，这业务涉及生生死死、常住暂住、迁入迁出、结婚离婚、务工证明、上学证明，等等，哪一项都不可疏忽。以己推人，这工作关乎百姓个人切身利益，甚至能影响当事人的命运。

想当年，新警"8号"在新坝派出所"窗口"值守，一天到晚应接不暇，有询问事项的，有哭诉冤屈的，有乞求公道调处的，有醉酒骂骂咧咧的——纷繁复杂的社会画卷立体地呈现在这个初入人世的小伙子眼前。

不难想象，一个走出校园学习氛围的青年学子，一下子身陷公安具体业务的复杂事务中，光凭青春朝气是难以应对的，考验这年轻人的，恰恰看他性格深处储有几多坚韧、毅力和勇气，看他能挥发出几多智慧能量。

新坝派出所有位年长民警叫马云武，办案多年，经验丰富，他带小钱熟悉办案业务，小钱叫他"师傅"。春节期间，镇街上有间香烟铺失窃，窃贼窥探老板夫妇离店后悄悄闯入，盗走巨款，数额近5万元。20世纪90年代初，一分钱可以买东西，一块钱能上街请人进小馆吃顿便饭。"万元户"这三个字曾经多么耀眼。

小钱跟着师傅去破案，遍寻线索，查来查去，抓住嫌疑人，但遭遇零口供。师徒俩从下午忙碌到夜半，终于从嫌疑人家灶膛的柴灰里扒出成捆包扎的人民币，总共4.8万元。

正值夏季，派出所接到报警，有男子驾船载一哭哭啼啼的女子由河道向外江驶去，人疑男子是岛外人拐走岛内妇女。所长带上小钱，驾驶三轮挎斗摩托车急驰赶去。只见河道两旁皆有乘凉人们，见警察到来，众人纷纷指向缓缓行走在河道中的一条小船，说船上有女人哭，让警察赶紧拦船盘查。

2013年3月20日，钱学友主持全市治安管理工作会议

所长和小钱拦住小船盘问，经核对身份后确认，这船上是当地一对夫妻，因争执吵架致使妻子悲戚失声。多少年过去，只要提起这次经历，钱学友总会不由自主地感喟连连，当年民众对警察的信任和依赖是那样地强烈、热忱。相比之下，如此民情民心于今难以见到啦。

在派出所当内勤的日子，真是"苦得不得了"。

当内勤那些年，钱学友学会了限时写汇报、写总结、写公文、写报表。因管理财务，他还学会了打算盘。天天有不同诉求、不同心理的普通民众来到面前，懦弱无助的、哭哭啼啼的、撒泼耍浑的、诈用心眼的，他学会了如何分辨真伪，如何劝解引导，如何震慑蛮野。

"没在派出所干过，没在派出所内勤岗位上干过，那算是干公安的缺憾。"在新坝镇派出所工作5年，钱学友很怀念那些有益自己成长和进步的日子。

五

扬中四面环江，谓之长江下游中的一尊孤岛。

人若出岛，必乘船渡江方行。

岛上百姓世世代代梦想能在宽阔长江江面上架起一座大桥，连接通往天下的各条大道。

1989年4月，扬中县有人大代表提议建桥。

次年两会，县人大代表、政协委员递交联手签名的议案、提案。

在1991年那场特大洪水来临之前，扬中县已经成立起扬中长江大桥筹建委员会，筹委会委托有关部门完成了建桥可行性研究报告，县委商讨确定了建桥资金筹措的多套方案。长江洪灾肆虐之际，扬中123家企业单位捐出了2044万元。

1991年长江流域性特大洪水过后，扬中人世代萦绕的建桥梦想变得空前迫切。

1994年，全县民众第二次为大桥捐款，有白发苍苍老人递出养老钱，有稚气未脱孩童捧出储蓄罐，有捐出工资的普通干部，有捐出卖鸡蛋收入家贫农民，更有海外侨居人士和港澳台同胞热忱捐款，此次捐款总金额高达1200万元。工作不久的钱学友也跻身于家乡民间集资建桥的人潮之中。

1994年10月，扬中长江大桥建成通车，大桥桥面长1172米、宽15米，共有30个墩台。

这座公路大桥跨江矗立，彻底改写了扬中与外界无桥相连的历史。与此同时，扬中撤县设市，新坝镇也被赋予了新的时代命名——扬中长江大桥第一镇。

　　大桥建成第三年，钱学友应市公安局调动，前往扬中市公安局大桥派出所上岗，同事都是年轻人。这是一座让扬中人民扬眉吐气、尊崇敬重的大桥，能在这里执勤是年轻民警的荣耀。

　　相对乡镇基层派出所，大桥派出所的公安业务相对单一，但其专业性更强。除了维护正常交通秩序外，大桥民警要能及时发现并缉捕负案逃逸的犯罪嫌疑人，尤其是那些前来作案、得手后企图乘车从桥上逃离扬中的刑事案件嫌疑人。

　　值守大桥卡口，钱学友细致、爱动脑筋的秉性，在判识嫌疑人时有了用武之地。在那些川流不息的过桥人群中，不论嫌疑人骑摩托车过桥、乘长途公交车过桥，还是驾车过桥，在钱学友锐利目光的扫视下及机警盘问中，对方难以自圆其说，难以掩饰潜藏内心的慌乱。

　　若问当年值守大桥哪件事印象最深？

　　钱学友眼前马上会浮现出那个瞬间——春寒料峭的那个夜半时分，一辆两轮摩托车向卡口岗驶来。正在值勤的钱学友示意对方停车盘查，当他走到距对方不及两米处，对方突然启动油门奔逃。钱学友急急出手抓空，即在黑暗中狂追十几米，突然眼前一黑，前扑卧地。脑子里明明白白想起身，可不知咋的，手臂和身体不听使唤，那瞬间让他感到恐惧，心想若有车驶来，四下里黑黢黢的，没留神马路当中趴着个人，人给压死了，兴许都不知道是谁！

　　"每年我起码要抓20几个嫌疑人。"

　　钱学友上岗盘查时只要近前看看对方，基本上就能断出七八成。在大桥上岗那些年里，他荣立过三等功，专门总结出一套技战术方法，被市局邀去给分局和其他单位的公安同行传授经验。

六

　　凭着在大桥派出所的出色功绩，钱学友被任命二墩港派出所所长。

　　二墩港派出所地处在扬中北部临江处，值守汽车渡轮卡口，负责维持扬中至泰州往返车辆及驾乘人员经停渡区的交通和治安秩序。这个派出所也是8个人，全所仅两名民警比钱学友年轻，但他已不似当年排位"8号"小新警，而是担当着负责全面工作的"一把手"了。

　　工作职位的变化让钱学友在最初任职时有些不适应，虽说所小人少，但无论布置全局工作还是具体各个事项，"一把手"若不预先想明白想好如何工作，没人替你着那份儿急。当领导显然不同于当普通民警。在二墩港派出所任职 1 年 7 个月，钱学友积聚了未来成长的经验。

2009 年 9 月 23 日，钱学友（右）参加国庆 60 周年安保巡逻

2004 年 3 月，扬中市局组建治安大队，钱学友被市局调赴该大队任副大队长，负责扬中大桥、二墩港、轮船港三大卡口的治安管理工作。这一职务能让他从更高层面、更大视野范围里展开工作。回顾多年在一线卡口的执勤体验，结合担当所长的领导经验，钱学友着眼三大卡口业务上各自为政的弊端，盘算着如何整合资源，建立信息共享，研究案发规律，提高破案作战效率。

此前 4 个月，北京召开全国公安会议，提出"坚持专门工作与群众路线相结合，坚定地相信和依靠群众，把公安工作深深地扎根于人民群众之中"，强调坚持"打防结合、预防为主"的方针。

恰在此时，扬中接连发生宾馆撬门盗窃案件。钱学友带领办案民警细致走访，逐一向案发宾馆、受害个人以及目击人展开调查，将搜集来的线索一一梳理，渐渐知晓作案嫌疑人为岛外来人，多人组成团伙行窃，作案时间一般在凌晨时分，作案手段采用插片开锁。

撬门盗窃团伙频频得手，愈加肆无忌惮。

扬中公安周密部署，撑起抓捕大网，终于在入夏那个凌晨一举擒获 6 名撬门盗贼。办案民警经讯问查明，这一团伙成员涉嫌犯下 40 余起撬门盗窃罪行。这宗盗窃系列案一度搅得人心惶惶，案件成功告破，酝酿出扬中加强和改进公安工作的契机。

怎样"把公安工作深深地扎根于人民群众之中"？怎样"坚持专门工作与群众路线相结合"？

钱学友应市公安局领导授命，马不停蹄地展开调研，他了解到全市联防队员建制与工作机制的现状，获悉全市下岗职工人数众多的情形，他走访并研究治安薄弱小区案件多发的原因。整整 3 个月过去，他写出一份内容翔实、操作性强的调研报告，建议征召百名符合遴选条件的下岗职工，由市公安局统一培训、统一管理，配备对讲机及服装，执行街面巡逻任务，设立一案一奖制度。

与此同时，本地飞车抢夺犯罪日渐猖獗。针对街面警力不足、难以震慑犯罪的现实，钱学友花费两周时间撰写出一份文稿，建议局机关干部穿警服轮流上岗，依照排出班次、日期及路线，上街执行巡逻任务。这一建议被局党委采纳施行。

局机关干部从来都是坐办公室的人，哪有上街巡逻先例?!

此事引发非议，但局领导率先垂范，6 天轮值一次。于此，这份建议由纸面变成局机关干部实实在在的行动。首轮巡逻第一天遭遇大雨，局机关干部亲身体验到一线民警的辛苦。这番行动大大提升了扬中街面见警率，有力地遏制了飞车抢夺犯罪的疯狂气焰。

七

掐指算算，未及而立之年的钱学友已是经历多多的干练老警，可他毕竟脚踩陆地，当局党委调他去水警大队任职时，他那双脚可就得踩在船甲板上出江执法了。

寻常百姓知道刑警、法警、武警，未必听说过水警。

水警是专门巡察水上事务的警察，担负着日常水上治安管理，预防、打击水上犯罪。长江扬中段有着 102 公里江岸线以及 102 公里航道，水域面积达 114 平方公里。

钱学友赴任之际，长江扬中段岸线屡屡发生非法采砂以及寻衅滋事案件。

采砂利润丰厚，非法采砂者明知没有规划许可不被允许，斗胆我行我素，哪管江岸崩塌、航道破坏、行洪受阻、生态无序。非法采砂者各方为争夺资源和垄断市场，聚合社会闲散人员，暴力斗狠，持械互殴，不惜流血伤亡以求一逞。

钱学友既非渔家出身，又无艄公传技，第一次登艇出江执法，他真真切切地感到自身安全、警员安全的重要性。听老水警介绍情况，钱学友闻知江上规矩，水上人文化程度不高，三两句话不合就动粗。看谁胳膊根粗，看谁能聚众搏命，遇到公家人查处，水上人动粗不成，就向执法者大把大把塞钱，以求规避。

钱学友陪伴女儿

钱学友就任之初，水警大队空缺大队长，他这个副大队长就成为掌管实际工作的"一把手"。凭着多年积累的管理经验，他整肃队伍，推行廉政制度，强化执法打击力度。执法巡逻艇马力小，不敌采砂大船，那就避短扬长，夜半侦查，待凌晨时分，趁非法船只人员困乏休息之际突击登船，该拘留的拘留，该处罚的处罚，该移送起诉的移送起诉，任谁说情也不管用。

水上执法，对抗性极强，危险性更大。

要说掌管这20来号人的水警队伍，"一号"领导凭什么服人，凭官职还是凭水上执法的资历？钱学友深知在这里若让属下服气，就得身先士卒，就得奋不顾身。水上执法危险，你第一个上，非法采砂人敢动粗，你第一个冲。

钱学友到水警大队一年后转为大队长，他的言行让全队服气，历经一场场漂亮的执法战斗，扬中水警大队在所辖江域警威赫赫，声名远播。3年水上执法被一纸调令终结，局党委将钱学友调回治安大队担任大队长。

同是大队，治安大队"一把手"的担子要重得多。钱学友心理压力极大，此前他曾担任过这个大队的副大队长，但毕竟不执掌全面工作，而治安管理涉及的户政、人口、治安秩序、110接处警、巡逻勤务、群体性治安事件处置、危险物品、消防、道路交通、出入境、网络安全等领域，并非他全都熟悉。

不担任领导职务，难以体验领导职务给人带来的巨大压力。

钱学友就任时，治安大队业务考核绩效处于低位，他清楚自己和这支队伍缺什么，清楚仅凭自身积累的经验难以扭转现实中存在的困局。走出去吧，悉心向扬中周边地区公安同行的先进单位求教，不断提升治安管理方方面面的观念意识、创新体制、创新技战术。

没有谁天生什么都知道，更没有谁天生什么事都能做得出色。

钱学友历经多次岗位转换、职务变更，显示出自强不息、不畏艰难的个性，显示出勤于思考、心路缜密的特质，这些能助他积聚强大能量，每逢身处陌生环境，能及时调整心态和思路，恰切应对不熟悉的工作困局和情形。

八

"学友"这个名字的由来，本是奶奶顺嘴一说，借用邻村别人家孩子的名字"克隆"给了孙子。但辈分排序的"学"字，似乎在无知无觉中铸就了钱学友人生的品性。

读史可鉴古今，历史人物命运可促明智。

钱学友爱看古典名著，更偏爱历史书，像明史、清史一类，他像父亲年轻时那样，闲暇片刻，一个人静坐默读。他翻开《红楼梦》《三国志》《水浒传》书页，适逢灵感迸发，赶紧拿笔在书页上写下批注；出差外地，路过书店进门瞅瞅，从书架上挑几本书买下。

钱学友从警至今，国家法律一批批出台，公安执法理念和要求与时俱进。自己年轻时在警校学习的专业知识，哪跟得上当今时代的发展。钱学友在水警大队任职时执意参加成人自学高考，工作再忙再累也要抽出时间攻读。一次考不过再考、再考、再考，历经5年，终于拿到一张法律本科文凭。谁不知道，自考文凭的含金量远远高于全日制大学本科的文凭，那成绩可是实打实拼出来的。

有公安刑侦前辈说过，犯案罪犯、尤其是犯大案的罪犯，一般来说都是高智商的聪明人。

这些聪明的罪犯僭越传统道德底线，潜心琢磨如何非法获取财物，既胆大包天又小心谨慎。俗话说"魔高一尺，道高一丈"，这话也可反说"道高一尺，魔高一丈"。

打击犯罪，不可单凭武夫之勇。知己知彼，周密谋算，钱学友尤为看重。

有黑恶势力团伙聚众豪赌，他依据线索，分析办案难点，制订抓捕方案，跟踪嫌疑人不眠不休，甚至单身夜穿坟场、竹林，探明隐秘聚赌场所地点，指挥民警包抄抓捕，现场起获枪支和子弹；有走私烟草者行踪难觅，钱学友率领办案民警追踪数周，熬着困乏、忍着饥饿，连续蹲守数天，看准时机，一举擒获嫌疑人。

社会深层矛盾的凸显，群体上访事件多发。

有众多非法集资案件受害人悲愤交加，聚集市委、市政府门前请求严惩主犯，追回损失；有公司众多职工不满体制改革方案，聚集公司办公地点抗议示威；有众多拆迁居民与房地产开发单位发生纠纷，阻拦施工单位进驻建设场地；众多出租车驾驶员因物价部门调整天然气价格，不满有关部门对话解释，围堵加气站，严重阻碍交通道路通行。钱学友每每带队前去，依法依理平息群众激烈情绪，引导群众理性解决现实问题。

"任何事，怎么发生，原因何在，如何解决？"

钱学友毫不迟疑，工作没有点子和路数，不考虑全面细致，就无从解决。他在治安大队长任上履职4年后，被任命为扬中市公安局副局长。这个职位有着更广阔的视野、更远大的目标，有着更多更复杂的事务、更精细的工作要求。

钱学友明白，此次人生场景再次更换，但愿自己内心深处蛰伏的原动力，会一如既往地激励他勇往直前。

远空苍茫涛汹涌　稳舵疾行浪夷平

——记扬中市公安局工会副主席、二等功获得者朱冠琦

人物档案：

　　朱冠琦，男，1960 年 11 月出生，中共党员，汉族，双本科学历，二级警督警衔。现任江苏省扬中市公安局工会副主席。

　　1979 年 10 月参加工作。1987 年 10 月参加公安工作。

2013 年 9 月，朱冠琦被江苏省公安厅记个人二等功

　　先后参加侦破"2001.2.16"包某杀人焚尸案，"503"系列入室强奸、抢劫案，"2004.4.19"杀人案等重大案件及历年、历次专项斗争行动。在主持领导全局对外宣传工作期间，该局先后被记集体二等功、三等功；获得"全省优秀公安局""全省公安机关执法示范县级公安机关""全省群众工作先进公安局"等荣誉称号；在 2015 年扬中市级机关绩效管理考核中获执法管理部门序列以及绩效管理十佳单位"双第一"；2016 年，取得了机关部门绩效管理考核序列第一，公安综合绩效镇江第一，公安主业绩效镇江第一，绩效管理考核"十佳单位"的优良业绩；2017 年 2 月，朱冠琦所工作的政治处被省

公安厅记集体二等功；朱冠琦同志积极宣传扬中公安形象，为这些荣誉的获得做出了贡献。

在局党委的领导下，近年来，朱冠琦同志全程组织了全市公安机关重大警务活动实施的宣传，以及队伍建设、选树典型的宣传。先后策划、组织、实施国家、省、地市各级新闻媒体宣传报道侦破公安部、公安厅挂牌督办的"2015.8.22"扬中市第三方支付平台为诈骗团伙洗钱案，公安部A级通缉令通缉特大电信网络诈骗犯罪在逃人员"黑桃7"谭某落网案，公安部、省公安厅挂牌督办的"2014.3.17"特大非法买卖枪支弹药案，"公安部目标2013-089"跨区域贩毒案，公安部、省公安厅挂牌督办的"2013.6.17"特大电信诈骗案等系列有重大影响案件的宣传；新闻稿件直接被公安部领导批示表扬；宣传工作绩效连续10年位居镇江市各辖市局第一，连续多年被上级机关评为先进单位。其个人作品数量、质量位居镇江市各辖市局第一，多篇作品荣获全省二、三等奖。

由于成绩突出，连续5年6次荣立个人二等功、三等功；获得中共镇江市委、镇江市政府表彰1次、嘉奖6次；连续6年6次获"镇江市公安局宣传工作先进个人"；获优秀政工干部、优秀公务员、优秀共产党员、先进工作者等30余次荣誉称号。

闲暇时，打开相册，每一张泛黄的老照片都会唤起朱冠琦对爷爷奶奶、爸爸妈妈深深的感恩和思念！

扪心静思，长辈们的音容笑貌就会浮现在眼前，长辈们的谆谆教导和鞭策就会响在耳畔，往事恍如昨日。长辈亲人或慈爱、或慷慨、或近乎严厉的关爱，都让冠琦心中洋溢着亲情暖暖的温馨，永生难忘。

时光确如白驹过隙，长辈们相继匆匆离去，冠琦只好把无尽的遗憾和思念拜托清风捎给他们，企望来世加倍偿还。

一

母亲怀他那年，家里已有个女孩子先他出生。

1960年11月，一个男孩呱呱坠地。圆圆的小脸蛋煞是可爱，爷爷给他起名叫阿毛。

爷爷早于1908年出生在扬中三茅镇朱家埭油坊里。那时，扬中人生活极度贫困，爷爷兄弟姐妹有7人，生活不堪重负。爷爷年幼时曾随曾祖父去溧阳等地编竹篮谋生。爷爷年轻时娶了同籍的奶奶。为了摆脱贫困的生活，爷爷只身离乡背井到上海学裁缝，起早贪黑，勤奋努力，用积攒下的辛苦钱办起个人的成衣铺。

爷爷手艺精湛，不断承接有钱人家送来的绫罗绸缎，依阔绰家庭老爷、太太们的要求裁剪、镶嵌、滚边、盘扣……如今这些传统古老的工匠手艺近乎失传。后来，爷爷回扬中建造起油坊里唯一的一座青砖瓦房，可谓名噪一时，在乡邻眼里很是光宗耀祖。

解放后，爷爷被纳入上海国营第二服装厂，专做出口苏联的大衣，成为厂里有名的生产红旗手。爷爷的人生经历，在幼小冠琦的心里积蓄了日后勃发的励志能量。

从小在上海长大的父亲，遗传了爷爷的聪慧天资，他毕业于上海复旦大学汉语文学系，不仅能写一手漂亮的毛笔、钢笔字，而且还画得一手好画，逢年过节，举凡自家、邻居的对联、中堂画，都出自父亲之手，是一个被人称道的才子。

共青团上海市委借鉴苏联动员城市青年移民垦荒的经验，在 1955 年 8 月发出号召，要求上海在 3 年时间内动员 10 万名社会青年到江西、安徽开垦荒地。1959 年秋季，冠琦的父母先后与众多上海知识青年一道奔赴江西支援建设。

2016 年 8 月 26 日，朱冠琦（左二）参加扬中警方侦破公安部挂牌督办的"2015.8.22"特大诈骗团伙案新闻发布会

阿毛 4 岁那年，家里添了一个妹妹。为了减轻爷爷奶奶的负担，母亲把小阿毛从上海带回扬中，住在家居新坝的外公外婆家，这里也是母亲的娘家所在地。这个 6 岁男孩结束了在上海大都市的生活，落脚扬中。

扬中实实在在无法跟大上海相比，这里放眼望去是成片农田、村庄皆草房泥墙，人们衣着补丁摞补丁，土路扬尘，路上最常见的是木制独轮车，那车轮压在土路上，吱吱嘎嘎地响着。这里的农村没有电灯，白天若阴云密布，屋内便格外昏暗。

上海与扬中两地反差极大，而熟悉上海街景的小阿毛却感到扬中很是新奇。难忘在大舅家第一次吃新鲜蚕豆煮菜粥，4 岁的表弟把碗里稀溜溜菜粥中一颗颗嫩嫩绿绿的蚕豆嗯净，放到小阿毛碗边，送给远方来的小表哥吃。大舅母让冠琦把蚕豆嚼碎咽下，告诫这个外甥不能浪费粮食。阿毛在扬中新坝度过了短暂的 5 年时光。阿毛小学三年级那年，母亲从江西广丰回到扬中，领着阿毛一道前往广丰的家，一家人从此不再分离。

<h2 style="text-align:center">二</h2>

广丰县隶属上饶市，位于江西省东北部，是闽、浙、赣三省交界处。

这里地处武夷山北麓，地势起伏，有丘陵、有高山、有原始森林，这里植物葱茏、矿产丰富。

小阿毛会听会说上海话，会听会说扬中话，来到广丰用不上。

到广丰上小学，阿毛跳级插班进了五年级，同学讲的全是赣方言体系的广丰话，他要学听学说广丰话，还得学会吃辣。童年记忆中的扬中——那片远在北方 600 公里外的长江孤岛——被深深地隐藏在幼小心灵的记忆之中。

广丰雨水多，上学要走石板路、山路，开门便见山。

母亲在广丰县拖拉机厂工作。当年，江西拖拉机很出名，新中国的第一辆轻便式拖拉机就是在江西生产出来的。父亲起初在江西上饶柴油机厂工作，成为机械制造行业久负盛名的"车磨刨铣"技能的八级钳工和机械工程师，后来转到专门生产德兴铜矿法兰工艺的街道工厂。但凡遇到"疑难杂症"的技术活儿，不论他是在广丰抑或在扬中工作，其他工厂领导都会专门来找他攻坚克难。尤其是推出新产品造型进行审核，再通过模具检验以便进行批量生产时，势必找到父亲制作出模具。即使在 1991 年秋父亲生命垂危期间，扬中一家工厂的领导亲临医院，把出口亚洲的产品——阿纽巴流量计的翻译说明书递给父亲审核定稿。

想当年，广丰县城一家国营饮食店生产米线的机器坏了，久修未果。来人辗转找到冠琦的父亲，他很快上手修好了那台机器，饮食店恢复了正常经营。父亲分文不收，饮食店领导叫厨师炒了一盆米线让父亲带回家给全家人吃。

朱家至今保存着父亲设计并制成的蜂窝煤模具，只要将煤粉搅拌成稠糊状填满这个模具，轻轻抽离，一块成型的蜂窝煤眨眼间制成。要知道，当年烧水烧菜煮饭取暖，蜂窝煤是家家不可缺少的，买蜂窝煤要多花钱啊，自制蜂窝煤顶多是费些气力罢了。在缺吃少穿的年代里，能节省下一分钱，那可是家家看重的头等大事。

那年代，男人穿件中山装特别体面。

父亲穿衣整洁。小阿毛每每看到父亲身穿笔挺的中山装，上衣兜里插着一支钢笔。写字时，下笔如飞，字迹既工整大气，有时又似行云如水，龙飞凤舞、美不胜收。喜爱读书写字的父亲不止一次对儿子说，"你要好好读书，不读书哪会增长知识"，他还认认真真地对儿子说过，"学好数理化，走遍天下都不怕"。

母亲常在小阿毛面前称赞道："你爸爸很聪明"。

记得父亲下班回家，总爱看书看报，并用个本子分类粘贴剪报，还教儿子怎么剪报，讲解剪报上的知识。跟父亲在江西生活的那些年里，成长中的阿毛从父亲同事、领导的眼光和谈吐中，感受到父亲是个受人敬重的大男人，从内心里觉得做他的儿子很自豪。

三

夏季高温，学校放暑假。

2013 年 11 月 20 日，朱冠琦（左一）与采访扬中警方侦破公安部挂牌督办的"2013.6.17"特大诈骗案的新华社、央视记者合影

假期里，13 岁的阿毛想去做工，为家里挣点生活费。母亲从厂里找个师

傅教儿子学技术。阿毛跟师傅学了些本事，不想再上学，没想到学校班主任找上家门，问阿毛为什么不去学校上课……阿毛回到学校，坐在初二班级的课堂里，如饥似渴地恶补荒废的功课，父亲工作之余，也对儿子的课本逐页过堂，见儿子弄不懂的地方就耐心辅导。

"文革"结束，改革开放，好生活成为人们不再忌惮的追求。

20世纪70年代，广丰人与全国各地的人们一样，梦寐以求地渴望拥有"四大件"——缝纫机、自行车、手表、收音机。而这"四大件"均以上海产品为荣耀。再比如上海产的钢笔、白色回力球鞋、皮腰带也受人们追捧。"上海人"地位随之提升。

父亲带着一帮徒弟夜以继日地加工法兰，街道居委会为激励他们多干快干，决定实施计件考核。仅仅1个月，父亲得了几百块钱的工资收入，当年这可是很大的一笔收入，全家人开心得像过年似的，父亲到上饶市区买了一对儿白藤椅，以及茶壶、钢精锅等一大堆生活品带回来，这让当年工资普遍只有三四十元的邻居们着实羡慕不已。

阿毛的小妹在上海生活，由两位老人带着。父亲是个大孝子，虽能挣钱，却从不乱花钱，他每月定时寄钱孝敬父母。为人爽直的父亲有一颗慈善的心，只要看到周围有生活困难的人，他都会慷慨解囊予以施舍。

四

阿毛不满19岁，个头长到了1.75米。

那一年刚刚入春，对越自卫反击战打响，年轻人心里激荡着保卫祖国的热情。阿毛特别渴望跻身野战部队上前线。转眼到了秋季，广丰县里的招兵指标下来了，阿毛居住地应征青年的兵源划归武警部队。他心里想的是，只要去当兵，不管武警是啥，报名吧。

临到报名入伍时，阿毛尚且没个大名，父亲给儿子起了个很具雅意的名字——"冠琦"——改了户口本，填写报名表。"冠"是扬中朱家辈分排序之字，"琦"是美玉之意。

送新兵那天清晨，街道上锣鼓喧天。

冠琦胸戴大红花、手持红旗，站在行将出发的新兵队列中第一个，母亲站在儿子身旁悄声叮嘱。儿子明白母亲希望儿子当兵后能做个出色的战士。在广丰到上饶几十公里路途上，母亲陪儿子一路前去上饶火车站集合。告别时，母亲冲儿子大声喊道，"毛啊，一定要争气！"

下午3点，新兵们聚集到新余站，坐上吉安地区武装民警科开来的两辆

2013 年 9 月 30 日，朱冠琦专程赴北京前往公安部刑侦局呈送
"2013.6.17" 案件相关资料，10 月 1 日，在北京天安门广场留影

军用大篷卡车，于当晚 8 点多钟抵达吉安地区泰和县武警中队的新兵连集训基地。冠琦与新入伍的小伙子们跳下车，开始了为期 3 个月的新兵训练。

高强度的军事训练几乎让这些小伙子们吃不消——拳术、单杠、双杠、俯卧撑、5 公里负重越野跑、队列、夜间紧急集合拉练。心头总想着母亲凝重的神情和殷殷叮咛，冠琦在每一项训练科目中都全力拼搏，力争样样做得出色。

新兵连训练结束，冠琦与另外 4 人分到吉安地区吉安县武警中队。新兵第一年，经过五个阶段的射击考核，冠琦成绩均为优秀。凭着这个资格，这个大高个儿以机枪手身份在 1980 年末参加了吉安地区武警部队射击比武大赛。

他架好轻机枪，将靶场为射手配好的子弹链拿起。听指挥员发出"开始装子弹"口令后，他娴熟地把子弹链卡入枪体。当指挥员把小红旗一挥，发出"开始射击"的命令后，他动作麻利地将子弹上膛，深呼吸，然后屏住气息，瞄准目标扣动扳机……

单发瞄准远在 250 米外的第一靶位射击，看到报靶人去靶位糊靶，冠琦心中有数，知道射中靶位。再做深呼吸，平息内心的激烈跳动。第二靶位相距 400 米远，子弹"突突突"一个点射过去，尔后做退弹夹动作，报告"射手射击完毕"。很快，靶壕那头电话里传来了"中靶"的声音。大赛结束，冠琦毫无悬念地赢得了"特等射击能手"的称号，回部队升任了副班长。

1981 年秋季，又到了一年一季的征兵时节。

吉安地区武警部队招收 200 名新兵，中队领导把冠琦从训练场喊到队部传达支队命令，冠琦没想到自己入伍当兵一年多就被派去九江接兵。他愣了一下，心想自己个人军事素养挺优秀的，但当教官训练新兵那可完全是另一码事。

次日，在接兵部队负责人、吉安地区武警部队杨参谋带领下，冠琦跻身接兵工作组先赶到九江地区武装部领受兵员任务。尔后，奔赴九江地区的彭泽县，由于彭泽县兵员分别在湖西、定山两个乡镇，代理连长王细阳去了定山乡，代理排长冠琦则去了湖西乡。

2012 年 7 月 13 日，镇江市公安局邀请镇江知名书画摄影家到扬中市公安局采风，图为朱冠琦（右）和镇江市中国书画院院长杨雷先生合影

为熟悉全部训练科目，冠琦狠下工夫背诵默记，将队列训练、擒敌技术两本教材烂熟于心，举凡口令、要领、动作，他苛求自己不允许照本宣科。冠琦带兵有方，训练圆满结束时受到部队嘉奖。1982 年秋季，冠琦再次被吉安武警支队领导委以重任，前去南昌接兵。

1983 年 9 月初，在一次执行完押解任务后，部队准了冠琦 6 天假期，让几年未回家的他回家探亲。到家第二天，部队突然发来电报：有任务，速归队。冠琦二话没说，连夜坐车赶路，回到部队才知道东北杀人犯"二王"已蹿至江苏。从领导部署参战任务的神情中，冠琦已看出抓捕任务的紧迫性，冠琦欣然领命参加围捕"二王"突击队的任务。

同年 10 月，冠琦接到父亲发来的电报，叫他复员回扬中。部队复员本该哪来哪去，父亲在儿子复员前一年已回到老家扬中工作。冠琦复员时把档案关系从江西省武警吉安支队转至扬中县劳动局。这个从部队回来的年轻人惦记找个穿制服的工作，想去县公安局当刑警，没想到分配到交通局监理股。当交通监理员虽然也是穿制服、戴大盖帽，从事的也是执法工作，但不是人民警察啊。

五

　　冠琦6岁从上海来到祖籍老家扬中，5年后南下江西，时隔13年返回扬中，童年时的玩伴在漫长的年代变迁中完全断了联系，甚至连相貌都记不住了。除了数得过来的几个亲戚，冠琦在扬中不认识什么人。

　　冠琦到县交通局监理股报到那一年，镇江地区的交通格局是：

　　县级的交通管理职能归监理股，地区则由监理处、公安交警管理，县级监理负责机动车驾驶人员及机动车辆的考试、发证、发牌、年审年检、标志标牌标线工作。作为分工，机动车、驾驶员则由监理股股长等监理员负责。

　　冠琦入职伊始，被任命为县城城区交通队负责人，带领两名队员负责城区主要道路的交通执法，但他们3个人只能戴红袖章，没有资格穿制服，因为按省里要求，监理人员必须通过专业考试后方有资格穿上制服。

2004年5月5日，朱冠琦（左）参与审查
"2004.4.19"故意杀人案件犯罪嫌疑人黄某军

当年扬中汽车不多，全县也就十几、二十几辆，大多为货运卡车。

县交通局有一辆北京 212 型吉普，车身前后喷涂着红白相间标志。当时人们出行的主要交通工具是自行车，冠琦在扬中县城主要街道上步行巡逻执法，处罚货车的人货混载、超载，处罚骑自行车带人。

早在 1980 年，为了应付民用自行车迅猛增长的数量，扬中增设了自行车管理所，负责发照，由公安局负责自行车牌，管理则由交通局监理股管。此时，全县自行车已拥有 21 688 辆。1985 年增至 52 490 辆。在城区道路上，骑车带人被认为是危害道路交通安全的违章行为，归交通监理管，要求严格查纠，违章者要被处罚 1 至 5 元钱。

当年 5 元钱很值钱，相当于学徒工月薪的 1/3，人们普遍不愿接受。违章者能跑就跑，即使被拦下，他们态度激烈、拒不受罚。冠琦具备军人素质，恪守职责，不惧辱骂撕扯，遇到对方趁其不备、跳上自行车逃跑的情形，他拔腿就追，有时追得上，有时追不上。

冠琦到扬中县交通局报到时正值入冬，转年年初连降 3 天大雪，积雪厚达 27 厘米，全县被大雪压塌房屋 273 间，交通中断。冠琦冒雪执勤，这个习惯了江西冬日天气的年轻人在扬中雪天里指挥交通，冻得全身冰冷、手脚冻僵、长了冻疮。

20 世纪 80 年代，改革开放如疾风暴雨般推动着中国社会发生着巨大的变迁。

冠琦回扬中那年，江苏实行市管县体制，取消专区，改设南京、苏州、无锡、常州、镇江等 11 个省辖市，市下辖县及县级市，扬中县隶属镇江市。全省交通管理机构随之调整，原地区交通局和地区公路管理处、站分别撤并改建为市交通局和市公路管理处。

熬过回扬中工作的第一个冬天，冠琦备考监理专业考试，拿出入伍时那种拼命三郎精神，努力学习。入夏时节，他和同事前往镇江市交通监理处参加考试，通过考试后获得交通监理员执法证，拥有了执法资格，穿上交通监理制服，更加意气风发。

早在冠琦入职前 8 个月，国务院下发了《关于公安与交通部门管理工作分工问题的通知》，决定将 105 个城市的交通管理工作包括车辆管理工作从交通部门划归公安部门。这份文件的出台，源于改革开放后让更多农民参与到水陆交通运输业的经营活动中。文件主要针对农民使用机动车、拖拉机运输进行规范，明确由公安部门负责大中城市道路交通管理，由交通部门负责公路和中小城市交通管理，由农机部门负责农村的交通管理，从而形成了"三

2000 年 3 月，朱冠琦赴中国刑警学院学习

足鼎立"的格局。

　　国务院预见城乡机动车辆大幅度增长，清楚地知晓当时城乡道路标准低、质量差，人车混杂，交通管理机构重叠、政出多门、互相扯皮的实情，而公安部门同交通（运输）部门在职能交叉与划转、人员移转与交流交集，两部门工作长期、反复出现纠缠和冲突。已有的"三足鼎立"明显地不适应对外开放、对内搞活的需要。

　　鉴此，国务院在发布《关于公安与交通部门管理工作分工问题的通知》近 4 年后，又于 1986 年 10 月发布《关于改革道路交通管理体制的通知》，决定全国城乡道路交通工作统一由公安部门管理，交通部门交通监理机构整建制归并到公安部门。这份文件启动了建国以来力度最大的道路交通管理体制改革。

六

　　1987 年 10 月 1 日，扬中县公安局与扬中县交通局举行了移交交通治安管理的交接仪式，两家单位在交接协议书上签字。扬中县公安局随即成立了交通警察队。

　　交通监理制服一下子换成交通警察制服，冠琦没想到在县交通局工作近 4 年，一下子转入县公安局成为一名人民警察，这可是他退伍回扬中时渴望干的差使。冠琦穿上那身橄榄色的 83 制式警服，领子上有红领章，上衣有 4 个暗兜，上衣和大衣袖口均缝有两条黄色袖线，肩部缝有黄色布边的肩袢，警服裤子两侧均有红色裤线。

入警两年，警服更改为 89 式，这套制服取消了原来的侧红裤线，将红领章改为松枝衬托的红色盾牌领花，内有金色五角星。大檐帽增配了金黄色丝编装饰带。

"我们监理股陆上监理是以整体建制迁入交警队的。"

冠琦记得入警第二年，扬中城区单独成立交警中队，队长去苏州警校学习，冠琦便担任起中队临时负责人。他把中队警力分成两班进行路面巡逻执勤，用手势指挥交通。

20 世纪 80 年代，社会变化愈加迅猛，扬中肩挑手提、推独轮车的街景仿佛一夜间消失得无影无踪。仅以 1984 年与 1985 年两年统计数据比较，扬中县前一年个体运输户有车 405 辆，后一年增至 795 辆；前一年县运输公司独立经营农村公共汽车站有客车 16 辆，县汽车站有客车 13 辆，后一年两车站共有客车 32 辆。

县交警队成立后，公安局在三茅大桥建起了第一座圆形砖木交通岗亭，配备了扩音器，随后相继在城区汽车站等多个交叉路口建起铁皮、木质临时检查站。几年后，县公安局为城区交警中队购买了 13 辆警用摩托车，大大提高了工作效率。

面对车流滚滚、交通事故频发的严峻态势，县公安局交警队当年提出这样的口号："大干四十天，瘦掉四斤肉，不死一个人！"冠琦和同事放弃节假日压事故，不论白天晚上，不论天气好坏，查处超速超载、强行超车、乱停乱放、无证无照驾驶违法违章行为。

1993 年，朱冠琦夫妇带儿子游览镇江金山公园

一个地区交通文明的习惯怎样形成？有人调侃说是罚出来的。

冠琦当交警那些年，上级部署下来的交通专项治理活动从来没间断过，比如针对货运三轮擅自改装、货运三轮违章载客、城区车辆乱停乱放、机动车辆逆行、城区商铺随意搭建妨碍交通，等等。交警处罚违章少不了扣车、扣本、罚款，甚至对抗拒执法的违章者采取行政拘留手段。

1992年，国务院批转公安部"评定授予人民警察警衔实施办法的通知"。同年7月1日，第七届全国人大常委会表决通过了《中华人民共和国人民警察警衔条例（草案）》。时隔9个月，扬中县公安局于1993年4月12日首次举行人民警察授衔仪式，冠琦与42人同时被授予二级警司警衔。

"只要你一处罚，就有人找来，或打电话说情。"

冠琦当了交警，一如既往地尽职履责，执法一丝不苟。扬中沿袭着传统遗留下来的人情世故，讲究乡里乡亲乡情、讲究人缘关系，讲情比讲法重要，讲面子比讲规章重要。冠琦是个讲原则的人，不论谁来讲情，违章就是违章，容不得私自放松对违章行为的查处，他为此得罪了不少人。

七

冠琦在江西当武警有过持枪值守看守所的经历。因工作需要，县公安局领导安排冠琦到县看守所工作，冠琦以"服从命令为天职"，欣然从命。他调到看守所当管教，管理劳动工厂的犯人。见所里有辆吉普车没人会开，有着熟练驾驶技术的他经常驾车接送羁押人员，或外出公干。到看守所工作几个月后，扬中撤县建市，县公安局改为市公安局。

冠琦在市公安局看守所工作期间，工作上多次受到省公安厅监管处领导的肯定和表扬。之后被领导调派前往刑警大队工作。当刑警，这可是他退伍归来梦寐以求的心愿。辗转11年，谁能想到命运竟上演了如此这般的戏剧变化，他内心高兴得不得了，但又忐忑不安地扪心自问，"你不是刑侦专业出身，你半路出家，你年龄也老大不小，你干刑警什么都不懂，你行吗?!"

初入刑警，他根本不知道刑事侦查程序、勘查现场技术和窍门，不知道法律文书如何写。然而，愈挫愈勇是冠琦性格成长中最鲜明的特色，是他的立身之本。他挑灯苦读，遍阅刑法、刑事诉讼法、治安条例等各种涉及刑事法律司法解释以及相关案例报道，虚心请教刑警同事办案技能，参加公安专科函授自学考试。后被选送赴中国刑警学院侦查系进修一年。他十分珍惜这样的学习机会，就学期间，聚精会神地聆听每一堂课，力争一字不落地做笔记，写满几大本。

"只要嫌疑人进入我的视线，他就逃不掉"，冠琦这话可不是吹牛。

2003年5月，非典疫情（SARS）期间，扬中警方破获一桩系列盗窃团伙案，其他几名作案成员悉数到案，唯独主犯负案在逃。获悉主犯潜回安徽省广德县的信息，追捕组追击到广德县将其擒获。在押往当地派出所院内时，该犯翻墙脱逃。展开第二次抓捕时，领导派冠琦等人连夜奔赴广德县，在当地警方协助下，抓捕组从一条山路抄近路悄悄地摸到嫌犯居住地点。

冠琦轻捷地爬上院子围墙旁的一棵大树，从树干跃上围墙，跳进院子，悄悄打开院门，让院外同事进入院门。嫌犯听到动静，冠琦与同事迅疾冲进屋扑上前，用手铐铐住嫌疑人壮实的双手，擒获过程干净利索。审讯时得知，嫌疑人也曾在部队服过役，体能尚佳。

一名拾荒者在江堤外滩发现一颗死者头颅，这桩命名为"4.19"杀人案的重大刑事案件被扬中公安立案，随着侦查工作的逐步深入，作案嫌疑人身份明晰。抓捕当晚，天空雷鸣电闪，冠琦与同事冒着倾盆大雨伏击守候，将这名作案嫌疑人抓捕归案。

冠琦有过彻夜驾车上千公里奔赴山东德州、河北石家庄侦办案件的体验，记得困倦袭身，不得不用手狠掐大腿以保持清醒；有过愁苦案件线索中断，不得不绞尽脑汁重新梳理案情的体验。举凡抓捕杀人、抢劫、强奸、盗窃嫌疑人；擒获涉黑团伙嫌疑人；每每终结侦查、拘捕、预审、完成侦查报告等各项程序，冠琦虽极度疲惫，却感到充实、自信，庆幸自己未辱使命。

父亲酷爱文字的良好习性早就潜移默化地浸入冠琦身心。他也爱看书、爱看报纸，床头总放着本字典，时常写点随笔札记。当交警，他记录难忘的见闻与经历，形成文字，投稿给《镇江日报》和《京江晚报》刊用；当刑警，他将一些办案经历和体验用文字记录下来，先后写成六七篇稿件，这些稿件经由扬中广播电台播出，又分别刊登在《扬中日报》《镇江日报》《江苏法制报》的版面上。

2004年入夏，一篇标题为《芦滩命案侦破记》的长篇纪实报告刊登在当地媒体的版面上，引起社会公众广泛关注，这篇报道以刑警日记体例细致讲述了扬中警方如何成功破获一起案情扑朔迷离的杀人案件，作者署名朱冠琦。

亲身参与执法办案，有那么多精彩瞬间、那么多深切体验，冠琦目睹并亲身经历警察如何与罪犯斗智斗勇，决定用自己手中的笔，记录下那些不为人知、惊心动魄的破案历程。在报刊编辑、记者、读者的鼓励下，他激发出极大的愉悦感和自信心，笔耕不辍，万万没想到自己写就的侦破类纪实文字，不但开辟了扬中警方的纪实文章先河，还引出转换命运的另一个契机。

八

那天早上，冠琦正准备参加刑警大队重案中队晨会，手机上显示一条短信，"请你到我办公室来。"这条短信是时任扬中市公安局局长张耘田发来的。冠琦连看两遍短信，猜想局长是不是要他汇报案件上的什么事。

走进局长办公室，冠琦见局长正在用抹布擦拭办公桌，局长请他坐下，要跟他商量一件事，说市公安局要办一张公安报，提升公安形象。冠琦当时心里"咯噔"一下，很意外。想着自己干刑警已进入第八个年头，从没做过内勤事务，也没整过材料，顶多写点心得体会，投几篇稿件，要我办报？办报！

回到刑警大队办公室，冠琦脑子里乱成一团。

要说干刑警久了，若换个部门，他想过去经侦大队干干，怎么突然来了这份差使，这不又成了半路出家了吗？局里没有谁办过报纸，连个引路人都没有。他接连两个晚上失眠，为这事在床上"翻烙饼"。

1987 年 11 月，朱冠琦（左）与战友在扬中县公安局门前留影

几天后，市公安局党委委员、政治处刘主任找到刑警大队大队长，说经党委研究决定，调朱冠琦到政治处搞宣传。冠琦见到政治处主任，壮着胆子嘟囔一句，"我服从组织安排"。但心里十分担心，怕是搞不好。

2005 年 3 月，45 岁的朱冠琦从刑警大队调到政治处宣传科任科员，筹办扬中公安报任主编。冠琦思忖，这可是自己这辈子应下的最大挑战——办报——这项极其陌生的工作得完完全全从零开始，时间紧迫，压力巨大，他吃不香，睡不着，想到自己连电脑打字都不利索，小时候又没学过拼音，真是急人！

冠琦每天抱回一堆堆报纸，有当地日报、晚报，还有人民日报、人民公安报以及能找得到的各类报纸，就算把张张报纸翻看无数遍，哪儿是办报的门道？光凭看，能看出个啥来?!

办报 ABC 要学标题、肩题、副题、小标题、栏目、导语、校对；要学版式、图片安排、字体大小、标点符号、分栏、栏线、装饰；要学主题设计、视觉需求、造型要素、形式原则；等等，这门道儿太深。

冠琦想方设法联系上扬中日报的记者、编辑和当地的语文老师，抓住各种机会向他们求教，并自费进五笔字型打字班学习字根表、键盘指法输入。

最最紧迫的是，报纸预定当年 5 月出版，距出报日期只有一个多月时间准备。为此，局党委为筹备办报大开绿灯，允许冠琦参加局党委工作会议，允许他向局属各部门、各单位了解工作开展及进程，允许他采访领导和先进典型人物。为了如期出报，冠琦每天掌灯研习、通宵达旦，忙着摘录好词、好句、好标题，忙着练习打字，忙着设计栏目，忙着写稿做标题，甚至忙得忘了上厕所。妻子见丈夫忙得可怜，凌晨不睡，看在眼里，疼在心里。

2005 年 5 月 8 日，扬中公安报面世，在这张四开二版铜版彩印的报纸上，局长在发刊词中回顾扬中公安成立近 60 年的历程时写道："《扬中公安》今天正式编印发行了。这是扬中公安史上的一件大事，也是我市全部公安工作的重要组成部分。"

《扬中公安报》每月一期，向市委、市政府、人大代表、政协委员及诸多机关单位及村一级领导、厂企负责人馈赠分发。别看这份小报，"主编"一人不仅行使记者、编辑、二审、三审、校对等全部流程的各环节职责，还管着排版、监制、发行等所有繁重事项，可谓全流程全职担当。

只有妻子最了解丈夫经历了怎样的艰辛历程：忐忑不安、坐卧不宁、竭尽全力。冠琦不会忘记每期报纸刊出，他怀抱散发墨香的报纸分送局党委各个领导、局机关各科所队室，逐层爬楼、逐屋递送；不会忘记将 900 份报纸逐一装入馈赠单位的信封寄发，焦急地等候方方面面的反馈信息。

《扬中公安报》，或为全社会了解公安的一扇窗户，或为公安干警受到教育和启迪的一部教材，或为搭在公安与百姓、领导与部属、干警与干警之间的一个平台。

《扬中公安报》刊出第 100 期时，刊出文字总计近百万字，刊出数千篇文章和图片。自百期之后，这份报纸变为每月出版两期。如今，这份报纸创办已进入第 13 个年头，出版近 200 期。这份报纸的主编已经得到当地媒体行内从业者和社会各界的认可和称道。

　　掐指算来，冠琦调入政治处负责宣传 13 年，他撰写、编辑的稿件近万篇，其中有数百篇稿件被中央级新闻媒体采用，数千篇稿件被省级、地市级等新闻媒体采用。

　　事实上，冠琦在政治处的工作并非仅限于"主编"，他还负责市公安局对外刊发稿件，包括宣传市公安局中心工作、专项行动以及典型人物。他报道过市公安局的全国优秀人民警察、全省岗位标兵典型、公安部挂牌督办和省公安厅挂牌督办的专案，报道过"民意警务""大巡防""公安文化建设""公安微警务""执法公开"等经验做法。

　　扬中公安对外的宣传力度让当地干部、百姓越来越多地了解到公安机关的工作成绩、工作艰辛和工作流程，感受到公安民警为建设文明、平安、和谐的社会秩序所做出的牺牲和奉献。

　　相濡以沫几十年的妻子看到丈夫操劳这些年，熬得两鬓染霜，读报时需用放大镜细看，别有一番滋味在心头。她还记得与他最初相识时，经过一段接触，她就认定眼前这个衣着朴素的英俊小伙子是个孝顺长辈、忠厚诚实的好青年，值得她终生依靠。

　　最让妻子感叹的是，"这把年纪，干公安新闻宣传那么辛苦，他一句怨言也没有讲过"。

狂风激浪添怒势　沧海疑空万山平

——记扬中市公安局副局长、二等功获得者童国际

人物档案：

　　童国际，男，1974年2月出生，汉族，中共党员，本科文化，1994年参加公安工作，二级警督警衔。现任江苏省扬中市公安局党委委员、副局长。

2014年6月，童国际被江苏省公安厅记个人二等功

　　任职刑侦大队大队长和分管刑侦工作期间，先后组织、指挥、参与侦破公安部、江苏省公安厅挂牌督办的"2013.6.17"特大电信诈骗案，公安部、江苏省公安厅挂牌督办的"2014.3.17"非法买卖枪支弹药案，公安部、最高人民检察院挂牌督办的"2016.8.22"网络诈骗案等一批有重大影响的案件。先后被江苏省公安厅记个人二等功3次，被镇江市公安局、扬中市政府记个人三等功8次，荣获"江苏省公安系统先进个人""江苏省青年岗位能手""镇江市新长征突击手""镇江市杰出青年岗位能手""扬中市十大杰出青年""扬中十佳青年卫士"等荣誉称号。

在父亲年轻的那个时代，每当人们唱起《国际歌》，最后那句"英特纳雄耐尔一定要实现"总令人热血沸腾。唱这首歌，总是在特别庄重、神圣的时刻和场合。

家人给他起名叫"国际"，融入了对这首歌的感受。

——

从村里小学毕业，童国际升入八桥中学上初中。

从1980年开始，扬中全县初、高中学制逐步恢复为"三、三"制，即初三学制三年，高中学制三年。1986年，全县初中新生入校，童国际成为全县13 042名初中在校学生中的一员。

童国际入校当年，扬中县委、县政府在校园操场东侧建起"会师合编纪念碑"。

汉白玉碑座雕刻着精美、简洁的图案——两支83式长枪交汇处绽放着一朵五瓣菊花，碑座上竖立着一块长方形青灰色花岗碑石，碑石正面镌刻着"会师合编纪念碑"7个端庄醒目的黑色大字，碑石背面简要记载着一段历史。几株茂盛的白玉兰树依偎着这座纪念碑。

1939年10月下旬，以叶飞为司令员的江南人民抗日义勇军来到扬中整训。不久，以管文蔚为司令员的江南抗日义勇军挺进纵队也来到这里，两支部队会师合编为新四军挺进纵队，管文蔚任司令员，叶飞任副司令员。为纪念这一重要的革命史事件，这里建成了爱国主义教育基地。

童国际从八桥中学考入扬中县中学上高中那年，扬中全县拥有10所完全中学。完全中学是指那些既有初级中学学段又有高级中学学段的学校。童国际进入这所学校读高中这年，全县高中在校学生总人数达到2613人。相对于1985年全县人口统计总数的260 794人，这一年高中学生人数仅为当年全县总人口的1%。

八桥镇距扬中县中学十几公里，骑车要一个多小时。

学生入学住校，白日上课，晚上由生活老师负责学生宿舍的管理。学生逢周末回家，返校时要把下一周在学校食堂用餐的米背到学校。与童国际同一年考入这所学校的学生人数组成6个班，而全校在校学生逾千人，他记得当年这所学校学生食堂的菜价是5角钱，一日三餐在学校吃，一周的生活费仅用10元。

1992年4月，高三学生童国际刚刚度过18周岁生日不久。距全国高考不及3个月，学校备考气氛紧张，童国际专攻难题，下了很大气力，如果考试题目难度大，他心里并不很怕，但忽视了基础知识。

高考成绩未达到大专录取线，他在先前填写高考志愿时，曾在本科一栏里填写了服装设计的几所院校，而在中等专科志愿栏里只填写了江苏省人民警察学校。

二

江苏省人民警察学校提前招生。

童国际接到一纸通知，要他前往镇江市公安局接受面试。高中毕业之前，他从没去过镇江，顶多有过几次"蹭"船过江的经历，那是从扬中栏杆桥渡口坐船到江对岸的圌山去玩。

圌山一峰突兀，五峰并列，海拔仅 208.7 米，其山势雄峙大江，历史上为重要关隘，宋代名将韩世忠曾在此驻守。这里西距镇江 36 公里。

2015 年 3 月 18 日，童国际（右一）接受法制日报高级记者杜萌（中）、镇江市公安局政治部宣传处副处长张杰（右二）采访并合影留念

不曾预想当警察的童国际，乘车、乘船过江，走进老城区那个不大的院落，满心好奇地寻到镇江市公安局所在，步入那幢老旧的办公楼，看到有先到的人正在等候面试，又看到一位身着警服的人坐在那里忙碌，像是个负责的，他身前的桌子上摆着杯子却顾不上喝水。童国际提起地上的暖瓶，找到开水房打满水，上前为这位警官的杯子里加满开水，那名警官扭过头来问他叫什么名字，然后对他说"你好了，就回去吧"。

没想当警察的童国际这样通过了面试。

时隔一个月，他接到入校报到通知，在既定日期背上行囊去南京报到。临行前，外婆把自己压箱底的几百元钱全拿出来，用那双满是皱纹的手郑重地把钱塞到外孙手里，老人家眼里满是慈爱的笑意。

江苏省人民警察学校前身是创办于 1949 年的南京市公安学校。1953 年更名为江苏省公安学校。1982 年成立江苏省人民警察学校。

新生入校是学校一年一度喜庆欢乐的日子。

江苏省人民警察学校龙潭校区彩旗飘舞、鲜花竞放。

童国际走进校区院门，在往届学友的热情帮助下顺利办妥入校手续，走进宿舍，与同屋上下铺的同窗们互相熟悉，彼此陌生的年轻人几乎在一瞬间就熟悉得像老朋友一样相处。

入校后，童国际认出那位在镇江市公安局面试时遇到的警官，原来他是这所警校的一名教师。童国际一直对面试际遇心有不解，怎么倒杯开水就通过面试了呢？这位老师见这个新入校的学生满脸疑惑地询问，笑着对他说，"没人给我打水喝啊"。

三

龙潭远离南京市区，门对面就是镇江句容。

校园外墙紧邻一所监狱和一座水泥厂，水泥厂大烟囱整天冒着浓烟。与童国际一同考入这所学校的扬中同学看到龙潭校区的设施与环境，觉得高中母校的学习与生活条件实在是太好了。

童国际分到治安管理专业。

尽管当时 89 式警服已经启用，取消了 87 式警裤侧面嵌缝的红裤线，但这所学校 1992 年入校学生下发的警服仍是 87 式。童国际记得他领取的那条警裤两侧嵌缝着醒目红色的裤线。

这一年警校新生入校之际，恰逢公安部为贯彻执行《中华人民共和国人民警察警衔条例》和《国务院批转公安部评定授予人民警察警衔实施办法的通知》，将授予警衔命令的时间统一规定为 1992 年 9 月 1 日。

警校学生学习《中华人民共和国人民警察警衔条例》获知，人民警察自此设有警员、警司、警督、警监、总警监（副总警监）共五等十三级警衔。人们可依警衔区分警察等级，示明警察身份称号、标志以及国家给予警察的荣誉。同年 9 月 12 日，国务院发布了《人民警察警衔标志式样和佩带办法》，警校学生们兴高采烈地争相学辨警衔肩牌上的"杠""豆"标识。

童国际与 8 名同学住在同一间宿舍。

巧得是，这 8 名同窗中 4 人家在苏北，4 人家在苏南，只要话题涉及评价苏北或苏南地域，宿舍里立时分为两派，苏北老乡抱团发声，苏南老乡抱团发声，双方针锋相对。这时，往往就由童国际来调停。童国际少年时就有这本事，更由于他被苏南帮、苏北帮公认是苏中人，身处苏北和苏南的中间地带——长江孤岛——扬中。

入学第一个春节，正是学校放寒假之时，童国际返回扬中，外婆中风卧床，他守在床边伺候，端水端饭。春节过后开学，童国际返校上课，虽然事先心里有所准备，但总怀着往好处想的希冀，完全没有料到外婆会猝然去世。

"外婆去世那天是我的生日。"

19 岁的他从此更加笃定志向，要让外婆牵挂他的心愿能够完完全全地放下，绝不让她老人家在天堂里操心自己的未来。

队列、体能、技击、射击、法律知识、去镇江水上派出所实习。

童国际学习成绩出色，获得校方颁发的一等奖学金。警校两年读书岁月似乎很长，却又转瞬即逝。毕业时，同窗们依依惜别，互道珍重。

四

江苏人民警察学校 94 届学生毕业前夕，国务院批准扬中撤县设市。

童国际毕业回到家乡，那时的公安局还叫县公安局，报到入职两个月后，县公安局更名为扬中市公安局。这个 20 岁的警校毕业生办妥入职手续，先去城东派出所见习。

2014 年 10 月 8 日，童国际（后排左一）参加陪同江苏省公安厅
副厅长王琦（前排中）视察扬中市公安局指挥中心活动

城东派出所受理了一起刑事案件，案情比较复杂，扬中市公安局分管刑侦工作的副局长亲自讯问涉案嫌疑人，嫌疑人是个年轻姑娘，不是本地人，她是从常州被一个扬中老板带过来的。副局长要派出所出个警员在讯问时做记录，派出所所长眼前没人，临时抓差，叫童国际上阵。

副局长办案老道，讯问时间长，问得细致，运用了许多经验技巧。童国际边听边记边琢磨，将双方的问答几乎一字不差地全部记录下来，字迹清楚，足足写满20多页笔记。这次经历大大提升了这个警校毕业生的实战经验，也让副局长对这个初来乍到的小青年印象颇佳。

不久，童国际调入市公安局巡警队。

这支巡警队是扬中撤县设市前5个月新增设的部门，算上新去的童国际，全队仅有8名民警。别看人少，巡警队承担的任务很繁重。

建国前，扬中县交通不发达。因其四面环江，交通以水路为主，无机动车辆，运输靠人推独轮车和肩挑手提。特别要提到的是，十一届三中全会召开之后，扬中经济建设的发展促动交通运输业逐渐繁荣，个体运输业蓬勃兴起，全县公路客运、周转量剧增。

早在童国际入警前3年，扬中县公安局于1991年购入警用摩托车13辆，用于"岗段巡逻"。

我国的长江750摩托车在世界上有"摩托车活化石"称谓。早在1957年12月，中国"模仿"苏联的M-72三轮摩托车成功研制出这款摩托车，随即投入大量生产装备军队。而苏联这款摩托车则模仿的是德国的宝马R71型摩托车。

长江750摩托车线条粗犷、对置双缸、水滴形油箱、横置弹簧坐垫、平直的车把、独特的发动机排气声浪，其古典造型至今仍是国内外怀旧玩家的宠物。这种摩托车车型小、耐用、机动性能不错，曾大量投放军队。

扬中县公安局巡警队购入警用摩托车第二年，上路巡逻的机动能力大大增强，共检查各类机动车13 860辆，纠正违章26 127人次，罚款132 779元，吊扣驾驶本46本。仅从上述统计数据来看，可以想象巡警队员每天上路巡查辛劳倍加。

县公安局历史档案有这样的记载：

1994年全年，扬中发生重大交通事故8起，一般事故4起，死亡8人，受伤16人。

1998年全年，扬中发生重大交通事故24起，一般事故58起，较轻事故783起，死亡24人，受伤387人。

　　自1994年8月至1998年3月，童国际在巡警队当民警之时，恰恰赶上省公安厅下达执行的交通执勤指标量化制度，扬中巡警队采用弹性工作制，根据季节、天气、早晚、特殊天象调整方案，重点查处超速超载、强行超车、乱停乱放、无证照驾驶等各类违章行为。

　　回想那段时光，身穿警服，驾驶着长江750警用摩托车，巡视公路，处理交通违章，一加油门，喷气管"蓬蓬"震响，真是好威武、好风光。可没日没夜地开展突击整治、专项整治，若不是年轻气盛，恐怕不大吃得消呢。巡警队作为一警多能的新型警种，当年除了路面管理，还主动办理各类刑事案件、治安案件。

<h2 style="text-align:center">五</h2>

　　童国际在巡警队既要上路巡逻又要办理案件，还兼做内勤工作，由此开始积累在基层从警的工作经验。没多久，市公安局给巡警队配发了一辆面包车，他心里涌动着激动不已的念头——开汽车。

　　为了能尽早开上汽车，他终于争取到公派学驾驶的机会，自己联系驾校去学驾驶技术。要知道，这个名额来之不易，须经市公安局党委开会批准。而全局名额极为有限，能被批准单位公派学开汽车，意味着被批准人一定表现出色，有资格入选。

**2013年3月29日，在全市公安机关绩效推进会上，
党委委员、刑侦大队大队长童国际代表刑侦部门发言**

　　正值青春似火、朝气蓬勃的好年华，除学习驾驶技术之外，童国际在警

务技能上不落人后，他参加 25 米手枪射击比赛，站稳身体，手臂平伸，紧握 54 式手枪，以 5 发子弹命中 49 环的成绩名列第一，随后入选赴镇江市公安局参加射击和法律知识竞赛的选手，他在大赛中赢得第一名，为自己和单位争得了荣誉。

1997 年 6 月 20 日，国务院发布并施行《公安机关督察条例》，警察队伍因新制度诞生新增了一个警种——督察。次年 3 月，扬中市公安局增设警务督察队。这新设部门刚刚成立一个月，童国际从巡警队调入警务督察队。

警务督察是干啥的？

那就是依据法律法规专门管警察的警察，负责对本级公安机关所属单位和下级公安机关及其人民警察依法履行职责、行使职权和遵守纪律的情况进行监督，对上一级公安机关督察机构和本级公安机关行政首长负责。

《公安机关督察条例》仅有 18 条，看似内容不多，谁知道这差使不好干！按条例资历要求，童国际刚刚卡线——3 年以上从警经验。领导认为这小伙子政治素质、业务素质、心理素质和身体素质合格，关键是他具有较强的心理压力承受能力、自我控制能力。

六

"一开始督察警察风纪，后来深入到基层业务。"

童国际的督察同事共有 3 人，大家有着同样的顾虑。童国际曾写过两页纸的督察报告，有基层领导看完后当场从椅子上跳起来，态度激烈。童国际镇定应对，说执法若不按法律规定办，沿袭老办法，若遇到官司肯定输，让公安机关的声誉蒙羞。

随着督察工作实践经验的积累，童国际发现，督察工作不仅仅能有效监督警察依法执法，还具有保护民警不受诬陷控告的功效。依他自己担任巡警上路巡逻的已往经历来看，民警若在执法过程中遇到不服从处罚、恶意诬陷的情形，往往在特定环境条件下难以澄清真相，这就需要督察发挥保障作用，给予必要支撑，不让民警蒙受不白之冤。

督察报告一月一报，童国际与督察同事依靠局党委班子的大力支持，不畏艰难，努力拓展工作，逐渐赢得基层所队、中层领导和局领导的认可。进督察队仅仅两个月，童国际兼任了市公安局团委副书记的职务。

童国际读高中时就是学校社团活动的积极策划者和组织者。

共青团是优秀青年的群体性组织。市局党委看好这名年轻人头脑灵活、群众认可、积极活跃、组织能力强的突出特点，对他委以团委副书记之重任。

民警工作辛苦，无论刑警、治安警、户籍警、交警，无论外勤和内警，为维护社会良序承担着繁重的任务，怎样为全局年轻同事营造相互结识、轻松愉快、有益身心的健康聚会，让青春焕发出更多的光彩，童国际花费了不少心思，出了不少点子，让共青团员每个月参加一次大的组织活动，每次活动都要出简报，向全局通报活动内容和活动情况。持续不断、形式多样的组织活动，大大活跃了年轻人的精神生活，促进了年轻民警之间的友谊。

凭着公认的业绩和口碑，童国际兼任市局团委副书记3年之后，升任局团委书记，并被党委任命为市公安局纪委委员。众所周知，警务督察队属于市公安局内部的行政业务部门，而纪委则属于党组织的纪律监察部门。市公安局纪律委员比警务监察队队员的职责要求更加严格。

七

2004年初春，童国际终结了警务督察队6年的工作历练，调入市公安局道路交通巡逻警察大队。道路交通巡逻警察大队是在1997年9月由扬中市公安交通警察大队更名而来。童国际调入道路交通巡逻警察大队任秘书股股长，掌管文档材料和后勤等工作。全队80多人，几十台警用车辆，可谓兵强马壮，今非昔比。

凭借在督察队积累的阅历和经验，童国际强烈意识到这支队伍迫切需要建起良好制度。

经他悉心筹划，一整套工作制度形成文字，获得领导批准。新制度包括设定考核分值、事故责任倒查、重大事故领导到场、食堂管理、财务报销等内容，童国际为全大队上下尽快适应新制度付出了极大的努力。

一年两个月后，童国际被调到扬中市公安局八桥派出所任副教导员。随后升任所长，后又调任西来桥派出所任所长，在两个派出所任职6年多时间。

这成为他从警后以办案负责人身份接触案情并指挥破案的开端。

举凡接到报警，在摸清案情准备动手之前，童国际必先明确何时行动、何处布控、针对何人，遇情况突变如何顺势应变，哪些是关键证据必须获取，尤其不能搞错行将抓捕的作案嫌疑人。

夜深时分，长江岸边一家船厂人头攒动。

船厂两股东争执翻脸，一方要将新造好的船体拖下江，另一方坚决阻拦，双方召来数百人，众人手持斗殴器械，怒目相视，僵持胶着，一场大规模械斗一触即发。

接到报警，童国际带领几十名民警赶赴江边船厂，此刻，两个股东正站在新造好的船体上激辩对骂,双方人员剑拔弩张。童国际叮嘱民警全都留守在警车上待命,只身一人下车冲入人群,跳上船体,站到激烈对峙的两股东中间。

身穿警服的童国际豪气冲天,一手攥牢一船厂股东,拼力大吼一声,"今天要弄死多少人,你们想想!"船体下方数百人望向站在船上大吼一声的警察,喧嚣声骤然减弱。四周渐渐沉静下来,静得能听见江水、风声作响……一场看似不可避免的大规模械斗戛然而止。

八

2011年底,童国际被任命为扬中市公安局刑事侦查大队大队长,2013年,又被任命为市公安局党委委员。2016年,他工作出色,被任命为扬中市公安局副局长。

职务升迁意味着承揽更多更大的责任,而风险与责任同在。

有过惊心动魄的决策时刻,有过惊心动魄的抓捕瞬间,在一个个基层部门担任负责人的经历锤炼了他的心智、品性、毅力和勇气。

隆冬时节发生一起命案,死者是一名外地来扬中乡镇打工的妇女。有知情人告诉警方,这名妇女婚姻破裂后从外地来到扬中打工,怒气冲冲的丈夫追至扬中。她丈夫成为警方怀疑的涉案嫌疑人。命案发生在乡村,嫌疑人的身影仅在乡镇银行储蓄所门前的监控镜头中闪过。

2012年7月6日,童国际邀请扬中市人大八桥辖区代表参观派出所工作

童国际接手案情,破案难度实在太大,外地人涉嫌来扬中乡村杀了外地

人，怎么查找嫌疑人？他来扬中是在哪里下车的？他作案后人在哪里？是已经逃走了，还是尚未离开扬中？逐渐汇集的线索让童国际相信嫌疑人并未离开本地，有目击者看到嫌疑人越过港岸护栏跳入河港，冬季的河港水位较低，河滩距地面落差近 2 米，港边的接壤处露出 1 米多宽的河滩可供嫌疑人沿线逃窜行走。

　　除了他跳下去的地方，警方排查一天也没找到可疑脚印痕迹。童国际看到离嫌疑人跳下河港不远处有一涵洞，涵洞上方建有公路大转盘。嫌疑人来这里干什么，童国际脑海里突然闪过一个念头，"涵洞会不会成为嫌疑人选择的自杀地点？"

　　带着这一想法，童国际再次和技术人员对现场进行反复勘查、分析，最终决定找专业人员到涵洞中打捞。约摸 20 分钟，专业人员赶到了现场。这时，河港的两岸已经有近千名围观群众，有好奇的，亦有嘲讽的。仅用短短几分钟时间，身处水中的打捞人员站在涵洞口喊道，"有死人"。随即，一具男尸从涵洞里被缓缓拖出。围观人群发出"啊，啊"的尖叫声。

　　那是一起绑架人质案。载有嫌疑人和人质的桑塔纳轿车被两辆警车逼停在一段郊野路段上，嫌疑人绑架了一位 70 多岁的老太婆，索要 20 万元。他见无路可逃，在车里控制人质，刀架老太太颈部，情绪激动。

　　童国际下车后冲向被逼停的轿车，用手枪枪匣猛砸车窗，以为能破窗救人，哪晓得车窗玻璃丝毫无损。情形危急，他担心朝车窗开枪造成跳弹，或者伤及车内人，转而冲天鸣枪，高声怒喝。

　　车内的嫌疑人被这气势吓呆，此时车门开启了一道缝，童国际迅即扒开车门，扑上去摁住嫌疑人手持利刃的刀把。几乎同时，主管刑侦副局长孙桂林也扑向嫌疑人，老孙手攥刀刃，手掌被刀刃割破，鲜血直淌。

　　又遭遇一次绑架人质案。

　　嫌疑人被警方围堵在繁华街道一道墙旁边，他绑架了一个女孩，将刀架在女孩脖子上，四周有上百名警察及数百围观群众，人群里时有人高喊"打死他！"

　　童国际协助扬中市公安局副局长孙桂林现场指挥。孙副局长负责与嫌疑人谈判，做其思想工作；童国际负责指挥武警、特警狙击手已就位三个点位，只待他发出开枪命令。

　　时间分分秒秒地煎熬着警方的耐心，童国际脑子里飞快地转着，若开枪击毙绑架者，人质浑身溅血，恐怕这辈子难脱心理阴影，枪击后的血腥情景也会给众多围观群众留下恐怖印象。然而，不射杀嫌疑人，若其搏命杀死或杀伤人质，这样的后果势必要承担责任。

"出错我担着！"

童国际的坚韧来自他对案情分析、细致观察嫌疑人，以及对其心理的揣摩，更来自他对孙副局长谈判的信心。这场长达数小时的危机终于以狙击手荷弹未发、嫌疑人缴械投降束手就擒、人质安全获救而圆满结束。

"你没想到的我想到了，下次你要想到。"

童国际在总结重大案件抓捕行动的经验时，常会神情凝重地对办案民警说这句话。依他历次办理重特大刑事案件的体验来看，凡事必先充分把握线索，研判到位，行动方案周密，现场应对正确，方能够确保办案质量，不仅工作效率高，更节省了人力、精力、财力的付出，他希望每个参战民警都能做到。

"光凭说，听不进去。"

身为指挥员，童国际办案分配任务时，要考虑到每个队员的性格、特长、办事风格及习性，举凡重大案件预案，事先起码要列明十几页关键事项安排和部署，形成文字发到队员手上。

俗话说人算不如天算，纵然事先有周密考虑，但案情瞬息万变，安全风险再大，该出手时就得出手，而多数时刻抓捕涉案嫌疑人时没有特警后援，指挥员必身先士卒。"把后背留给战友"，如果有民警在抓捕行动中负伤甚至牺牲，这是童国际最最不想看到的。

九

2012 年，童国际带领办案民警成功侦破一起案值近 60 万元的网购诈骗案件，开启了扬中侦破电信网络诈骗第一案。此后，扬中市公安局屡破此类重特大案件，每年均有重大案件被公安部挂牌督办。

此类案件有别于恶性抢劫杀人刑事案件，不仅跨省跨地域，而且涉案嫌疑人众多，其专业领域流程和技能是办案民警十分陌生的，特别考验警方应对新型犯罪的智商和能力。

福建一偏僻小村距江苏扬中逾千里，这里草木葱茏，植被茂密，前有小河，后有山峦，进村必经一座小桥，外来人无论长相、神情、衣着、口音，当地人一望即知。这个只有 20 来户人家的小村是 4 名电信诈骗大案犯罪嫌疑人的居住之处。

童国际半夜进村出村，摸清地形及村巷家宅格局，依据已经掌握的可靠信息，知晓涉案嫌疑人家中有地道连通另一栋家宅，他把办案民警分为 8 个

2007 年 8 月 22 日，童国际（左）与八桥派出所民警左建民在登记涉案摩托车

小组。凌晨 2 时，万籁寂静，抓捕组悄悄进村。此次行动将 4 名嫌疑人中的 3 人缉拿归案。

　　一名男子持枪在长江岸边打鸟，警方接到举报擒获这名男子，现场缴获 ZL2011A 型仿真枪支 1 支。这名男子告诉警方，他通过互联网购买了这支以弹簧形成压缩气体为动力的枪支及子弹，经物证鉴定，该枪支对人体具有致伤力。

　　起初，这仅仅是一起由派出所查办的普通非法携带枪支的治安案件。

　　身为刑侦大队长的童国际没有放过案情中隐藏的线索，他细心研判枪源所在，指挥办案人员紧追不舍，挖出涉案嫌疑人通过数十笔网购交易购买仿真枪支的纵深案情，线索涉及江苏、黑龙江、重庆、上海、广东等十余省市的数十个地区的数百人。

　　扬中市局为此成立专案组，授命童国际直接指挥，他明确提出"抓人缴枪、找厂捣库、搜查扣押、调查取证"四同步的工作要求，亲自排兵布阵，制订、推演方案，精心部署刑事侦查、技术侦查、网络侦查民警高效合成作战，细化落实收网行动每一个具体环节。

　　该案在广东、上海、浙江、江苏四省等地全面收网时，扬中警方专案组摧毁了位于深圳的一家地下枪支加工厂，现场收缴仿真枪 68 支，铅弹 250 发，BB 弹数百枚，玻璃弹 1000 枚，霰弹 40 枚，警方赴各地共抓获涉案人员 20 人。

当详细案情被新闻媒体以《一支打鸟气枪牵出"黑枪"大案》为标题的长篇报道披露后，公安部副部长黄明就此报道作出批示，"江苏扬中这起枪案办得很漂亮，打得主动、打得彻底，请治安局、刑侦局注意总结表彰"。

<h1 style="text-align:center">十</h1>

"刑侦办案与派出所办案不同，案情再复杂也得解决，没有谁可推托。"

就任刑侦大队长的童国际在这个职位上积聚了诸多体验，这句话点明事实，也表明他的个人体验。在办理重大案情的分分秒秒中，一个优秀指挥员不能有半点鲁莽和不冷静。他知难迎战，绝不退缩，最看重的是扎扎实实做好行动前的周密预案。

年年岁岁，刑事案件高发的严峻态势总有一起又一起重大案情考验着童国际。

擒获绑架劫持人质案、恶性杀人案犯罪嫌疑人；侦破公安部专案、督办要案、挂牌大案；侦破跨区域贩毒案、网购诈骗案、电信诈骗专案；抓获公安部A级逃犯……

2013年，扬中一家企业被骗500万元。童国际带队赴广州，目标是要抓捕一名涉案关键人员，摸排了一个多月没抓到人。直到确认目标就在一栋住宅楼里。那天前去抓捕时，身穿便衣的童国际刚刚走到楼道口，看到一男子从楼梯下来，另一年轻女子走出电梯，男子手里抓着一把奔驰车钥匙，两人同时到楼梯口却互不相看。童国际瞬间疑心，立即挡下两人。那串奔驰车钥匙泄漏出两名嫌疑人。

通过对嫌疑人的审查，一起利用互联网软件远程控制他人手机，发送诈骗短信的新型犯罪案情显露出在公民手机中植入恶意代码程序进行非法牟利的灰色产业链。这起严重危害国家通信信息安全和公民个人权益的犯罪引起了公安部的高度警惕，并为此成立了专案总指挥部。

接着，江苏省公安厅成立专案指挥部，镇江市公安局成立专案组，扬中市局成立前线指挥部。这起特大电信诈骗案涉及全国数十家公司，违法犯罪发生地集中在广东、浙江、上海、福建等地，涉案人员遍及全国十余省市，办案难度大，工作量大。

童国际自己制订抓捕方案，抓捕前连夜写出关于该案作案过程的分析思考，帮助参战民警掌控抓捕、取证的关键环节和要求。在全国收网大行动中，他既当一线指挥员，又当一线侦查员。历经近半年马不停蹄地辗转奔波，圆满地完成了既定侦办抓捕任务。

　　抓捕犯罪嫌疑人到案后，童国际阅看全部审查材料，对应涉案的关键电子证据、书证认真研究，与专业技术人员进行探讨，面对多家公司的数百名涉案嫌疑人，有设计程序的，有谈业务的，有业务主管，有幕后操纵的，他需要对应刑事诉讼法律的构罪要件，分清哪些人涉罪，哪些人不涉罪，哪些人罪轻，哪些人罪重，提出分层次处置的明确方案。

　　时隔不久，扬中警方在公安部及省市公安机关的协调指导下，侦破了"第三方支付平台为诈骗团伙洗钱案"，犯罪嫌疑人使用高科技手段实施网络诈骗，利用QQ建群联络作案，涉案人员多，涉案金额大。

　　扬中警方再历经半年之久的辛劳，抓获犯罪嫌疑人38名，侦破案件3519起，摧毁用于结算的第四方支付平台3个，打掉为犯罪团伙非法提供接口并帮助处理投诉的第三方支付公司1个，查及非法接口32个，涉案金额2042.9万元。

　　嗣后，公安部要求将扬中典型案例的成功经验作为全国公安机关打击该类型案件的范本。童国际通过自己在一线指挥打击通信网络诈骗案件积累的经验，总结提炼出侦破通信网络诈骗案件"实、合、快、串、治"五字战法，即思想认识上坚持"实"字，侦查措施上体现"合"字，工作节奏上突出"快"字，实施抓捕上用好"治"字，审查突破上注重"串"字。这一工作法被镇江市公安局、江苏省公安厅推广应用。

　　回顾自己从警22年走过的路，童国际相信成功人生的这一信条："做什么事，认认真真去努力"。都说司法考试题目一年难过一年，即使是全日制法律本科生也不敢随意放话能过司法考试，童国际日常领导工作及办案日程十分紧张，他忙里偷闲，潜心复习司法考试习题。

　　"4个月的努力，我通过了全国司法考试。"

　　年逾不惑之年的童国际一考过关，算是完成了自己内心一个由来已久的心愿，这是属于自己内心认可的荣耀。

莫听浊浪拍堤石　迎风吟啸疾步行

——记扬中市公安局网络安全保卫大队大队长、二等功获得者马万军

人物档案：

　　马万军，男，1970年9月出生，中共党员，汉族，大学本科文化，二级警督警衔。现任江苏省扬中市公安局网络安全保卫大队大队长。从警以来，先后参与侦破公安部挂牌督办的"6.17"特大电信诈骗案，"3.17"特大网络贩卖枪支弹药案，"扬中市第三方支付平台为诈骗团伙洗钱案"，"10.10"利用网络开设赌场案等一批有影响的案件。因成绩显著和突出贡献，先后荣立个人二等功1次，三等功4次，受嘉奖9次，获得"全省公安科技工作先进个人"等荣誉称号。

2014年6月，马万军被江苏省公安厅记个人二等功

　　顽皮小子、理科状元、工科男、党校教师、民企干部、警察——他的履历可如是勾勒。

　　出生在扬中三茅镇一农家，母亲给儿子起名"万军"，既借丈夫姓氏，又借古文自右向左之序，藏头"千"字，俨然组成四字成语"千军万马"。

母亲聪明，心气高，这名字起得好气派。

一

母亲自有精明过人之处，村民认可。要不，哪能担当村支书一职。

母亲读完初中，毕业回乡，她识文断字，头脑清晰，处事果断，耐苦耐劳，在同龄人里算是有文化、高学历之材。父亲识字不多，却是善良、勤勉、节俭的一个男人。

扬中有三宝，竹子、柳条、芦苇。

芦苇是多年水生或湿生的高大禾草，生长在江滩、河边、沟渠、沼泽地，芦苇茎秆直立，植株高大，茎秆坚韧。

扬中老辈儿传下竹编、柳编和苇编的手艺，无论由其制作生产工具、建房材料、生活用品，家家都少不了。扬中农家男人为养家糊口，在种田劳碌之余，代代传承着这些手艺，父亲擅长苇编，在贫穷的日子里，父亲入夜劳碌编苇的身影深深印在小万军的记忆中。

编苇人都知道，割芦苇要择季择时，收获过早，芦苇秆含水量大，运输时容易折，堆放容易发霉变质；收获过晚，易发生火灾。父亲割苇起早贪黑，下手苇编时，他用硬木尺子等好几样工具，选好一根根芦苇，铲掉劈开芦苇篾上面的苇皮，将芦苇劈成细片。

好苇席平整、不凹席心、不翘角，若芦苇篾片粗细不匀，宽窄不均，编织出的苇席卖相就不好。父亲编苇席又快又好，他双手粗糙、厚实，遍布着硬邦邦的老茧。在孩子眼里，父亲编席简直就像变戏法儿。

马万军弟弟小他3岁，父亲对大儿子未来的筹划是，高中念完回家务农，就算学做篾活儿，日子也不会差到哪儿去，农家孩子不都这样长大的吗？

母亲可不这么想。

小万军淘气，虽不属于那种在外惹是生非的孩子，却因好奇琢磨、性喜动手，拆损家中不少物件，为这个没少挨打。那年头，挂钟可是家家值得炫耀的摆设，价格不菲，小万军趁父母不在家，拆开家里挂钟，看看齿轮到底怎么驱动大小时针。岂知拆时容易，照原样安装可就极其不易了。这"败家行为"把好好一个挂钟弄毁了，他躲不过父亲的一顿怒揍。

父母早出晚归挣工分、种稻种麦、筑坝挖渠、割稻收麦、抗洪排水、修路建桥，还要经营自家的田地和菜园，还要养羊养鸡喂猪。哪个农家娃少不了帮家里干活。小时候干轻活儿，长大了干重活儿。为了过上好日子，父亲没日没夜地劳作，儿子眼里的父亲不知劳累、勤劳无比。

小万军一心帮父母减轻辛劳，能干啥就多干啥，不惜气力。

农村中小学校每年要放农忙假。那时节，大孩子小孩子都放假回家，帮家里干活儿。农家娃年少时养成耐苦耐劳、坚韧不拔的秉性和习惯，长大成人，他们多葆有惜物惜福的好品性。

二

拆挂钟，小万军真的是想看看里面到底是啥玩意儿。

要说一个小孩儿能把挂钟拆个七零八落，多少也算个本事。其实，熟悉马万军的小伙伴们都知道，他可是个了不起的同伴呢！

小伙伴们结伴跑进镇上的商店，专看玩具过眼瘾。柜台里、货架上摆着铁皮枪、塑料枪，上弦铁皮青蛙、铁皮汽车、火车、飞机，还有昂贵的小游戏机，有孩子把鼻子顶在柜台玻璃上瞅啊瞅，踮脚伸脖朝货架上望啊望，没有哪个农家父母肯掏钱给自家孩子买玩具。

小万军被小伙伴视为能人可不是乱讲。

2013年9月11日，各级领导现场参观"2013.6.17"专案
电子侦查实验，马万军（台前右一）正在实验演示

他找块木头片，就能吭哧吭哧地抠出个枪样，把在手里耀武扬威；他能用铁丝窝出一个弹簧枪，再套上橡皮筋，崩出纸叠的"子弹"；他能用木片粘成个小船；他能用硬纸壳板做个小小飞行器；他还织过渔网。

商店里的玩具更新换代越来越快，孩童手工制作做出的东西毕竟粗糙、难看、功能太少，哪里比得过工业生产线上制出的玩具那么漂亮、功能那么多。一种新式塑料枪摆上商店玩具货架，消息迅速在男孩子们中传开，成为一时令人啧啧谈论的艳羡之物。

小万军极想拥有那支玩具枪，闻知价格，心里有了一番盘算。

若向父母要钱买那支玩具枪，想都甭想。钱讨不来，还会挨顿戗。他打定主意，等待机会。春节临近，扬中过年习俗家家门上要贴对联，还要刻旌纸（红纸），将"福禄寿财"等吉利字样刻好，张贴在门头上。

刻旌纸能卖钱。

小万军买来大红纸，裁好大小，三张为一版，打上字样，用刻刀镂刻。他埋头刻字，不顾手指用力的疼痛，将刻好的旌纸一张张卖出，攒够了买玩具枪的钱。

卖玩具枪的那家大商店远在离家4公里开外的三茅镇上，那可是铺面商店最集中的地方。

小万军揣着辛苦挣来的钱，激动又兴奋，一路跑跑颠颠，冲进卖玩具枪的那家商店，他小心翼翼地掏出衣兜里的钱，恭恭敬敬地递给售货员，接过那支能打长杆橡皮粘头的枪，小胸膛里"嘭嘭嘭"一阵乱响。

枪，拿在手里，小万军翻来覆去地细看——漂亮的外形、漂亮的颜色，拉栓上弹、扣动扳机，射出长杆橡皮粘头的子弹，那声音真是迷人。

从商店回家，小万军一路装弹一路击发，愣是用一枪枪的射程丈量了返家的路程。

哪知道快进家门，这把枪累出了毛病。他进家门拆枪检查，看看毛病出在哪儿。要说这玩具枪毕竟比不得挂钟结构复杂。再说，小万军好歹也是知名小工匠，这枪里面的构造不就是齿轮传动加弹簧结构吗？

玩具枪，终于在小万军的手里被鼓捣好了。

三

马万军家住长江边的兴华村，这里距长江江岸仅一里地。

缘于村民祖上多是来自四面八方的渔民，邻里相互间交流少、矛盾多，其实人们内心仍存有和谐相处的祈愿。

20世纪70年代，扬中水利设施落后，暴雨洪涝袭来，只见风狂雨骤、江流湍激、内涝积水、堤岸泻坍。马万军年纪幼小，不知父母多少次投身到全县近10万人固堤抢险、排涝抗灾、挖渠修闸的抢险行动中。

远在小万军出生前，扬中村村办有初级小学或完全小学，小万军在本村学校读完小学六年级，升入距家近4公里外的三茅镇群英中学上初中。再转至扬中市城镇中学读高中。

　　马万军上高中时，扬中竹业的衰败迹象已露端倪。

　　大力普及的农村机械化替换了传统竹制生产工具，农村村民用地和非农建设用地急剧增加，成片竹园被毁。建筑材料的更新动摇了昔日竹子占据的主导地位，廉价物美的塑料制品硬是将曾经在人们日常生活中必不可少的竹制用品挤出了家家户户。

　　母亲对儿子的聪慧自有判断，凭着她对社会经济发展的理解和信息搜集，凭着儿子学习成绩一向不错，她鼓励儿子高中毕业考大学。考上大学，这对孩子未来命运的走向和改善这个家庭的状况无疑是大好事。

　　进入高中，马万军显露出缜密思维的特性，理科成绩尤为出众。高考成绩张榜，他成为高中那届学生的理科状元，被河海大学录取。高考结束仅1个月，全国第三届大学生运动会在南京五台山体育场举行。这时，收到录取通知的马万军可谓跻身全国大学生之列。

　　马万军背着行囊乘渡轮过长江，乘长途车再转乘公交车前往省城南京。坐落在南京市的河海大学距家乡扬中121公里，这个长江边上长大的年轻人从来没去过那个陌生的地方。

2015 年 5 月 25 日，马万军（左二）和队友组成的镇江参赛队
获全省电子取证业务比赛第三名，参赛队获集体三等功

　　河海大学创办于1915年，这是一所以水利为特色、工科为主的河海工程专门学校，有着中国第一所培养水利人才高等学府之誉。早在1960年，这所学校被认定为全国重点高校。就在马万军入校 3 年前，这所学校恢复了传统校名"河海大学"，邓小平同志亲笔为该校题写了校名。

南京市西康路 1 号。

马万军走进大学校门，迎面一块巨大的石头上镌刻着"河海大学"四个大字，往校园里面望去，一条梧桐蔽荫的大道笔直笔直地通向校园深处，四外矗立着宿舍楼、图书馆、科技馆等院系大楼。

河海大学创办人为近代著名教育家、实业家张謇。

张謇是江苏南通人、清光绪状元。辛亥革命后，他出任了南京临时政府实业总长、北洋政府农商总长，得知袁世凯将称帝，他辞职南归。早年加入同盟会的黄炎培在辛亥革命后任江苏省教育司司长，他主持了这所学校的筹建。另一位后人熟知的名人茅以升，曾担任过这所大学的校长和教授。

马万军入学那一年，河海大学在本省的录取分数线位居全国第 22 位。一名外省同届新生来到南京寻找河海大学校址，自称在"南京奇特的城市布局"里"完全迷失了方位"。

四

那是一枚河海大学校徽。

这枚校徽轮廓设计为梅花外形。梅花是南京市市花，校徽继承了 1924 年校徽外圈的梅花瓣形图样，暗喻学校所在地。校徽上有两个篆字——"河海"，字体采用标准河海蓝色，以白底衬托，意喻该校"缘水而生、因水而为、顺水而长"的办学特色。篆字上方有邓小平题写的校名，下方标有学校建校年份及英文名称。

马万军在这所学校里学习的是工业管理工程专业。

入校后，马万军才晓得这个专业是工程学和管理学交叉的专业学科。4 年大学期间，他学习了数十门课程：高等数学、机械制图、电机学、工程电磁场、模拟与数字电子技术、电力电子技术、电力系统分析、微机原理与接口技术，等等。看似极其枯燥的专业课程，在马万军眼前打开了知识世界新奇无比的大门，令他兴趣盎然，极大地拓展了他与生俱来的好奇心。

学习机械制图，洞悉投影原理，弄清点线面、组合体、轴测图、立体、相贯、标高投影各类关系，动手制绘出令人眼花缭乱的设计图；学习高等数学，明晰极限、微积分、空间解析几何与向量代数、级数、常微分方程的复杂关系；学习计算机原理，利用 BASIC 语言上手编写程序；学习经济学，了解人类经济活动对价值创造、转化、实现的规律；学习心理学，看看这门科学怎样解析人类心理现象、精神功能和行为。

宿舍、食堂、教室、图书馆。

马万军天性中的特质加上4年工科院校思维习惯的训练，无意中被一个漫画化的形象比喻概括了全部——"理工男"。有人将理工男描述为这样一类人——低调、缄默、不善于表达；做事专注，心无旁骛，不盲目追求；逻辑思维缜密，善于发现问题，善于研究和解决问题；他们不会盲目追逐什么，对自己的特点定位准确，按照目标有计划一步步行动；他们动手能力极强，做事力求妥妥当当。

也有人将理工男概括为"专一、务实、嘴笨心巧"的一类男人。

更生动的比喻是，举凡电话、冰箱、洗衣机坏了，理工男琢磨琢磨，很快就能搞掂；更出彩的摹画是，随便把理工男扔在哪个地方，他一定可以找到路，安全返回。

马万军不屑对号入座。

回想大学那些年知识积累与思维训练，他清楚自己在立体思维方面有着很强的能力。

**2016年6月22日，G20峰会前夕，马万军（着警服者）主持
召开全市网络安全执法检查会议**

所谓立体思维亦称"多元思维""全方位思维""整体思维"，这种"多维型思维"的出众之处，就在于能够脱出点、线、面的限制，从上下左右、四面八方去思考问题。

在大学期间，马万军最最着迷的是计算机技术的原理和运用，特别憧憬毕业后从事与计算机密切关联的职业，这份执着奠定了他对未来人生道路的选择。

<h2 style="text-align:center">五</h2>

雄伟的南京长江大桥是共和国的骄傲。

它是长江上第一座由中国自行设计和建造的双层式铁路、公路两用桥梁，历经 8 年 8 个月建成通车。1968 年 9 月 30 日，铁路桥先行通车时，南京市 5 万多军民举行了隆重的通车典礼。

让全国人民欢呼雀跃的这座钢铁大桥，一直是扬中人钦羡不已的辉煌。但是，扬中人清楚，无论从战略意义、经济发展、地理位置、交通需求各方面来看，国家都不可能在改革开放之初的年代里拨出巨款，在扬中选址建造一座长江大桥。

大学寒暑假，马万军要乘长江渡轮返家回校。

大学二年级放暑假，马万军在家乡知悉扬中县委、县政府决定动员民众自筹资金建造扬中长江大桥。暑假结束，新学年开课，返回校园的马万军又得知，扬中县成立了扬中长江大桥筹建委员会。

毕竟不是动员举国之力，毕竟只是全国面积最小的县，仅以家乡近 30 万民众的合力，究竟能不能成功筹资、成功建桥，恐怕谁都没有确切把握。

好消息接续传过来，扬中（夹）长江大桥可行性研究报告编制完成、大桥定位和宽度评估完成、江苏省计划经济委员会批准了可行性报告，接着，大桥工程立项审批工作完成、大桥初步设计完成、大桥设计概算总金额公布、大桥工程建设完成招标、大桥工程指挥部签订工程施工合同……

1992 年 5 月 8 日，扬中史册注定庄重地记载下这一时刻——扬中长江大桥开工奠基典礼。

上午 11 时 35 分，江苏省与镇江市的两位领导在施工现场同时按下绿色电纽，两台钻机发出巨大声响，启动钢钻扎入江滩深层，800 余名建设者开工奋战。

同年 7 月，拿到学士学位的河海大学毕业生马万军返回家乡，首选单位要进政府机关，中共扬中县委党校备有教员空额，马万军申报后经双向选择，他如愿入列教师队伍，以经济学和世界贸易组织原则为内容开始任教授课。

当教师每年有假期，工作稳定，比较安逸。这不是马万军内心里笃定的工作，他没有忘记在大学期间认定的理想目标。

机会很快降临。

位于扬中县新坝镇的扬中县电力设备厂是一家乡镇企业，随着生产经营规模的发展，该厂先于 1991 年对外挂牌镇江市电力设备厂，又于 1992 年 12

月更名江苏长江电器集团公司，成为扬中首家省级企业集团。身为党校教师的马万军恰好下基层锻炼走进这家知名企业，看到这家蒸蒸日上的乡镇企业购置计算机管理财务和仓储业务，真让他兴奋。要知道，当年很少有企业能做到这个地步。

马万军的毕业论文就以计算机程序开发和软件利用为题，当他走进这个企业，如鱼得水般地将大学里学到手的专业技能充分施展。结果是教师生涯终止了，铁饭碗不要了，这个信心满满的年轻人义无反顾地调动工作，成为这家乡镇企业信息中心部门引进的技术人才。

六

世界上第一台计算机是美国军方于 1946 年专门为了计算弹道和射击特性表面而研制的。1958 年，中科院计算所成功研制出我国第一台小型电子管通用计算机。

马万军从河海大学毕业那年，国防科技大学研究出银河－Ⅱ通用并行巨型机，他时时关注计算机发展的宏观前景，也时时留意身边正在急速变化的社会态势以及计算机在身边现实中的应用。

自 20 世纪 80 年代后期，国家推进城市化建设，一股"撤县设市"浪潮席卷江苏大地，在江苏全省 31 个撤县设市的名单中，1994 年 5 月 13 日，扬中县与江都县、海门县、泰县（即后来的姜堰市）经国务院批准，一并成为 4 个撤县设市的地区，扬中县以其原辖区域设立扬中市。

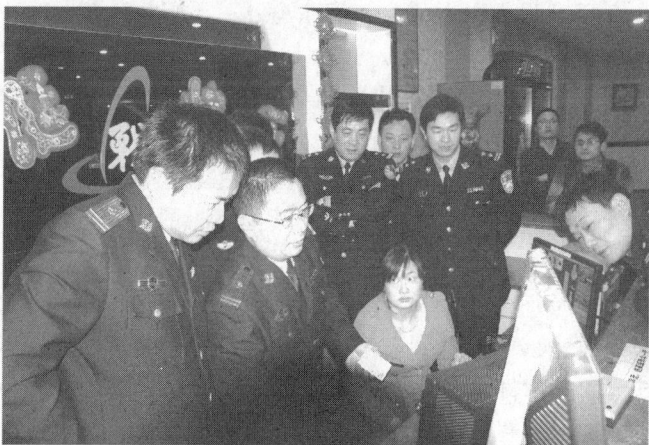

**2007 年 6 月 25 日，镇江市公安机关在扬中市召开网吧管理工作现场会，
图为与会代表观摩扬中网吧管理经验做法（左二为马万军）**

关键时刻，熟知儿子夙愿的母亲告诉儿子一条重要信息，更名后的扬中市公安局急需计算机人才。其实，马万军已经关注到当地公安机关是如何运用计算机技术的。他清楚企业运用计算机管理存在局限，而公安机关管理着方方面面的社会事务，计算机加上网络技术拓展的空间和机遇注定会大大超过企业。

思来想去，马万军决定不放弃改变命运的机会。

企业月薪逾千元，进公安机关月薪只有 200 余元，月收入相差 5 倍。在母亲的鼎力支持下，他向扬中市公安局递交了求职申请。"是骡子是马还得拉出来遛遛"，适逢市公安局警衔申报数据库软件需要升级，人家给他一周时间，要他完善软件，看这年轻人能不能举起入职这块"敲门砖"。

1994 年 9 月 28 日，扬中长江大桥历时 2 年 5 个月竣工，800 余名建设者日夜奋战，将这座承载着扬中人世代梦想的跨江大桥如期建成。尽管这座公路大桥的长度仅为南京长江大桥公路桥的1/4，但桥面车行道的宽度与南京长江大桥一样，可容 4 辆大型汽车并行。

就在这一天的前几日，马万军刚刚度过了自己 24 周岁的生日。

七

时隔 1 个月，马万军通过扬中市公安局政审，被正式录用为通信科科员。当这个年轻人身着 89 式警服、头戴大檐帽推门进家时，父母差点没认出来这是自己家的大儿子。

早在 1985 年 5 月，扬中县公安局开通了有线通信网，安装了 50 门供电式人工交换机，并因此设立了通信股。就在马万军入职前通信股改称通信科。

马万军入职警员那年，公安局开始启用计算机检测机动车、办理证照。第二年，上级公安机关要求使用计算机发放第一代居民身份证，并指定这项工作由公安机关内设的通信部门实施。

刚刚入警的马万军成为培训教官站上讲台，给全局各科、所、队、室负责人以及内勤讲授计算机原理及操作。大学读书时的积累、党校的授课经历、企业动手实践的经验，全都融入马万军精心备课的生动讲述之中。

互联网尚未普及那些年，马万军在通信科主要承担着电脑工程师的职责，如果计算机出现故障，要看看到底是哪个部件坏了，是主机、CPU、内存，还是网线、插头，哪个部件坏了，换上好的就行。他从 1997 年连续 3 年参加镇江市、扬中市的计算机比赛，取得了镇江市优秀奖，扬中市第一名、第二名的好成绩，被授予"扬中市杰出青年岗位能手""扬中市青年岗位能手"称号。

马万军记得，扬中市公安局首次采用网侦技术成功办理的一起刑事案件是在 2008 年。

那年入冬时节，两名外地人在扬中油坊、八桥地区，采用"白日闯"手段连续作案 80 余起，二人逃逸后藏匿在扬中，用受害人被盗的电脑上网。马万军通过网侦技术查明被盗电脑所在地点——某村菜农出租的一间偏僻小屋。刑警破门而入，擒获了两名犯罪嫌疑人，收缴了 4 台被盗电脑。同年，马万军还侦办了首例利用 QQ 群传播"艳照门"案件。

扬中公安自 1985 年设立通信股伊始，这一内设机构因社会发展的剧烈变化一再更名：1994 年通信股改通信科；1997 年增设计算机安全监察科，该科与通信科为两块牌子同一部门，后来组建网络安全监察大队，网络安全监察大队又更名为网络安全保卫大队。

入警生涯进入第十个年头，马万军被任命为扬中市公安局通信科副科长。任职 3 年，他升职为扬中市公安局网络安全监察科科长。2008 年，扬中市公安局组建网络安全监察大队，马万军被任命为大队长，亦是其后更名网络安全保卫大队的大队长。

八

1999 年岁末，美国摩托罗拉公司推出了一款名为 A6188 的手机，第一次提出"智能手机"概念。

这款手机支持无线上网，采用 PPSM 操作系统，它既是全球第一部触摸屏手机，也是第一部中文手写识别输入手机。这款手机的诞生引发了一场手机革命的浪潮。

2008 年，智能手机在国内手机市场上成为抢手货，进而催生了各种功能的手机软件。

当人们接受并开始熟练使用语音输入、手机上网、QQ 社交、手机银行、微信支付的同时，形形色色犯罪行为随之露头，国内各地以及境外犯罪团伙实施的网络诈骗日渐猖獗。面对网络刑事犯罪案件高发的严峻态势，面对国家不断修正出台的刑事法律，虚拟空间的网络正在演变为罪犯挑战社会良序、挑战法律权威、挑战公安机关打击和防范能力的主战场。

2013 年 6 月 17 日，一起网络诈骗案件的受害人向扬中警方报案，此案案值高达 500 万元。

马万军加入扬中市公安局成立的专案组展开工作，通过技术手段查出作案嫌疑人使用银行卡的网银操作地址在湖南省娄底市，他连夜动身赶赴娄底，在当地公安机关配合下，确定了犯罪嫌疑人操作网银的一家网吧。然而，其登记上网使用的 3 个身份证均为假身份，尽管查询 3 个假身份证关联的信息未能探明其真实身份，但马万军继续调查涉案网络身份，最终挖掘出有关的真实身份信息，从而确认了犯罪嫌疑人周某某。

马万军工作之余喜欢健身、摄影

犯罪嫌疑人周某某被扬中警方抓获后，对涉嫌实施的诈骗行为拒不交代。

鉴于该案发送诈骗短信的手机号码为新疆喀什属于中国移动的手机，扬中警方派员赴新疆找到手机机主，手机机主对发送诈骗短信情况一无所知，其手机里也查不到那条诈骗信息的发送记录。

马万军经过审慎周密的分析，判断诈骗短信的发送应为控制平台通过向被植入控制代码的手机发送指令，再由接受指令的手机发出诈骗短信。随后，犯罪嫌疑人周某某在警方精准的技术分析及大量证据面前，如实供述了另有嫌疑人苏某某提供技术平台、通过远程控制他人手机发送诈骗短信的行为。

专案组民警提审犯罪嫌疑人苏某某，将马万军从嫌疑人苏某某服务器数据中提取到发送诈骗短信的号码记录递给他，对方看到记录后，不得不承认诈骗短信是通过自己平台发送的。马万军根据刑法最新司法解释，建议专案组将工作重点从诈骗罪案调整为非法控制计算机信息系统罪案，把涉案证据重点转到电子证据方面。这些合理化建议得到专案组领导和市局法制部门的认可。

专案组经过对全案证据的梳理和归纳，决定全案收网，一举将分布在浙江、上海、深圳和广东广州、中山等地的 16 家涉案公司与厂家的众多嫌疑人抓获，对 73 名涉案嫌疑人采取了刑事强制措施……

不因为案值金额巨大的大案就格外重视，也不因为小案可办可不办而懈息，马万军对所有的网络诈骗、网络贩枪、网络赌博等涉网案件，都全力以赴地初查线索，调取数据，综合研判。

扬中一市民在江边持枪打鸟，马万军从网上悉心揭开深层内幕，地下枪支加工厂和销售枪支公司浮出水面，扬中警方在多省多地擒获数十名犯罪嫌疑人，查明非法购买枪支人员数百人，涉及全国数十个省市，成功破获公安部挂牌督办的"3.17"特大非法买卖枪支弹药案。

扬中一网民被网络诈骗数千元，该案成为公安部挂牌督办的"扬中市第三方支付平台为诈骗团伙洗钱案"，马万军投身专案侦办，扬中警方擒获犯罪嫌疑人数十人，破获案件200余起，涉案金额2000余万元。

扬中一网民在网上进行赌博，输赢1000元，马万军悉心细查，警方查明数十名犯罪嫌疑人，查获赌资近4000万元。终将公安部挂牌督办的"10.10"利用网络开设赌场案办成铁案。

九

阳光灿烂，马万军办公室。

依墙矗立的高大书柜里，整齐地摆放着诸多计算机领域以及网络犯罪侦查专业书籍，办公桌旁边的墙上挂着"天道酬勤"的牌匾。

"他喜欢学习"，妻子孙美娟与马万军结婚20多年，熟悉丈夫的秉性，家里的电脑就不用说了，举凡电器如空调、洗衣机、电扇、电饭煲，等等，什么毛病都能修好，就是买个相机，人家也要把结构、功能全琢磨个遍。

孙美娟知道丈夫性急，考虑事情周密，追求完美，办案遇到困难格外焦虑，24小时不休息，胃功能不好，不规律进食，再加上长期坐在电脑前。去年冬天，丈夫患病住院，胸闷背痛，医院诊断为腹壁血栓，她最担心丈夫起不来床。

"父母照顾不上，孩子是我从小带大的，不依赖他"，孙美娟喟叹一声，"只要他出差在外安全，身体健康，我都支持他"。

作为警察的妻子，孙美娟不在意丈夫的功名有多大，面对丈夫获得的那些荣誉，她只轻轻地说了一句，"破大案，不是他一人的功劳"。

夫妻俩给女儿起名时用个"凡"字，他俩都那么想，"孩子平平凡凡度过一生是最好的"。眼看着女儿一天天长大，读完小学、初中、高中，夫妻俩欣慰的是，女儿参加高考，考入南京森林警察学院网络安全专业，可谓女承父业，马万军提起这事儿，笑得很开心。

江鸥高飞万千里　心系泊处恋归程

——记扬中市公安局大桥派出所教导员、二等功获得者陆纪才

人物档案：

陆纪才，男，汉族，1971 年 8 月出生，中共党员，二级警督警衔。

2004 年 11 月，陆纪才同志从部队转业到扬中市公安机关工作，先后在扬中市公安局交通警察大队二墩港中队、二桥中队、泰州大桥中队工作，现任江苏省扬中市公安局大桥派出所教导员。

2014 年 9 月，陆纪才被江苏省公安厅记个人二等功

在十余年的卡口治安防控工作中，共计抓获各类违法犯罪嫌疑人 550 余名，摧毁犯罪团伙 1 个，协助破获刑事案件 300 余起，为群众挽回经济损失 5 万余元；纠正各类交通违法行为 1000 余起，在全大队卡口序列综合考核中名列前茅。

由于工作成绩突出，陆纪才先后被江苏省公安厅记个人二等功 1 次、三

等功 2 次，被命名为省"巡防标兵"，被镇江市公安局评为"平安创建"先进个人、"迎奥运、促巡防、保平安"先进个人、"巡逻处警"岗位标兵、"微笑执勤民警"等。

入冬之季，小雪节气，一对双胞胎儿子降生。

28 岁的父亲陆纪才与妻子商定，分别给两个儿子起名"志航"和"志远"，儿子的名字里蕴含着这位年轻的中国人民解放军军官对两个幼小生命寄托的希冀，也夹带着对自己人生的勉励。

—

陆纪才出生在扬中县三茅镇中林村，他没见过奶奶。

父亲 5 岁时奶奶去世，父亲不记得奶奶长什么样。听家人说，早年长江洪水泛滥，爷爷挑担领着 3 个儿子和 2 个女儿从扬中迁出，后来回迁家乡。父亲在三兄弟中排行老二。

陆纪才的父母都是普普通通的农民，父亲会做木工，也是篾匠。

篾匠这门手艺十分古老，只有心灵手巧的人经过多年磨练方可把握。父亲为养活一家人经常凌晨 3 点起身，操起篾刀劈竹，再用劈好的细篾编席、编篮、编筐、编篓。

躺在被窝里熟睡的小纪才偶尔半夜醒来，听见阵阵轻微的劈篾声响。

童年挨饿的经历永远不会淡忘。

小纪才吃过没有米粒的"稀粥"，吃过生蚕豆，吃过烤熟的麦粒。当年的"稀粥"是用地瓜秧、茄子蒂、秧草混煮的汤水，偶尔投些米粒；嫩嫩的生蚕豆可以充饥，但吃多了肚子不舒服；麦粒灌浆时小孩子们去田里偷偷摘下几把藏在身上带回家，放进锅里炒一炒，香气弥漫。

小纪才对这些"门道"精通得很。

过年时家里没有肉吃，只能买点猪板油放进锅里熬油，下一把蒜叶子炒炒就美得不行。邻居烧饭有肉香飘来，小纪才嗅到肉香，腹内肚肠翻滚、隐隐作痛。最记得上学时，班里有个女生中午带饭，家里给她带块肉，她不爱吃，让给陆纪才，"我不好意思，又特别想吃"。

纠结良久，女生走开，他还是没忍住将那块肉放进嘴里。唉呀，幸福啊！

村邻有个老婆婆，腿上生疮溃烂，但她家生活条件稍好，见陆家经济拮据，孩子挨饿受罪，那次煮了馄饨，招呼陆家哥俩过去，一人盛一个馄饨吃，老人家的那份恩情实在难忘。

父母为人忠厚，乐于助人。村邻或亲戚盖房，有求必应，不要钱。

大伯父的大儿子在外跑业务，挣了钱盖楼房，母亲站在盖好的二层楼上眺望，真是比平房看得远得多啊。要强的母亲一夜没合眼，对二儿子说了一句话，"才才，要争口气！"

小时候没鞋穿，纪才光脚到处跑，母亲学着手工做鞋，小纪才穿着母亲做的鞋，走走跑跑都很小心。他小时候没穿过新衣服，都是拣哥哥的衣服穿。他的性格跟哥哥有很大差异，自小受不得表扬，听了表扬就更加卖力，他脾气倔强，挨父亲教训时不避不躲。

堂弟来家串门玩，父母煮鸡蛋给堂弟吃，小纪才知道家里只有小孩子生病时才能吃蛋，堂弟又没生病，他跟堂弟抢蛋吃，堂弟大哭，父母训斥儿子不谦让，小纪才昂着头，不服气地抗争"他饿我也饿啊"。结果他挨打，罚跪搓衣板。

2015年7月，扬中市领导亲切慰问基层一线公安民警（右二为陆纪才）

挨打就挨打，跪搓衣板就跪搓衣板，小纪才噘着嘴不服气。

纪才从小学毕业后，进入群英中学读初中。

读小学时，他当过体育委员，学校老师让他喊广播操，全校学生听他喊口令做操。在老师鼓励下，他表现出色，受到表扬更加卖力。

学校放暑假，小纪才割草喂猪、喂羊，为挣学杂费，到镇上卖冰棒。长大些，他去江岸码头上挑石头，从早到晚，担一船石头挣得两块钱，捧着那两块钱，好珍惜好珍惜。在农村贫困生活中长大，陆纪才从小就知道没有从天而降的幸福，幸福只能靠自己去拼搏努力才能获得。

二

哥哥身体不好，没上初中，做了油漆工。

纪才想到要早些为父母减轻经济负担，上高中一年级他退了学，没像哥哥那样学门手艺，而是帮服装厂跑业务，没有师傅带，他一人拎起服装样品，带上一张价格表，这个18岁的小伙子乘船渡江，走出扬中，身上带上从厂里借来的200块钱出差费，凭着一股冲劲，开始了闯荡江湖的生涯。

扬中地少人多，经济资源匮乏。缘于特殊的江岛境域，长年来促成了数量庞大的特殊人群，形成所谓的"供销员经济"。这一特殊人群由相当数量的农村小商小贩及手艺人组成，他们常年在外谋生奔波，时逢国家改革开放的闸门大开，他们以其见多识广、头脑灵活、吃苦耐劳、敢拼善搏的精神，大大促动了扬中本土经济的发展。

陆纪才跻身数以万计的扬中"供销员"人群中，这个年轻小伙子却是独自奋战的一员。

拎一大包服装样品去扬州江都，坐四五个小时的中巴车；拎一大包样品去安徽马鞍山，坐大巴车七八个小时。第一笔7000元订货合同下单了，第二笔3万元合同下单了，这初出茅庐的小伙子运气真好，服装厂经理对他刮目相看。

毕竟年轻，社会经验欠缺。有一次，人都上了长途客车，要带的东西想必都带上了，车开出十多公里，纪才发现那张盖有公章的合同书没带在身上，只好喊司机停车，下车后悻悻地沿着来路往回走，他边走边伸手拦车，幸好遇到好心司机愿意载他一段路。

推销的路越跑越远。

坐汽车、坐火车，去唐山、去赤峰、去包头，到河北、到东北、到内蒙；住便宜旅社和小店，吃方便面，学会问路、看地图、查电话；学会节省路费、节省吃住；学会与人打交道，察言观色。一次次商洽，他越来越清楚自己推销产品的定位，经验告诉他，不能找大单位，也不能找穷单位。一次次吃闭门羹的经历让他自省，他深知自己太年轻，经验不丰厚，处事还很稚嫩。

跨省四处跑业务，纪才的见识越来越多。

扬中"供销员"的经历被提炼出四句话，"跑遍千山万水，走进千家万户，说尽千言万语，吃尽千辛万苦"。那次去安徽，纪才闻知当地卤牛肉有名气，买下一小块带回家孝敬母亲。母亲望着儿子，眼里闪着激动欣喜的目光，她舍不得吃，一个劲儿地催促奔波受苦的儿子快快吃下。

家里日子渐渐好起来，哥哥开始谈对象了，纪才的服装推销业务量逐步提升。

这时，县征兵任务的指标下达到村里，陆家两个适龄男青年势必要有一人应征，这可难为了陆家人。哥哥从小身板不硬朗，又刚刚谈对象，他如果体检不合格被淘汰，弟弟纪才就得去。纪才虽然身体棒，体检没问题，但他不想当兵，不愿意让推销业务刚有起色就断掉，尤其是那份收入。家人先让他躲到姨娘所在的东风村，又躲到上海舅舅家。

陆家人不得不低头的是，征兵政策里有条惩罚性措施，若有征兵指标的家庭未完成应征指标，这家人将来要建房子时，政府不发准建证。扬中民间最看重建房，这是当地唯此为大的头等要事。若看生活好不好，就看房子起得好不好。纪才不应征入伍，陆家将来就算有了钱，也甭想盖成新房，哥哥若不久结婚，就等着建房审批过关呢。

应征入伍这档子事，陆家二小子躲是躲不了啦。纪才不清楚当兵进部队是个啥情况，他找人打听："去部队能有钱挣吗？"

"去部队哪会有钱挣啊！"

"去部队能不能吃好点啊？"

"这事——行！"

<h2 style="text-align:center">三</h2>

体检合格，政审合格。

陆纪才与全县 32 名适龄青年同年入伍，欢送会上胸戴大红花。临别上车，父母流泪。哥哥当年说过一句话让弟弟听了心里不是滋味，"你怎么去的还怎么回来"。啥意思？这句话是不是说弟弟退伍会"灰溜溜"地归来吗？

上海，纪才几个月前曾去过的现代大都市，那里住着舅舅一家人，哪知道入伍后的新兵训练地就在上海。整整 3 个月，他那批"新兵蛋子"们练站姿、坐姿，练队列，齐步、正步、跑步，定型军人仪态；练单双杠、练仰卧起坐，练武装越野、强化体能；学政治、学士兵条例，牢记军纪规定。

新兵训练就是要把这个农家子弟洗心革面地塑造成一名标准的军人。

结束新兵训练，陆纪才分到警卫连。

他所在的这个连队驻守在中央军委直属中国人民解放军第二军医大学。这是一所全国重点医科大学，创建于 1949 年 9 月，是全国首批博士、硕士学位授予单位和首批开办八年制医学教育的院校，这里云集着军队高级医学专门人才及卫生管理干部。

2015 年 8 月，陆纪才在检查过往油罐车

第一个月领到士兵津贴 18 元，陆纪才给自己留下 3 元，余下的钱全寄回家，津贴涨到每月 19 元、20 元，他依然只留下 3 元钱，余下的全寄给家里。

陆纪才到院务部公务班半年后，被派往湖北襄樊中国人民解放军总后勤部汽车营学驾驶。他写信给父母，告诉他们要去湖北学开车这门技术，家里人都为他感到高兴。在湖北学习半年后顺利结业，陆纪才回到上海，在院务部公务班为 6 名将军的出行及生活服务。

6 名将军中有 3 人在职，另外 3 人已经退休，将军们都是军中德高望重的高级知识分子，有着很好的素养和精深的学术造诣。尤其是退休将军对身边这帮年轻小兵的关心既有长者的慈爱，又对他们谆谆开导，希冀这些年青人做有文化有道德有理想有追求的人。

接送将军出行、看病及处理杂务，小陆与这些平易近人、没有官气架子的老人们结下了深深的情谊，他与将军们的日常接触和交谈，让自己对人生和世界的看法开启了不曾有过的领悟，讲起当年跑业务推销那些走南闯北的经历，将军们也很感兴趣。随着逐渐了解将军们的一些身世以及对事物的看法，这个年轻人受益匪浅，这些潜移默化的影响促成了他未来命运的改变。

完成新兵训练时，上海舅舅与外甥有过一次重要的谈话，舅舅告诫他要在部队表现好，就要比别人更勤奋更能吃苦，尤其是在一些小事上，比如早起打扫卫生，要抢着做一些杂事，也许是别人不爱做不屑做的小事。陆纪才全都记在心里，不折不扣地运用到自己的军营生活中，赢得领导和战友的嘉许，而他自小又是那种受不得表扬的人，受到表扬就干得更来劲。

父亲是个心细的人，他关切儿子在部队的前程，向人打听到在部队有三大优势：学技术、入学、上军校。儿子已经会开车了，学到一门技术没问题，入党和上军校这两项没完成，父亲用不容商量的口气要求儿子在部队尽快拿下剩下的"两大优势"。

四

陆纪才陷入愁闷。

他回信对父亲说，入党比上学好解决，积极表现能做到，但想到自己高中没读完，当年功课不仅荒废，而且眼下要复习考试的功课也不是当年课本上的东西啊，难度实在太大，他信心不足。将军们偶尔知悉他无意间吐露的心事，积极热情地鼓励这个年轻人，有老将军乐于抽时间辅导，还有老将军认定他拼搏一番就有希望。

这个年轻人内心世界的小宇宙燃烧了。

来年7月，明确军校将举行招生考试，他开始搜集复习资料，着手复习一门门功课。没想到申请报名考试时犹如一盆冷水迎头浇下，军务科告诉他名额有限，他不能报考。将军们看到垂头丧气、情绪低落的小陆，询问他遇到什么烦恼，他告知自己不能报考军校。有将军听完当即找到军务科质询，"小陆难道不是咱们军区的人吗？"

2011年8月，陆纪才（左一）在扬中大桥执勤时，
现场抓获作案后欲逃离扬中的犯罪嫌疑人

陆纪才幸运地获取到报考资格，并准予3个月脱产复习，这可是天上掉下来的大馅饼，绝不能丧失这么宝贵的机会，不能辜负父亲的期望，更不能让关爱他的将军失望。

小陆发奋学习，到饭点草草填饱肚子，捧起书继续学，闭门不出……

走进考场，他全神贯注持笔答卷。考试分数公布前那些日子，小陆心里一直忐忑不安。

分数公布，通知下来，陆纪才考试总分达到录取线之上。他手捧解放军汽车管理学院（后更名为解放军蚌埠汽车士官学校）录取通知书连看几遍，激动得难以言表。

那么多日子不舍昼夜的努力没有白费，命运向他打开了另一扇门。

"小陆考上军校"的消息迅速传开，战友们和熟悉小陆的将军们向这位勇敢拼搏的年轻人祝贺，亲人们也与他共享这份喜悦。他后来了解到，在一同考上军校的18名士兵中仅他一人来自扬中。

从上海到蚌埠坐火车9个小时，刚满22岁的陆纪才背着行李步入解放军汽车管理学院报到。

这所全日制学院隶属总后勤部，是一所面向全军培养指挥管理和专业技术士官人才的军事院校，培养目标为汽车勤务分队长、司训分队长、汽车教员、汽车修理技师。

小时候在扬中看船比看汽车多得多，到上海看马路上满眼都是汽车，轮到陆纪才坐进汽车驾驶室里，自己学着把那大铁家伙开着在学院的训练场里跑，兴奋无比。动手学驾驶，动脑熟悉汽车构造，诸如发动机、曲柄连杆、配气系统、汽油机和柴油机燃料供给、润滑系统、冷却系统、传动系统、行驶系统、转向系统和制动系统，等等，还要学会上手维修，更要学会如何承揽汽车勤务分队长的管理职责。

入伍当兵、上军校、学开车，父亲在儿子参军后提出的人生目标实现了三个，第四个目标是在军校里完成的——入党。毕业分配时，陆纪才想回上海，但分配指标只能二选一，或是去青藏，或是去东北。两地相比，陆纪才对东北并不陌生，去东北吧。

五

军校毕业1个月后，陆纪才背起行囊，乘火车前往地处黑龙江的总后嫩江基地。

嫩江素有"北国粮仓"之誉，中国麦豆主产区，国家重要的商品粮基地。

这里有条嫩江，发源于小兴安岭的伊勒呼里山，上游流经深山峡谷，河水清澈碧透，干流全长 1370 公里。

也许一个"江"字，让从未来过这里的陆纪才怀有一份家乡的亲切情愫。

幸好是在夏季踏上总后嫩江基地农场这片广袤田野，若是冬季来这里，眼前那一望无际的茫茫雪原，更让这个在上海大都市呆过几年的南方孩子觉得荒凉无比。这里 10 月下大雪，冬季最低气温达到过零下 47 摄氏度。

总后嫩江基地是师级单位，有 12 个农场，种植小麦和大豆。每逢收获季节，运粮、运煤、拉货是基地工作中极其重要的一项任务。军校毕业生陆纪才在基地担任了车队分队长，后来升职为农场助理员，而这里却没有一个扬中老乡。

那次冬季出车拉煤，路上遭遇险境。

出车目的地在 100 公里之外，雪野茫茫，天寒地冻，气温降至零下三四十度，陆纪才坐在副驾驶座位指挥司机驾车，那是一辆带挂斗、载重量 5 吨的东风大卡车，车行半路水箱漏水，陆纪才下车察看，好不容易发现水箱箱体有道指甲缝大小的口子向外渗水。修水箱耽搁了不少时间。

继续前行，车前方有个小山包，雪坡路滑，车轮空转，无法上坡。

陆纪才决定卸下 3 吨载重量的挂斗，他走到卡车与挂斗中间拆掉连结，卡车启动向前没开出几米熄了火，车体缓缓后滑，在车旁边指挥的陆纪才连忙冲到卡车后部用力推阻，厚厚的棉手套一下子粘到冰冷的铁车椤上。

车和人一同向后滑去，陆纪才无法让开。

瞬间，下滑的卡车将他紧紧地挤在卡车后椤和挂斗前椤间，整个人的身体动弹不得。若卡车再滑快一些，坡度若再陡些，他恐怕被挤成"人肉馅饼"。车队分队长窜出驾驶室，跑过来见陆纪才像刚上岸的鱼，张大嘴巴喘不上气，以为出了大事故，吓得双膝一软，跪在雪地上……

一个偶然的机遇，陆纪才得以从东北调回镇江。至此，他在总后嫩江基地服役已逾 5 年。

镇江船艇学院是全军唯一一所培养陆空军船艇军官的专业院校，学院前身是上海公安学校的海上巡逻系，学院位于江苏省镇江市区。

入院报到仅两个月，刚过而立之年的陆纪才以其在总后嫩江基地获得的多项荣誉嘉奖，以其具备指挥调度车辆、管理驾驶人员的丰富经验受到院领导器重，被任命为学院车队长，统辖全院 50 多名军队驾驶员以及 72 辆大小车辆。

俗话说"新官上任三把火"。

陆纪才察觉到车队制度管理存在诸多问题，车队驾驶员中有人惯于外出不归，事先不请示不告假，有人缺席会议不参加学习，使用车辆审批手续也不严格，甚至有驾驶员外出酿成伤亡事故。

陆纪才不能容忍如此涣散状态，他上任伊始申明军纪规定、强化制度规范、敢于管理个性张扬的违纪人员，绝不隐忍。车队风气逐渐改善，但他那严格管理制度的行事风格惹恼了一些人。

在这所院校供职未及 3 年，他思前想后毅然决定申请退役，转业回老家。

六

"二墩港"，解放前一直冠名使用，扬中人妇孺皆知。

这里是扬中北渡长江至泰兴的重要渡口。扬中筹资 2500 万元，于 1994 年在此建起汽车轮渡渡口和综合大楼、调度楼等配套设施，对岸泰兴也建起对接的高港渡口。新建成的渡口可同时停靠两艘 20 车渡，设计通渡能力为每日 2500 辆汽车。

当年正式通航时，二墩港改称"扬高汽渡"，但扬中人仍惯用二墩港来称呼这一渡口。

"扬高汽渡"正式通航仅 4 个月，扬中长江大桥通车，这爿江岛的交通形势发生了惊天动地的变化，形成"南桥北渡"的新格局。

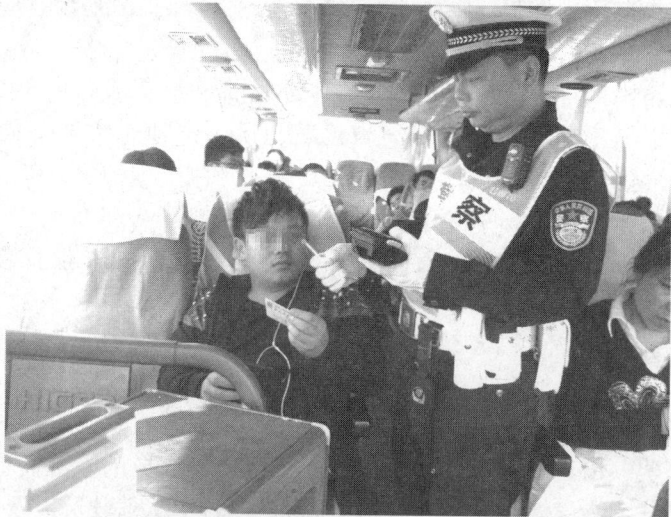

2013 年 11 月，陆纪才在过往的大客车上治安检查

脱下军装，办好全部转业手续，陆纪才的从军生涯遗留在十四载春夏秋冬的时空里——士兵、军校学员、军官。这位镇江船艇学院的军务科参谋，转业至家乡扬中市公安局报到，成为扬中市交巡警大队二墩港中队的一名普通民警。

复员转业的部队军官们流行着一句苦涩牢骚话——"辛辛苦苦干到营，一夜之间回到零"。

转业回到家乡，33 岁的陆纪才已是一对 5 岁双胞胎男孩的父亲。尽管他考入解放军汽车管理学院有专业学历，又长年在部队从事汽车管理调度业务，尽管他熟悉驾驶车辆和修理技术，也知晓相关道路法规，但要当好交通民警，入门待学的东西太多太多。

一切从头再来，他做好思想准备。

当年那个天不怕地不怕、干劲冲天的毛头小伙儿，如今积攒了几多社会阅历，见过几多大世面，与不同性格、不同地方、不同出身、不同年龄的人打过几多交道，他对自己的认知和自控能力有着清晰的方向感和强劲的驱动力，他知道该怎样站在新的起点上重塑人生。

世间误打误撞的事被陆纪才撞上了。

凭这位退役军官的档案，他理应到交通部门工作。市人事局本来决定把陆纪才的人才档案发给市交通局，可不知哪个工作人员在哪个程序上弄错了，把他的档案径直发到市公安局。如此这般将错就错，陆纪才直到后来才知道原来还有这么一出内情。

刚到二墩港中队报到时，6 名民警只有一人比他年龄小。

陆纪才在部队当军官多年，多少年没干日常杂务了，可初来乍到，不论你在部队再怎么荣耀，眼下入门普通民警，到新单位尊重老同志、做事手勤腿勤肯定是"第一道门槛"。

农家孩子从来就不怕受苦受累，关键是要摆正心态。

陆纪才心里笃定四个字——"死心塌地"，他每天早上必在上班时间前到岗，打开水、扫地、收拾办公室，熟悉法律规定和执法程序，掌握处罚依据和尺度，学会识别各类交通违法行为。

就在陆纪才转业从警几个月前，第十届全国人大常委会通过的《中华人民共和国道路交通安全法》施行，此前所称的"交通违章行为"均改为"交通违法行为"。新法总共 8 章 124 项条款，全篇总计 15 251 字，这可不是一两天就能熟记的事。

陆纪才入列交警队伍时，新法施行 5 个月，熟知熟记熟用新法是他适应新环境的最大挑战。学习新法，交通违法行为主体好理解；故意或过失交通违法行为好区分；违法程度好确认，而需要仔细甄别的是，哪些违法行为危害交通安全、危害交通畅通、危害交通秩序和侵犯他人交通权益，更重要的是如何在实践中提高执法水平。

七

进入 21 世纪，国家综合实力快速提高，国民收入水平逐步提高，机动车每年以 10%～20% 的速度迅猛增长，交通管理呈现复杂情形，与交通相关的刑事和治安案件也出现大幅上升。

"治安卡口"是指依托道路特定场所具有实施检查和防守设施的出入口。

二墩港每天都有相当数量的货车和客车进进出出，交通安全和治安防范双重压力始终让这里值守的民警们不能有半点松懈，这个"卡口"既要对过往车辆进行检查，还要防范可疑人员出入，并对犯罪嫌疑人实施堵截和抓捕。

载有汽车的渡船停靠扬中渡口岸边，汽车依次从渡船上驶下，要爬上斜度较大的一段上坡。经验丰富的二墩港中队民警目睹缓缓爬坡的车辆，凭直觉基本上就能判断出哪辆货车或客车违规超载，哪辆货运汽车经过违法拼装或擅自改装；驾驶员出示证件接受检查时，二墩港中队民警既能直接判明伪造驾驶证和行驶证，还会利用电脑系统进行网上比对，发现疑点。

渡船上除汽车外，还有众多驾驶私家车、摩托车、电动车的人们。

怎样从匆匆过往的人群中发现可疑人员？要利用人们上船等候期间细致观察，综合衣着打扮、服装特点、面目神情、语言特点、身体动作、携带物品方方面面进行识别，而下船时间很短，能否预先准确判明可疑人员更需技高一筹。

悉心观察、尽心琢磨。

陆纪才很快摸清怎样当一名称职交警："只有理论深厚、知识广博，才能把法理法规解释充分，才能让被处罚者心悦诚服；只有把所有交通法规记得滚瓜烂熟，处理交通违法行为时才能信手拈来，不出差错；只有把常见的涉罪法律概念倒背如流，才能对犯罪行为实施精确打击"。

为此，陆纪才办公桌上摆有工作需用的一堆法律书籍及司法解释资料，包括道路交通安全法、治安管理处罚法、行政处罚法、刑法、刑事诉讼法等读本。有空闲时，他随手翻阅，还做些学习笔记以强化记忆。他每天上班提前到岗，查看前几天全市刑事警情、市局图侦报告，还要看看电视新闻中的案件报道，借鉴办案经验。

2012 年夏，陆纪才在重庆机场留念

遇到过巧言善辩、百般抵赖的违法者；遇到过死缠不休、抗拒处罚的违法者；遇到过撒腿就逃、弃包弃车的犯罪嫌疑人；也遇到过明理认罚的老实人。陆纪才根据自己日复一日积累的执法实践经验，摸索总结出"一问、二看、三查、四比"的卡口巡防管控"四字法"，颇见成效地擒获一个又一个刑事犯罪嫌疑人。

在二墩港中队工作两年，陆纪才因工作业绩突出，被提升为扬中市公安局交巡警大队二桥中队政治副指导员。在此后漫漫 10 年里，他有过多次工作调动，曾在扬中大桥派出所、泰州大桥派出所任职，2014 年又回到大桥派出所任政治教导员，他一直没离开"卡口"岗位。

担任普通基层所队领导的他，不论酷暑严冬，上路执勤从不迟到早退，与民警一同上下岗；开展专项整治行动，他总是第一个上岗，率先选择工作负荷大的岗位；有民警生病请假，他主动替补代班；无论深夜或是凌晨，只要卡口盘查发现犯罪嫌疑人，他也总是第一时间赶到，参与审查、核实案情。他以率先垂范的言行带动身边的同事，共同为更好地履行职责努力工作。

八

"卡口"是战场、是阵地、是防线。

陆纪才在一次次抓获或协助破获刑事案件中积累经验，多少犯罪嫌疑人经过卡口时生生栽在陆纪才带领的卡口民警手下。

那天上午，两辆面包车驶到二墩港准备乘渡船过江，车上共有6男4女。

例行检查时，陆纪才注意到两辆面包车内座椅全部拆掉，乘车男女竟然坐在小方凳上。依照《道路交通安全法》第21条"机件不符合技术标准的机动车"，他决定暂缓放行。请这些人进办公室坐下，有人不小心从外套里掉出几瓶洗发水，他们慌里慌张地声称是卖洗发水的。

陆纪才上车检查，看到面包车副驾驶座上有个塑料袋，袋子里装有几斤绿豆，塑料袋上写有扬中一家超市的名称。他避开那些人，按塑料袋上的超市地址打电话询问是否有东西被盗。超市那边急切答复，说丢了好多洗发水。原来，这伙男女进超市行窃，偷了洗发水，又用超市塑料袋装上偷来的绿豆，结果被心细的陆纪才看出破绽。

盛夏时节，凌晨一时许，3辆摩托车驶近二桥中队卡口，驾车人黑衣黑裤。这3人不走卡口，竟驾车从卡口旁的狭窄小路加速兜过。陆纪才立即指挥十几名民警和辅警驾车追击，同时告知西来桥派出所迎面堵截。

惊慌逃窜中，一人被追上，一人驾车窜入距卡口不远处的一个村庄。

陆纪才指挥队员堵住出村各个路口，布置队员听到哪里狗叫得凶就往哪里追。很快，狗不再叫了，估计那人准是躲在什么地方。陆纪才让队员相互大声联络，驾摩托车开灯巡回游动，震撼嫌疑人心理。

"夏天露水很大，他藏在麦田里，我们逮住他时，他说他在田里找人"，凌晨4点在田里找人？这谎话编得实在太不靠谱。第三个驾摩托车逃窜的人逃到长途汽车站，上了头班车，正庆幸自己未被逮到，没料想被车站布控追查的民警上车抓获。栽在二桥中队卡口的这3人是一个专门盗窃摩托车团伙中的成员，该团伙有20多人，他们总共在扬中盗窃了86辆摩托车。

一辆外地面包车驶到卡口接受检查，车里坐着6个女人，全都怀孕在身。民警询问得知，她们来自贵州，但这些女人穿着打扮却很不相称，再看车上大包小包装的衣服，陆纪才的预判后来得到应验，这是一个专偷服装的团伙。

九

盗窃犯爱穿黑衣黑裤，随身携带塑料垫板、镊子等盗撬工具；诈骗犯西装革履，巧言善辩。

看衣装、看面相、看体型、听口音，陆纪才十多年值守卡口，潜心揣摩犯罪嫌疑人经过卡口时的心态，捕捉对方不经意间流露出的些微神情，琢磨如何通过问询能够瞬间打乱对方经过准备的对答预想，他积累了许许多多的经验。

　　那是一辆镇江牌照的轿车，车牌上显然被人有意用泥涂抹遮挡，车后备箱装有一副假号牌，4个小伙子异常殷勤，递烟讲好话。疑点越积越多。陆纪才稳住对方，上网在系统中仔细查询比对，擒获这一专砸汽车玻璃行窃财物的团伙。

　　那是一个偷盗摩托车的嫌疑人，清晨时分驾车冲卡，卡口民警驱车追击，此人弃车狂跑，翻墙跳入一废弃工厂大院，院子很大，厂房相连，地形复杂。陆纪才发狠话，"大白天的，我就不信找不出来个人！"天近中午，趴在厕所长型粪槽里的嫌疑人被民警拎了出来。

　　那是大客车上的一个男子，陆纪才上车验证询问他，对方支支吾吾十分慌张，问他座位底下塑料编织袋里鼓鼓囊囊装的什么东西，他低头默不作声，打开一看，吓人一跳，袋子里全是冻僵的剧毒蛇。

　　大雨倾盆，有辆轿车开到卡口不停车，直至被追击的警车逼停，驾驶男子弃车而逃，路边有条河，他竟然跳入河里，前游几十米躲进芦苇丛。这男子被警方抓获后供认，他是吸毒瘾君子。

　　暴雨如注，市局110指挥中心通报长江大桥上有一女子站立，怀疑可能有跳江自杀意图，指令卡口民警前去探查。陆纪才冒雨近前，听这女子哭诉，说自己嫁到扬中，丈夫痴迷赌钱，输钱回家就发泄打人，她想一死了之。陆纪才看准时机，一把拉住执意轻生的女子……

　　一辆危险运载的大货车驶来，司机明明看到陆纪才站在前面做出拦停手势向他喊话，他装作不知，加速前进，陆纪才闪躲避开，那大货车撞飞栏杆歪到路边，司机弃车奔逃。

　　入警十余年，陆纪才共抓获各类刑事犯罪嫌疑人400余名，协助破获刑事案件500余起，他以其"敏锐、快捷、准确"发现并抓捕犯罪嫌疑人，渐渐在公安系统传出一个外号——"藏獒"。

　　眼前掠过一幕幕成长历程的情景：

　　——当年那个十七八岁乘船渡江，远离家乡跑供销的农村娃；

　　——那个参军入伍、朝气蓬勃、不甘人后的年轻小兵；

　　——那个报考军校、发奋攻读、积极入党的军校生；

　　——那个奔赴东北，多年奋战在冰天雪地里的汽车队指挥员；

　　——那个规范管理、整肃军纪的军事院校汽车队长。

　　人到中年的陆纪才荣誉在身、声誉传扬，这位基层警队指挥员归结自己的人生履历时就一句简简单单的话——"要么不干，要干就要干好"。

江阔岸平天际远　鱼跃碧空衔微风

——记扬中市公安局看守所综合保障室副主任、二等功获得者傅军

人物档案：

傅军，男，1977 年 2 月 11 日出生，中共党员，汉族，毕业于江苏大学法律专业（自考），二级警督警衔。现任江苏省扬中市公安局看守所综合保障室副主任。

2015 年 12 月，傅军荣获第三届"江苏最美警察"提名奖，
被江苏省公安厅记个人二等功

参加公安工作以来，因成绩显著，先后荣获"全省优秀人民警察"，江苏省第三届"最美警察"提名奖，全省"收押接待岗位能手"，镇江市优秀共产党员，"镇江每月好警察"，扬中市优秀共产党员标兵，扬中市"人民满意警察"，优秀公务员等荣誉称号；荣立个人二等功 1 次、三等功 2 次。

"爷爷走到床边，摸摸我的头，我非常伤心。"

这是梦，真真切切的梦——爷爷在夜深人静时分窸窸窣窣地下床，拖着行动不便的身子缓缓走来，伫立床头，缓缓伸出满是老茧的大手摸着孙子的额头，小傅军闭眼享受着这份温存，伤心的泪水却迸出眼角。

这个梦的所有细节一辈子都忘不掉。

一

爷爷是村里有名的篾匠。

"篾"是指劈成条的竹片、竹条或极细的竹丝。

篾匠技艺是几千年农耕社会传承下来的古老手艺。

爷爷的工具可多啦，最常用的有篾刀、小锯、小凿子、绳钻，还有"度篾齿"，这个工具能让结实的竹篾变得柔软、光滑、圆润。

见过爷爷砍、锯、切、剖、拉、撬、编、织、削、磨；见过爷爷利索地将一管青竹劈剖，分出竹皮、竹心，再劈出篾片、篾丝，讲究粗细均匀、青白分明。制竹扁担兼有刚韧；制筛子、提篮、筲箕、簸箕要精巧耐用；制箩筐、背篓要方圆周正；制凉席要光滑细腻；制竹床、竹椅、竹凳要舒适结实，再漂亮的竹器均以牢固耐用为首要标准，这是衡量篾匠手艺的第一要旨。

奶奶去世早，小傅军出生时就没见过奶奶。爷爷年轻时远赴浙江安吉谋生，过着漂泊不定的生活，历时三十载光阴，爷爷踽踽回乡。

父母结婚时，爷爷尚在外地竹乡打拼。

小傅军出生后，当兵多年的爸爸给这个降生的儿子起名叫"军"，小傅军跟爷爷相处的时光不太长，但爷孙俩的亲情却极其笃厚。

爷爷的工具是谁都不可乱摆弄的，更要提防小傅军，怕细皮嫩肉的淘气小崽摆弄工具受伤。

小傅军趁爷爷没留神，把爷爷干活用的小钻拎走，找块大石头试钻，气得爷爷喝骂孙子。爷爷又格外宠爱他，买来孙子爱吃的食物留在箱子里，等孙子放学回来拿出来给他吃。小傅军跟母亲住在单位，每逢星期天都会回乡下看望爷爷，回家路上，远远地看见爷爷伫立在家门附近的田头张望。

小伙伴们一时兴玩陀螺，眼看别家孩子举鞭抽得陀螺飞转，小傅军偷出爷爷的篾刀，到外面找根粗树枝砍削，不小心把手砍伤，皮破血流。爷爷发现后教孙子用锯，说那不是用刀能干的事儿，手巧的爷爷锯断粗树枝，再一刀刀削出个木陀螺，在陀螺尖顶安个按钉以减小摩擦力。

小傅军有了爷爷帮自己做的陀螺，兴奋极了。

也许是老天爷为这孩子赋予了爷爷的那份心灵手巧，小傅军性喜动手制作玩具。

那年头男孩子时兴的弹弓、链子枪，经他琢磨来琢磨去，竟能一一动手制成。把玩之时，他心里比别家孩子更多一份自信和自豪。

父亲在扬中要算最早拥有凤凰牌自行车的极少数人，买下那辆令人羡慕不已的上海造自行车，他只能在家逗留短暂休假时间，无法享受骑车乐趣。他生怕这部自行车被儿子练习摔坏，把自行车扛到二楼宿舍门前锁起来，严禁儿子动车。

父亲从不溺爱儿子，管教严厉，若儿子不写完作业就溜出门玩，肯定少不了一顿痛揍。

儿子怕父亲，但父亲长年在军营任职，归乡探亲时间有限，儿子当然有机可乘。小傅军做梦都馋学骑自行车，哪里忍得了家门口锁着辆簇新的自行车能看能摸就是不能骑。

傅军在收押接待岗位上，对在押人员进行安全检查

母亲疼爱儿子，让儿子拿车钥匙捅开车锁。小傅军找几个小伙伴小心翼翼地把自行车抬下楼，大家学骑车。一旦知晓父亲要回家探亲，赶紧把自行车精心擦拭一番摆在老地方，装作没人动过的样子。小傅军的淘气好动是出了名的。

二

傅军从小在母亲身边长大，聪明、顽皮、淘气，却从不跟小伙伴斗气打架，深得母亲秉性传承。母亲在扬中一家国营电子元件厂做产品质量检查工作，她检测出厂前的二极管、示波器等电子产品。她待人和蔼、处事大度、任劳任怨、不计较得失。

小傅军幼小时跟母亲住在她就职的国营电子仪器厂女工集体宿舍，一屋里住着6个人。

这少年耳濡目染性格开朗的母亲如何尊重室友、互相帮助、勤做卫生，把大家的事当作自己的事抢先做。

后来，母亲工作的工厂分给她一间宿舍，他跟母亲有了一家人独处的生活空间。

在傅军的童年记忆中，母亲每每在宿舍过道生炉子做饭、烧水，那是家庭生活中挺重要的一件事。母亲上班忙，炉子里的火若不及时燃旺，就没法按时做饭，耽误上班。

有一次，跟傅军从小玩大的一个小伙伴因父母上夜班，叫傅军去陪他做作业，两人做完作业在门口点火烧纸玩，哪料想火苗大起来烤裂了人家门上的红漆。结果，母亲带着儿子登门道歉，罚儿子写检讨、罚跪，儿子从此知晓闯祸要付出什么样的代价。

傅军的外公在当地做裁缝，一辈子为老人和孩子裁剪衣服，是一位心灵手巧的手艺人。

长大以后，傅军渐渐闻知，父母自主谈恋爱时，外公家境优于爷爷家，外公起初不肯把女儿嫁给篾匠的儿子，这位老人家提出的要求是，待父亲当了军官才能娶到他的女儿。若不是父亲参军入伍，在部队表现出色，这门婚事恐怕难成。

父亲是共和国的同龄人，初中毕业赶上"文化大革命"，学生们"罢课闹革命"，都不去学校。

父亲19岁参军，入伍"朱德警卫团"。这支部队前身为中国工农红军总指挥部特务团，1945年4月在山西省辽县桐峪镇被八路军总部正式命名为"朱德警卫团"。

父亲为能跻身这支英雄部队很是自豪，这支部队历经南泥湾大生产运动、百团大战、淮海战役、渡江作战、西南剿匪、上甘岭战役，父亲入伍后随部队参加了中越边境自卫还击作战，亲历过枪林弹雨、血肉横飞的战事。

母亲记得父亲所在部队上战场连夜开拔的情景，战备气氛格外逼人。父亲上战场后，母亲天天盯着新闻看，心情焦急地盼着父亲来信。

听父亲回忆当年战况，抓对方特工斗智斗勇，有过"晚上睡觉都得瞪着眼睛"的极度紧张，听到树叶沙沙响，就朝着出声的方向开枪，那可一点都不夸张。

战斗后期，对方特工频频偷袭我军哨兵，父亲当时任副营长兼连长，最担心战士牺牲。那次，一发炮弹落在父亲帐篷附近，一块弹片从父亲耳边飞过，真让父亲后怕。

部队撤出战斗后，全营战士无一人牺牲，只是父亲的警卫员踩上地雷被炸断了脚。父亲所在部队荣立集体二等功，父亲多次荣立三等功。

父亲的部队驻扎在江苏新沂，小傅军跟随母亲一年有两次去军营探视。

部队军营军威整肃，深深震撼着少年的心。趁父亲在部队未探家时，小傅军多次将父亲珍藏家中那3个红木小盒里的军功章揣进衣兜，外出跟小伙伴们显摆。随着年龄的增长，当兵心愿在他心中变得迫切而强烈。

三

"10岁那年我'死'过一次。"

傅军在扬中县实验小学读小学五年级时，他的班级教室在三楼。冬季，学校课间操铃声响起，同学们纷纷跑出教室，下楼去操场列队集合。小傅军淘气，跟同学追打，他趴伏在楼梯木扶手上，得意身体快速下滑，突然身体失衡，脑袋重重地撞到地面。

霎时，他眼前一黑、无知无觉，只依稀记得曾睁开过眼睛，看到众多同学的脑袋探过来，向下盯着自己看，而自己很诧异地仰面躺着朝上看，后来就什么都不知道了。

傅军在接待窗口查验律师会见在押人员的法律文书，办理律师会见相关手续

听母亲讲，他昏迷后被班主任急送到县人民医院救治，医院不敢收治，赶紧送他乘船渡江，急送镇江市第一人民医院。母亲陪着儿子住进病房，儿子整整昏迷了十几个小时，医院诊断为颅骨骨折、颅内出血。

入院治疗半个月之久。小傅军起初手脚都不能动，医生设法降低颅压，再辅以康复疗法，直到颅顶骨折创口渐渐愈合，颅内出血自行吸收，这个小男孩才伤情渐愈。

"在医院住院时，我经常摸摸头顶塌下去的地方。"

10岁的傅军在住院的日子里看惯了穿白大褂的医生和护士奔来走去，习惯了打针吃药，习惯了医院里的气味和环境，他当时心里惦记的是"我会不会瘫痪？"

由于头部受到重创，遗留下脑震荡后遗症，小傅军从此只要专心想事、集中念头就要犯病，头晕、头痛，进而引发呕吐。出院回家，五年级小学生傅军休学两个月，待手脚恢复正常，他又开始担心"我会不会傻？"

这一年，父亲转业回扬中，他本性正直，不会溜须拍马，在部队服役18年的军营生活铸就了他待人行事的军人品性。回到家乡，父亲在扬中县物资局下属的一个公司管过党务，担任过工会主席，他一直认认真真工作，规规矩矩办事，清清白白做人。

傅军记得，全家人团聚过上平常的家庭日子，父亲跟母亲上街不带他去，这让他心里好别扭，母亲从前上街都要带他去，父亲得知儿子作业没写完，命令儿子在家做功课。小傅军哪里呆得住，待父母出门后，他悄悄跟上，结果被父亲发现挨了顿揍。

小傅军摔伤仅仅几个月后，疼爱他的爷爷不幸病逝。他听说爷爷早起走在河堤上猝然栽倒。当时没人看到，等过了好久有人发现爷爷倒地时，他已经没有了生命迹象。

爷爷离去，天塌地陷，小傅军痛哭失声，他怨恨自己为什么没在爷爷倒地的那一刻守在爷爷身旁。至亲亲人的去世，让这个懵懂少年对生命有了不同已往的领悟。小傅军摔伤了脑袋，父亲对儿子的管教更多是停留在口头上，手下留情。

四

从小学升入初中，傅军有个心结，不愿同学谈论他的大脑受过伤。

尽管他在学校免试体育达标成绩，但他坚持参加百米测验，跑百米奋力迈步，脑部受到颠簸，脑震荡后遗症依然强烈，剧烈疼痛骤发，跑下来脸色煞白，呕吐不止，他试图忍住，却无法掩饰痛苦神色。

上初中，傅军在班里担任政治课代表，脑震荡后遗症使他无法像同龄人那样记忆清晰，同学听课时记住的课堂内容，在他的课堂记忆中却出现"断片儿"。傅军学习功课并不吃力，但"断片儿"让他焦虑，总惦记着快些恢复脑力健康。

所幸，随着年龄增长，他明显感到一天天好起来，对未来的信心也在一点点增强。

"上高中，我要考出好成绩，不比别人差"，这个念头一直强烈地在心底促动自己努力学习，他如愿考入扬中县高级中学（高中）后，现实令他有些沮丧。

高中学业毕竟不同于初中，傅军明显感到学习吃力，头部受创的老毛病依旧顽固，每逢持续用心专注就会头晕头痛，他绝不主动告诉同学和老师，说自己小时候脑袋受过伤，他瞒着学校定期去医院做脑 CT 复查，他最乐意周围的人视他为健康人。

高中体育课测试 1000 米项目，他跑完全程，照例要呕吐，见到个别同学因缺氧也在呕吐，庆幸自己并未显得特殊。

傅军上小学时，在班里属个儿高学生，从来都被老师把他的座位安排到最后一排，初中也是如此，高中也是如此。高中毕业前，他的个儿头已经高出父亲 5 厘米，达到 1.78 米。

父亲想让儿子去学财会，将来当个会计，不想让儿子再进军营。母亲希望儿子找个师傅，学电子产品修理。但儿子自小就是"制服控"，特别迷恋制服、肩章、大檐帽。

1996 年，傅军在扬中市公安局大桥派出所工作期间

高考时，17岁的傅军填报江苏省人民警察专科学校，但高考成绩不如愿，差了些分数，若坚持入校当自费生，家里就得拿出一笔可观的费用。

幸好，一个不可预测的机遇降临，扬中县公安局因扬中新建长江大桥即将通车，为新组建大桥派出所，在全县发布了公开招收新警的通告。

傅军眼前一亮，毫不犹豫报名，参加笔试，考政治、法律、语文；参加体能测验，跑100米、1000米、立定跳远、仰卧起坐、引体向上。跑完1000米，傅军犯老毛病又呕吐了一通；最后参加面试，单个接受面前七八位考官的交叉询问。

"每考一次就排名次，往下刷人。"

扬中县公安局连考3天，最终将20名新警入选名单依次写在大红纸上张榜公布，傅军在200多名应招青年中笔试排名第四、体能排名第十四，面试排名第一，总成绩积分排名第二。

傅军的姓名赫然书写在榜上排序第二名位置上。

"妈，我考上了！"

傅军在扬中县公安局看到红榜，激动地往家跑，远远地冲母亲喊着。父亲像是自言自语地应了一句，"嗯，省下几千块钱，不用掏钱上警校了"。

录取通知书盖有县劳动人事局和县公安局两枚大红印章。

傅军年少时就对未来心存两大理想：当兵或当警察。刚满17岁的他此时未达征兵法定年龄，收到录取通知书，这小伙子实在太开心啦。

五

1994年7月，扬中县公安局应招考取的20名年轻人列队前往扬中县党校，进行封闭性集中培训。1个月后，就在扬中倾全县之力、自主筹资兴建的扬中长江大桥桥体合龙之际，扬中县公安局建立的大桥派出所正式挂牌。

1994年9月26日，历经建设者们2年5个月的奋力筑建，令扬中人骄傲自豪的长江大桥圆满竣工。此前，扬中县公安局新招录的20名新警来到大桥派出所上岗值勤，成为值守这座大桥的首批民警。

傅军在家里穿上警服，系上警用皮带，别好对讲机，对着大衣柜镜子左看右看。

父亲凑上前摸摸儿子的警服，不由得叹了一声，"我戴了近20年的大檐帽，我儿子如今也戴上了"。

早在1984年1月10日，中央军委批准军服改革方案。新式军服1985年正式装备全军，定名为"85式"军服。父亲就在那年退役，遗憾没赶上穿那身扎领带的"85式"军服。

当精神抖擞的儿子身着扎领带的警服站立眼前，父亲不由得心生感慨。

1994年10月6日，扬中长江大桥通车。

当天上午，扬中明珠广场举行万人大会，将扬中长江大桥通车、撤县建市、实现小康县和建设生态县四件喜事一并庆贺。庆典结束，浩浩荡荡的人潮兴高采烈地从明珠广场走向扬中长江大桥，一时间人山人海，声浪喧嚣。

傅军和大桥派出所同事手持电喇叭疏导民众游览，维持秩序。

这座长1168米、宽15.4米的跨江大桥上彩旗飘舞，人们摩肩接踵。傅军与同事们整整一上午奔前跑后地劳碌，身体疲惫不堪，嗓子喊哑了，好几天都缓不过来。

数百年来，扬中人靠舟楫往来过江。扬中长江大桥建成通车，成为陆上连通的唯一通道，大桥派出所不仅承担着维护交通秩序的任务，更承担着治安卡口查控、堵截犯罪嫌疑人的任务。

大桥派出所最初实行"四班三倒"，民警每隔8小时轮班值勤，后来改为白天两班分别值守12小时，晚上6小时。最难受那一班要属晚班，尤其是三九寒冬，江风刺骨，气温降至零下，湿冷的寒气浸透大衣。

大桥通车时，北端设有桥北岗亭，可避雨雪风寒，而大桥南端未设岗亭。

傅军与同事在南端值守点轮值晚班，为避冬寒不得不躲到桥柱背风面。当时派出所有一辆吉普车，傅军身在的这一班人里没有谁会驾驶汽车，而别的班组有会驾驶汽车的人，轮到他们到桥南值班可以坐在车里避风寒，这实在让傅军这班民警自叹不如。

熬过大桥通车第一个冬天，政府拨款建造桥南岗亭，铝合金材质的岗亭里安装空调机，民警工作条件大大改善。

依照人体生理节律，凌晨时分正是酣睡之时，也是值守民警疲劳极点出现的时刻，而多班次的长途头班车此时驶至大桥桥面治安卡口，接受值守民警的例行查验。

当班民警既要查处假烟、伪劣商品、违禁烟花爆竹、病死畜禽、野生动物等违法贩运行为，更要按110指挥中心通报堵截和抓捕犯罪嫌疑人，同时针对机动车辆逃票、违章、闯关以及交通肇事酿成死伤事故等违章违法行为进行查处。

六

春夏秋冬，寒暑交替。

　　傅军与同事伏击过偷盗大桥建筑材料的窃贼，乘船追击在江上实施抢劫的船匪，拦截外地窜入扬中偷盗得手的嫌疑人，挡获屡屡盗窃摩托车的惯犯。在十轮光阴似箭的年轮中，他为这座大桥奉献青春，积累了底蕴深厚的执法经验，亲历过许许多多的难忘瞬间。

　　一辆载重大卡车驶上大桥，同向骑自行车的一人意外拐把摔倒，身体倒在载重卡车车轮下，头部瞬间被压扁，脑浆迸射。司机下车查看，吓得脸色煞白。傅军当班值勤，协助将死者尸体抬离事故发生地。这样的经历多次发生，让傅军对人生有了别样的感喟。

　　有群众报警，江边发现浮尸，傅军下桥奔向江岸，伸手将浮尸拽上岸。

　　不知死者在江水中浸泡多久，其身体膨胀变形，头部异样，面部狰狞，胆小者见到势必惊恐袭心，不免夜生噩梦。

　　凌晨4点，一年轻人骑摩托车行至治安卡口。傅军观察，对方驾驶的是五羊牌摩托车，气缸排量125毫升，八成新，当时这牌子的新车价格逾万元。年轻人出示驾驶本是安徽的，但摩托车牌照却是扬中本地的。

　　傅军问对方要到哪里去，那年轻人慌里慌张地说要去丹徒走亲戚。傅军检查发现他携带盗窃摩托车的作案工具，立即先把车扣下，那年轻人弃车抽身就逃，傅军拔腿即追，一直追了好几百米，气喘吁吁的傅军一把抓住这个涉嫌盗窃摩托车的年轻人。

　　上午9时许，一辆中巴车行至治安卡口。傅军上车检查发现多名长相打扮相似的外地人混坐在乘客中，这情景有些怪异。待他逐一查看身份证后，得知车上有7人都来自贵州，民警查验身份证令他们神情紧张。

　　傅军逐一问这些贵州乘客，他们谁都不说话，用手势比划，原来都是聋哑人。傅军检查他们所带的行李，有人携带数千元现金。傅军马上指令中巴车司机关好车门，将车开到大桥收费站院内，呼叫同组警员前来协助，把6男1女贵州籍乘客请下车。

　　下车后，那伙人中有一人比划着要去解手。傅军跟进厕所，发现那人站在蹲坑上从内裤里掏出一把现金欲悄悄抛扔，傅军急忙上前制止，随后从他内裤里搜出4万多元现金，原来他是这个盗窃团伙的头儿。

　　110指挥中心接到报警，称有人在江船上实施了抢劫。

　　大桥时任派出所所长带领傅军等4名同事出警，登上借用的海事巡逻船追寻。嫌疑人驾驶一条水泥运输船，发现后面有船追赶，加大马力竞速。两船接近，民警用喇叭喊话，对方不肯减速。直至海事船逼停嫌疑人的船，嫌疑人竟跳江游逃。

傅军亲身参与江上追逃全程，他既紧张又激动。眼看所长掏枪对空鸣放两枪，吓住江中游逃的嫌疑人，那人惧怕枪击，自行游回船上束手就擒。

2001 年 8 月，写真照片

冬夜天黑早，一女子步行上桥，边走边哭。

傅军注意到这个女子上桥后走走停停，左右张望。他调看监控，盯住女子走到桥段中部坐下，伏在桥栏杆旁哭泣。傅军骑上警用摩托车赶到女子身边询问，女子哭了许久，终于告诉傅军，说因与相处多年的男友发生口角，她想一了百了。

傅军再三劝说，将这名意欲跳江的年轻女子劝离桥面。

七

正是秋高气爽时节，傅军与常娟的婚礼在亲朋好友的祝福声中举行。

24 岁的新郎一身正装，勃勃英气，23 岁的新娘身披洁白婚纱，光彩照人。

傅军与常娟相识伊始，常娟的父亲已身患重病，入院卧床一年。

婚礼举行仅仅两个月后，常娟的父亲在医院病床上病逝。这位当年的战斗机飞行大队长曾驾机翱翔蓝天，却难抵日后病魔折磨。临终前，他无法发声，仅用右手攥牢女婿的手，眼神满是欣慰，又饱含嘱托之意。

岳父生命垂危之时，傅军却在扬中市公安局例行体检发现异常，医生在他的 B 超检验单上写下"肝区有低回声光团，考虑 MT，建议做 CT 进一步检查"。傅军上网查询"MT",方知意指肿瘤,他不敢疏忽大意,遂前往上海大医院详细检查,父母和新婚妻子同行。

上海医疗专家依据检验报告向傅军及家人介绍病情:傅军肝区长有四处异物团块,肝左叶两块,肝右叶两块,这种状况无法手术,专家说只能保守医治。

短短10分钟谈话,全家人如遭五雷轰顶。母亲泪流满面,妻子转身饮泣,傅军脑袋里"轰"地一震,迅即冷静下来,他心里只有一个念头,"不能在亲人面前掉泪"。

在医疗专家的建议下,傅军与家人同意介入治疗,医生在有创手术中切开他的动脉血管,将一根细管沿动脉探入肝脏,输入药剂堵塞肿瘤周围血管以控制异常团块生长。

"非常疼啊!"

傅军肝部火烧火燎,剧烈的呕吐开始了,尽管打过止痛针,他夜深时分依然吐个不停,直至干呕。守在身边的亲人目睹此情此景倍受煎熬,却无以为助。介入治疗一周后,傅军体重从原有的190斤一下子消瘦掉30多斤。

医生两个月后复查病情,确认傅军肝区的四个团块没有增生,继续介入治疗。时隔1个月第二次复查,医生发现其中一团块由原有的3厘米增生至6厘米大小。母亲慌了,流泪询问儿子,"医生明确表示没有把握,你还想不想继续介入治疗?"

傅军岳父生前疗病时,曾求治于山东一家专科医院采用的光子刀适形放疗法。父母、妻子与他共赴山东就医。尽管采用此法有效抑制了傅军肝区团块的增长,但医疗射线从几个方位定量照射肝区,致使他体内白细胞急剧减少,还因射线穿过肾脏造成左肾实质性萎缩。自此,傅军若想从座位上站立,一时难以直腰,只能缓缓起身。

查出"MT"之时,傅军已在扬中长江大桥值守8年。

单位领导照顾傅军,让他好好休养身体。在连续8个月的疗病休养期间,傅军没有闲着,他自学电脑,掌握电脑技术成为他自小以来沿袭心灵手巧秉性的最好载体。庆幸的是,傅军肝区各个团块放疗10年间没有增生扩展,肿瘤团块也未出现转移、扩散。

人生磨难犹如高温淬火,锻造着常人难以企及的意志和品性。

傅军从没因厄运缠身在亲人面前掉泪,他携手亲人,以无声行动告慰亲朋好友和同事——不屈从命运捉弄,让平凡生命焕发不平凡的光焰。

八

出于对傅军身体健康状况的考虑，市公安局领导相信若傅军继续在扬中长江大桥上值守，肯定不利于身体康复，决定将他调往扬中市公安局看守所工作。

2004年初春，傅军步入新工作单位——扬中市看守所报到。

傅军在看守所分配到接待窗口工作。

"接待窗口"要审查收押、换押凭证的法律文书；要查验办案机关出具提讯、提押羁押人员的手续是否完备；要告知被收押人员依法享有的权利；要代为妥善保管在押人员入所时随身携带的物品，以及在押人员亲属送、寄的物品；要负责准确及时地采集在押人员相关信息并录入存档。

面对新环境、新同事、新岗位，傅军宁愿像正常人一样尽快熟悉工作情况。

看守所"接待窗口"工作事关人身权利、事关正确实施国家刑事法律、事关严格公正执法，其工作重要意义几乎全部体现在各个工作环节中，若有疏忽就有违法"踏雷"的危险。

傅军心里有这样一个坚定信念，"我一直不相信自己的病是很不好的病。老想着病有什么用，工作能带给我愉快。"常娟熟知丈夫人品，说"他是一个认真、执着的人。他认定什么事要做，就一定要做好"。

面对傅军一次次主动要求工作的"纠缠"，看守所领导杨全荣心绪复杂，要说当领导的，本应体恤下属身体健康，谁知傅军偏偏"死缠烂打"讨工作，他其实明白傅军心里想的是什么。

傅军每天提前一小时到岗，逐项核查前一天工作记录，由于所里没雇用保洁工人，也没有辅警，全靠个人打扫卫生。傅军担负的卫生范围既包括自己的工作环境，还包括律师会见室、提审室等处的卫生。

看守所搬迁新址之前，傅军平均每天提押在押人员从监房到提讯室多达60多次，来回400米，他要不停地折返奔走。搬迁新址后，距离更长，工作更累。傅军工作细致，多次发现法律文书中出现的错误。他深知，被告人羁押期限的误记和错算涉及被羁押人的合法权利。

傅军曾收到过一份判决书，根据判决书上的刑期时间，一名在押人员还要关1个月才能释放出去。傅军注意到这名嫌疑人是在外地被抓获的，曾在外地看守所羁押过一段时间，这段时间应该算到刑期内。傅军立即与审判机关联系，及时纠正了误算时限。

看守所接待窗口如同大桥治安卡口，同样是正义与邪恶斗智斗勇的战场。

一船厂老板涉嫌犯罪羁押在看守所，一个自称老板老婆的女人每天送100

元钱来。奇怪的是，她每天在"寄送财务人姓名"一栏里填写姓名都不一样。傅军将数十天的姓名登记连缀起来，发现这竟是向她被羁押老板通报信息。

一小伙子因行政拘留入所体检，傅军发现他内裤异常鼓起，问内裤里有什么东西，小伙子神色大变，本以为可以蒙混过关，他贴身穿着的三角裤衩里兜着包东西，没想到被傅军一眼识破，搜出一包重达 28.5 克的冰毒。

傅军遇到过将通风报信内容写在薄薄餐巾纸上夹在衣缝里的；有将翻供字条藏在袜子里的；有在送入衣物标签上密写违禁话语的；还有假律师冒充律师会见的；还有把刀片含在舌下的。

桩桩件件违法、违禁、违规的行为都没逃过傅军锐利的眼神。

2013 年 8 月 21 日，傅军夫妇携带小孩拍摄于海南省三亚市亚龙湾海边

九

2014 年 6 月 17 日，扬中市公安局看守所搬迁新址。

原本负责看守所信息化设备维护的同事调走了，傅军主动担负起看守所信息化设备管控升级的工作以及与专业公司对接业务的工作。为了及早促成信息化系统调试工作，保证看守所搬迁设备的正常运转，傅军经常加班加点。

警方在侦办一起重大案件后，为办案需要必须全程录像，要求看守所增加设备。

按照以往惯例，单位完全可以购买新设备安装。傅军主动将原本淘汰下来的旧设备重新组装维修，在监室增加了 4 个摄像头。少花钱多办事，他的高效率工作为单位节约了巨额经费。

凌晨时分，傅军结束在看守所信息化设备管控升级的工作后，累得回家昏倒在沙发上。常娟醒来，发现丈夫昏倒，赶紧叫醒他。傅军告诉妻子，他只记得进家时头很晕，后来发生了什么事就一点也不记得了。

除夕夜，家家欢笑团聚。看守所设备出现故障，单位值守的人手足无措，领导打电话叫傅军赶快解决。傅军正在与家人吃年夜饭，丢下碗筷，立即赶到单位，及时解决了设备出现的问题。

"现在最明显的感觉是体力下降了。因为接受多次激光治疗，一个肾已萎缩，每逢阴雨或是到晚上八九点钟，人就感觉很疲劳，特别容易累。"

不知多少次，丈夫下班回家累得不想讲话也不想动。病痛袭来，丈夫浑身大汗淋漓、气色不佳。这时，妻子常娟忍不住要劝一声，"你要照顾好自己，这个家还要靠你呢！"

看守所副所长马福平感叹，这些年来，傅军以他努力自学的弱电维护技术和知识，为单位省了近百万元设备的维修经费。傅军干的这些都不是分内事，可他从不计报酬和得失，没有怨言。

2012 年，傅军去医院复查病情，医生发现这位民警久无动静的肝区肿块出现了活跃迹象。

傅军再次在家人陪同下前往山东求治，仅仅休息 3 个月后又重返工作岗位。同事见他淡定对待病情，暗暗慨叹。

时隔两年，常娟咳嗽不止，去上海找专家诊断，胸透、CT 查出她左、右肺结节，肺部阴影。

傅军父亲几乎在同时意外发生脑梗，急赴上海看病，至年底病情加重，出现呕吐、身体协调性差、视力急剧下降状况。傅军母亲劳累有加，血压增高、颈椎不适。

傅军心系父母病体康复，又要顾及患病妻子，人生再次面临多重危难。

常娟按医生建议，西药、中药连连服用半年不见效果，傅军和妻子经专家反复斟酌，决定开刀除患。患病一年后，常娟在上海一家专科医院进行手术。常娟被医生推进手术室门时，傅军伫立门口，潸然落泪。

同事眼里的这位刚强硬汉谈到个人的命运，他淡淡地笑着说，"消沉有什么用？有了病就积极配合治疗呗，生活还要继续，工作也要继续。"

"生活总要过的"，傅军绝非是舍弃家人、不顾健康的工作狂，他内心格外清楚，"在干好工作的同时，我必须要照顾好家庭，守护好家人是我的责任"。

风卷舒云江海阔 波推细浪芦花馨

——记扬中市公安局政治处主任、二等功获得者祝瑞平

人物档案：

祝瑞平，男，1962 年 7 月出生，汉族，中共党员，大专文化，1984 年 7 月参加公安工作，一级警督警衔。现任江苏省扬中市公安局党委委员、政治处主任。

参加公安工作以来，先后被江苏省公安厅记个人二等功 1 次，被镇江市公安局记个人三等功 3 次，多次被评为优秀公务员。

2016 年 7 月，祝瑞平被江苏省公安厅记个人二等功

2012 年，其工作部门被镇江市公安局评为思想政治工作先进集体，并被省公安厅记集体二等功，扬中市委、市政府记集体三等功；2013 年被省公安厅授予"全省群众工作优秀公安局"荣誉称号，2014 年、2015 年连续被镇江市公安局评为"1＋4"队伍管理先进单位。

小男孩坐在江堤上，眺望着宽阔的长江江面，看着万吨巨轮缓缓驶来，听到耳畔传来低沉有力的鸣笛声，呆呆地出神。

父亲曾经神情凝重地对他说过，"有文化走到哪里都不怕"。

小男孩不明白父亲讲过的这句话有什么意思，那小脑袋瓜此时此刻想的是，"什么时候我能开上这条大轮船?!"

一

小男孩出生在扬中县丰裕镇朝阳村，那村庄曾经的名字叫作永安村。

"永安"之名远在本地命名"扬中"之前，可谓历史悠长。

扬中被南北分流的长江挟持其中，这爿228.7平方公里的陆地由雷公嘴、太平洲、西沙、中心沙四个沙洲组成，南北长约40公里，东西平均宽约7公里。

清末，扬中统称太平洲，清政府在此地设太平厅，后更名太平县。1912年，民国统辖的江苏省暂行市乡制，太平县设一市七乡，其中有永安乡。太平县于1914年更名扬中县。

《丹徒县光绪五年（1879年）岁次三月重修县志图》留存至今，在这张老旧地图勾勒出扬中地域的各处建置上，人们能清楚地看到"丰裕港""丰裕桥""永安洲"三处地名。

这三地紧紧相邻。

1927年，扬中县改设新坝、三茅、乐善、永安、城区、永胜、三义、南阳八个行政局，永安位列第四位。新中国成立，扬中城乡建置屡经规划变更，永安之名自洲名跌至乡名，再跌至村名，最终消失，被"朝阳"二字的村名替换。

祝瑞平在朝阳村出生长大，他的爷爷奶奶土改时被定为富农，爷爷家那三间二层的瓦房是全村唯一的瓦房，他并不知晓爷爷和奶奶有过怎样的生活经历，年纪尚小的他早早习惯了同村人疏远、规避的目光。

曾几何时，遍及全国的土地制度改革运动伴随着农村阶级成分的划分，将农村阶级划分出"地主""富农""中农""贫农"，而中农又分"上中农""中农"和"下中农"。土改后期，富农被视为"农村资产阶级"。在合作化时期，特别是进入人民公社化时期，富农成为"无产阶级专政"限制和"消灭"的对象。

小瑞平不明白父亲受人欺负时为何从不抗争，沉默以对，母亲总要挺身而出，厉声厉色地冲对方喊道，"我也是贫下中农，比你们更穷"。母亲的勇敢举动让幼小的祝瑞平佩服之极。

小瑞平出生就没见过外婆、外公，他长大后才知道，母亲的娘家就在邻村，母亲刚刚 3 岁，外婆病故；母亲 6 岁，外公病故，母亲只有一个年长 3 岁的姐姐。姐姐小小年纪背井离乡，被年长的亲戚带上小木船渡江，送给江岸那边的一户人家领养。母亲也被送到生活稍稍宽裕的祝家领养，她跟祝家儿女一起长大，后来与祝家二儿子结婚育子，生下哥哥、他、两个妹妹。

父亲是家中老大，有 3 个弟弟 1 个妹妹。爷爷奶奶虽是富农，却只有那三间破旧瓦房留给下一代，别无财产。兄弟分家时拆掉瓦房，一家抱走两根大木头。小瑞平记得住在茅草屋的家里，外面风狂雨暴，门窗晃动，屋里漏得稀里哗啦，为接住屋顶四处漏下的雨水，地上摆满大大小小的木桶、脸盆、瓷盆、小缸、大碗。

二

父亲高小毕业，在村里算是有文化的人，他毛笔字写得好，又会打算盘。

人民公社时期，选举生产队计工员，要选忠诚老实、能写会算、大家信得过的人，这得经过全体社员举手通过，绝不能找一个偷奸耍滑、偏心眼、没有公正之心的人干这份儿差使。

2013 年 4 月，祝瑞平（右二）陪同江苏省公安厅党委委员、政治部主任左锁粉（右一）走基层，参加扬中"三解三促"活动

父亲虽然阶级成分不好，但生产队干部和社员认可他人品好、有文化。

父亲当上生产队计工员，每天要将参加集体劳动每个社员的工分记录下来，月底统计列表，年底在家里的昏暗灯光下彻夜忙碌，把算盘珠子打得噼里啪啦响……

从童年、少年到青年，忍饥挨饿的日子似乎很长很长。

柴锅里放水过半，下两三把米，多掺些麦麸，将洗出的秧草或茄蒂或切出的南瓜一并丢入锅里，锅水滚沸，会有些许米粒粘在沸水边沿儿，父母心疼孩子，总是用锅铲将米粒铲起，分发到孩子碗里，而他们把锅里的瓜菜盛到碗里大口地吃着。一年到头，全家没有几次能吃到满碗的米饭，往往是一碗接一碗喝下稀汤寡水充饥。

小孩子有时饿得受不了，出门结伴儿四处寻找应季吃物——嚼生蚕豆，剥一捧黄豆扔锅里干炒，扒出地里的红薯，用手抹掉泥土，张嘴就啃，偷摘菜地里尚未长大的茄子吞下肚，上树采桑葚吃得满嘴满手淌紫汁。入冬时节最难熬，家里缺粮没米下锅，大人小孩饿得肚子咕咕响。

没挨过饿的人，哪知道饥肠辘辘的滋味有多难受。

那年春节，父亲与人搭伙合买下一个猪头，煮熟后把肉刮下来卖掉，剩下煮猪头的肉汤连同少许肉渣，各人分一份带回家。小瑞平眼看冒着热气的肉汤浇进稀菜饭里，鼻腔里满是令人神魂颠倒的肉香！哪知道美味入口，肠胃平日喝稀菜粥实在太素，一股油腥落肚承受不住，搅得他腹内翻江倒海，随即泻吐不止。

小小年纪就要学着烧菜粥，身为家里的老大，小瑞平蹲在锅台下的灶口前，把晒干的麦草、稻草、芦柴或拾来的树枝搂到灶口，塞进灶膛，划着火柴，不断续添柴草，把柴锅里的水烧沸，再去下米下菜。父母天亮就走，天黑才回家，要去上工挣工分，回家累得没精神，也没工夫做饭。那年月，没有老人帮把手的农家，哪家孩子不得早早学会给大人做饭，让大人少受些累啊。

穷苦人家最忌讳寅吃卯粮。

小瑞平初学煮粥，只因多放一把米，即刻挨了父亲狠狠一巴掌；小瑞平出门给家里养的两只羊割草，他贪玩误事，天黑时才想起该干什么，没法子，匆匆捡堆树叶垫在筐底，在树叶上盖些青草，回家糊弄父母。父亲临睡前习惯去看看羊，发现羊没吃饱，回屋把小瑞平结结实实揍了一顿。

孩子一天天长大，小学生祝瑞平早早学会下田插秧，上初二的祝瑞平参加了生产队插秧挣工分。这时的他，个头高过父母，这小伙子弯腰下田插秧一整天，能挣下2.5个工分。栽完一趟秧苗只能挣0.5个工分，一趟栽完就有五六十米远。天黑收工时，祝瑞平腰酸得直不起来，晚上睡在床上都不敢翻身。

三

为改善清贫生活，父亲绞尽脑筋，拼力去挣些微薄外快，他与人合伙去做小生意，家里有竹园，晒好竹笋干去卖，砍些竹子用船载过江去卖，或是贩些西瓜。父亲去过南京、溧阳、宜兴，见识过外面的世界，也有过被查被抓被没收的倒霉经历。

父亲把辛苦挣来的每一分钱都交给母亲，终于拆掉两间小茅屋，在地基上建起三间新瓦房。

永固村小学距朝阳村3里多路。

家里没有钟表，上学出门全靠村里的高音大喇叭，它连线县广播站，每天定时广播节目、整点报时，一天到晚播新闻、讲政治、喊口号、唱红歌，闹个不停。

少年瑞平在江边长大，潜泳戏水，摸蚌捉虾、钓鱼钓鳝，还见过长江里成群欢游的江豚。

有一次不到半天工夫，他逮到20几斤江蟹拎回家，父母舍不得吃，让他拿到十几里地外的三茅镇集市上1角多钱1斤卖掉。结果，他用卖螃蟹挣到的几元钱买回一双当年时髦的高帮解放鞋，立时穿着回村，好神气！

上小学伊始，小瑞平因个子高坐在教室后排，也因个子高没人敢欺负他。

父亲时常告诫他要好好写字，好好读书，常说"有文化走到哪里都不怕"。小瑞平似懂非懂，他哪里晓得，这句话里蕴含着父亲多少心酸和遗憾，又寄托着多少希冀。

每当学校发给学生新课本，小瑞平最怕弄脏弄折弄破书页，他找来牛皮纸，小心翼翼地包好书皮。家里买不起作业本，恰好有亲戚在印刷厂，亲戚把厂里的下脚料带来，帮这个小学生装订成作业本。那年月家家穷困，学校让学生自备作业本，不像后来要求统一买商店里的作业本。

小瑞平10岁随父母出门远行，去探望母亲唯一的姐姐——幼年被送给江岸那边人家领养的姨妈。瑞平看惯了长江上往来的大小船只，但这可是他头一次乘船渡江。全家清晨出门，父亲挑上担子，担着自家种的瓜菜和家乡的点心，带上全家人路上要吃的食物——前一天晚上蒸好的南瓜、红薯，这家人徒步前往丹徒县石桥乡姨妈家，傍晚才走到，那一路走得好辛苦。

姨妈家有一个大几岁的表姐，有一个小几岁的表弟，姨爹在上海当工人。

多少年过去，小时候乘木船渡江去姨妈家的情景，依然清晰地印在祝瑞平的脑海里。

沙家港古来是扬中县泊船的良港之一，小瑞平跟随父母渡江是从这个码头上船的，客船能载20来人，当年扬中的船都是帆桨木船，没有机动船。

祝瑞平第二次乘船渡江则足足等到9年之后。

19岁的他考入江苏警官学院的前身——江苏公安专科学校——学习治安专业。

此时，扬中全县已经拥有了几十艘自制水泥船。不久，机动钢质船取代木质船和水泥船成为江上主要的运输工具。

四

丰裕中学距朝阳村8里多地，祝瑞平的高中学习生活是在那所学校度过的。

初中毕业，很多同学放弃上高中，他们学手艺、进工厂、做买卖、回家种地。祝瑞平高中毕业时，当地农村青年若想"跳出龙门"只有两条路，参军入伍或是考大学。

参军入伍，政审严格。祝瑞平父母顾虑到家庭出身背景，不敢对此抱有任何幻想。

1977年9月，教育部在北京召开全国高等学校招生工作会议，决定恢复已经停止了10年的全国高等院校招生考试，以统一考试、择优录取的方式选拔人才上大学。

父亲听到大喇叭里广播了这条消息，欣喜地对祝瑞平说，"以前上大学靠推荐，轮不上咱们，现在有机会了，谁有本事谁上，你要好好学!"

2012年5月7日，祝瑞平（右二）陪同江苏省公安厅组教处处长徐德林（左二）慰问看守所民警郭宏祥（左一）

未及两年，又一个好消息传来。

1979 年 1 月 29 日，中共中央作出《关于地主、富农分子摘帽问题和地、富子女成分问题的决定》。爷爷奶奶虽然已经故世，多少年来祝家背负着阶级成分的"富农帽子"一朝被甩到历史的长江里永不复返。此时的父亲更加迫切地期望自家孩子学好文化，跳出龙门。

就在地主、富农摘帽这一年，祝瑞平高中毕业。那一届高中毕业的同学没多少人参加高考。

祝瑞平走出高考考场，觉得自己语文、历史、地理考得还行，可数学卷子上的考题几乎全没看懂。村里大喇叭公布全县每个考生的考试总分时，祝瑞平得知自己离录取线差了好几十分。

祝瑞平很是泄气，不想再考。

没想到高中班主任找上家门，帮他分析高考失利教训，指明如何改进复习方法，鼓励他再努力拼搏一次。父母深受感动，相信老师的判断，愿意支持儿子来年一搏。于是，祝瑞平重返丰裕中学，作为插班生复习一年，备战高考。

"那一年学得很苦。"

祝瑞平瞄准自己弱项，狠攻数学，他把数学复习资料上的每一道题都反复做了几遍，烂熟于心。他深知父母和兄妹都在为他付出，不敢说自己有多大胜算，心理压力极大。

高考结束，村里大喇叭公布全县考生分数。祝瑞平的高考总分比一年前提高了 100 多分，却勉强够到录取线。面对再次失利，他流下了伤心的泪水。不服输的他向父母提出继续复习，再考一次，父母没有丝毫犹豫，坚定地鼓励儿子再搏一次。

扬中县中学的教学水平高于乡镇中学。

祝瑞平想到要争取好的复习环境和条件，向班主任征求意见，得到了热情鼓励，遂前往扬中县中学高考补习班。妹妹为这个哥哥的未来放弃高中学业，进工厂上班，她用每月挣到的微薄薪水扶助了家里，还间接供给哥哥学费、生活费的支出。

1981 年 7 月，祝瑞平参加高考，考试成绩达到二本分数线。他第一志愿填写了江苏公安专科学校，同时申报了师范和财经院校，由于公安院校提前录取。祝瑞平由此踏入警察生涯，后来才知道，江苏公安专科学校在那一年录取的 200 多名应届高中毕业生中，镇江全市只有他一人考上这所学校。

"儿子考上啦！"

祝瑞平收到院校录取通知书，父亲兴高采烈地跑到邻居家欣喜相告，家里洋溢着从未有过的欢乐。多少年以后，只要忆起当年情景，祝瑞平眼前就能浮现出父母脸上开心绽放的笑靥。

五

"为什么报第一志愿要选公安院校？"

扬中县公安局的两名民警走进祝家，笑着询问眼前那个瘦瘦高高的小伙子。

祝瑞平有些紧张，他脑海里只是觉得民警那身上白下蓝、红领章、大檐帽的制装特别威武，就报了那所学校，至于为什么，真不知怎么说。

姨妈闻讯特地从江对岸那边赶来，她的大女儿高中毕业考上苏州的一所学校，她有着打理女儿出门远行外地的经验。姨妈带着母亲和外甥到扬中城里，不由分说地买袜子、买皮鞋、买牙膏、买牙刷，简直让那母子俩惊讶不已。

入校前体检，祝瑞平身高 1.78 米，体重 100 斤。

长这么大，他第一次知道自己体重有多少斤，也就是一整袋标准水泥的分量吧。

入校报到那天，天还黑着，祝家人起床了，凌晨 4 点就出门，要去十几里外的扬中汽车站赶头班开往南京的长途车。每天去南京的车只有两班。

祝瑞平穿着新袜子新皮鞋，拎着鼓鼓囊囊扎紧口的大塑料袋，跟着姨妈和母亲急急赶路。至今记得当年扬中至南京的一张长途车票价钱是 3.6 元。

三人乘汽渡过江，赶在中午 12 点之前抵达南京中央门汽车站，找到新生接站联络点，在附近匆匆吃了碗面条，就登上接新生的校车出发，自南京中央门一直向南行驶，1 个多小时后抵达校门。

2012 年，上海佳豪船舶有限公司向扬中市公安局赠送锦旗（左一为祝瑞平）

校园内外彩旗飘舞，欢迎新生入学的大红横幅高高悬挂，人声鼎沸。往届学生热情迎上前来介绍、引导新生报到，帮新生提行李、找宿舍，辨认教学楼、图书馆、食堂、体育场，气氛真是热闹非凡、令人难忘。

姨妈与母亲找到一家小旅馆住下。

母亲从没离开家门走这么远的路，更没到过省城南京。姨妈有经验，借这次机会领着母亲逛了一天南京城。第三天，母亲在姨妈陪同下来学校宿舍跟儿子道别，她哭着转身离开，儿子心里翻腾着难以诉说的纠结，多少年都忘不掉那个瞬间。

新生入校第二年，学校给每个学生量尺寸，准备发警服。大家早就期待着这一天，熬了整整一年，眼睛都盼绿了。穿起上白下蓝的合身警服，弄两个发卡在领子上别住红领章，站在大镜子前，人人仿佛一夜间成了仙，不知道原来那个自己跑到哪儿去啦。

神气归神气，入校可不是让你来当警服架子的，将来参加工作要凭本事端这碗饭。

班里近半数学生来自城市，他们弹琴唱歌，跟农村来的学生玩不到一块儿。祝瑞平珍惜入学时光，无论公共课、专业课，每一堂课都认真听讲、认真记笔记、认真做功课，不敢疏忽放松。

比起在家的日子，学校生活不知好上多少倍。

祝瑞平每月可领到 33 斤米面粮票、12 元菜金、3 元零用钱。偶尔他和同学周末进南京城里逛逛，当年的公交车票、公园门票、电影票每每不会超过 1 角钱。只要他念及远在上百公里之外乡村里的亲人，祝瑞平总能心无旁骛地摒除掉大都市生活的种种诱惑。

六

1983 年 8 月 25 日，中共中央发出《关于严厉打击刑事犯罪的决定》，全国社会治安的严峻态势成为这份文件的出台历史背景。《决定》提出：各地公安机关自 1983 年起，在 3 年内组织严厉打击刑事犯罪活动的 3 场战役。1983 年 8 月上旬至 1984 年 7 月为第一战役。

来自公安部的权威统计数据显示：

1980 年全国立案 75 万余件，大案 50 000 余件；1981 年立案 89 万余件，大案 67 000 余件；1982 年立案 74 万余件，大案 64 000 余件。1983 年，一、二季度案件数量继续猛增……全国"严打"第一阶段按照中央部署在各地展开。

那一年，学校刚刚放暑假，祝瑞平返家不及 10 天就接到学校紧急通知，全校学生一律回校待命。祝瑞平被分配到南京市公安局栖霞公安分局预审部门，这一次既是专业实习，更要承担起协助民警完成"严打"战役目标的重要任务。

一卡车一卡车拉来的嫌疑人陆续被押解下车。

一位老民警带着祝瑞平和另一名同学边工作边指教，这三人组从早到晚忙个不停。

最初，两个警校学生在一旁看着、听着，仔细观察老民警怎么讯问、怎么记录，每每比照老民警记录内容找纰漏，查不足，体会老民警如何调动智慧，直至自己试着上手操办，看穿对方规避罪责的谎言，挖出涉罪事实。

在老民警的言传身教下，两个警校学生虽然经验欠缺、尚显青涩，但经过悉心琢磨，初步了解并掌握了办案流程，注意如何规范适用法律与刑事政策，具备了一定程度的心理对抗基础。

走进审讯室的一个个男人有老有少，或涉嫌强奸、抢劫、盗窃、打架斗殴，或涉嫌诈骗、赌博、杀人，这些人性格迥异、秉性不一、教养不同，心智更是千差万别。

两个小青年同涉一起盗窃君子兰的刑事案件。此时，正逢君子兰价位炒至天文数字。

审讯之前，俩人串了供，一人取保候审，一人拒不承认，将罪责栽赃到本不相干的同村人身上。老民警分别谈话，发现栽赃人与被栽赃人的讲述完全对不上，他郑重告诫两个警校学生，不能放过一个坏人，也不能冤枉一个好人。

2011 年 7 月，农民工余付利向扬中市公安局赠送锦旗（右一为祝瑞平）

　　结果，办案民警依据案情追查到上海一家花木市场，找到涉案嫌疑人盗卖君子兰的下家，查明犯罪实情，立即释放了被栽赃陷害的人。

　　"针对什么样的人，要用什么样的方法"，祝瑞平特别佩服那位老民警，"我师傅很有一套"。

　　时隔1个多月，两个警校学生能够独立操作办案程序。若不是投身这场全国性战役，祝瑞平相信自己不可能在短期内迅速积累起那么多的预审经验。

　　圆满完成赴栖霞公安分局的实习任务后，年仅19岁的祝瑞平在应对复杂的社会情形时，比父母和大多数同龄人拥有了更沉稳、更审慎的思辨能力。他格外清楚，即使在寻常生活中，听到有疑点的言语，若须辨认真假，要有充分的证据来印证，不可盲从。

　　毕业时刻降临，父母一封封致信儿子，坚持要他回扬中工作。

　　镇江市公安局有20个分配名额，学校当时就此向祝瑞平征求工作意向时，他顺从父母心愿前往扬中县公安局报到。毕业离校前测量体重，指针定在120斤刻度上。

　　入校前那个豆芽状的瘦高小伙子，如今浑身上下显出健壮肌肉的轮廓。

七

　　祝瑞平从江苏公安专科学校毕业，揣着学校发给他的报到证回到家乡，走进扬中县公安局，他被分配到刑警队。时隔1个月，全国各地公安机关启动"严打"第二阶段战役。祝瑞平被派往油坊镇协助县局驻镇特派员共同工作。

　　祝瑞平家在丰裕镇朝阳村，与油坊镇相距20公里，这两地分处扬中北端与南端。当年扬中道路和公共交通极其落后，人们多步行，由于公家的自行车也不多，骑自行车的人很招惹羡慕的眼光。

　　刚参加工作，祝瑞平月薪不足40元，知道干刑警少不了跑路，他打定主意用两个月工资再加上向家里借60元钱买辆自行车，父母毫不犹豫地支持儿子。他从城里商店买回一辆长征牌自行车，天天把车擦得干干净净，虽然住在县公安局宿舍二楼，但把车放楼下不放心，生怕丢了，每天把自行车扛上楼。

　　在油坊镇只工作了3个月，祝瑞平被调回县局刑警队，这一干就干了整整8年。

　　步行、骑车去案发现场，用手摇电话机汇报联络、接听指示和命令，祝瑞平做过内勤，当班值守、受理报警、记录会议、撰写材料。

　　毕竟是从科班历练出来的，他不忘继续延伸学习，内部业务材料必读，公安杂志必看，做剪贴本或持笔摘抄文章段落，日日坚持，逐渐积蓄工作经验和自信。

"孤悬江中，幅员狭迫"曾是古人对扬中地势的形象描述。

祝瑞平参加工作10年，扬中尚未建有一座跨江大桥与四外连通，来去扬中的人们依靠舟楫、汽渡过江。考虑到外来人员到扬中犯罪比例大的案发态势，县公安局决定建立一支特情队伍，以利于及时发现涉罪线索。

祝瑞平领受了这项重要任务，针对重点地段和卡点进行调研，然后先城区、后渡口码头组建、培训起一支队伍。由于情报及时准确，战果渐次显现。来自苏北、东北的盗窃团伙窜入扬中作案，在渡口即被警方擒获，一下子连破积案数十件。局里配置一辆幸福250挎斗摩托车，祝瑞平骑上那大家伙别提多神气啦。

盛夏之日，午饭时间刚过，一男子头破血流地冲进县局报案。祝瑞平正在值班，见来人浑身湿透、结结巴巴，说自己在泰州码头与一人谈妥运货事宜，他驾船与那男子赴扬中装货，出江不久，那男子用砖头出其不意地猛砸他脑袋，经过一番搏斗，对方头上也受了伤，抢走几百元跳船逃走。

祝瑞平推断嫌疑人负伤上岸可能要去医院包扎，便带上两名警校实习生急奔县医院。同去的受害人在医院一眼认出正在医院求治的嫌疑人。对方束手就擒，身上却没有多少钱。祝瑞平讯问得知，嫌疑人惊慌上岸时，将抢到手的几百元扔弃岸边。祝瑞平带人前往嫌疑人指认的芦苇滩，直至天色近晚，才捡回一张张数额不等、散落在芦苇滩上的几百元钞票。

八

祝瑞平一直兢兢业业做业务，没想到有一天领导找他谈话，要他去主持刑警队的预审工作，他很意外。要负责管好一支队伍，"这可不是开玩笑！"

祝瑞平曾在警校学习过《公安部预审工作规则》，工作以来，他深晓预审工作在刑事侦查过程中非常关键——弄清被告人有罪无罪或犯罪情节轻重，判明犯罪性质，让罪犯受到惩罚，更要防止冤枉无辜者。上任后，他重视制度建设，逐渐了解了每个警员的个性、特点和工作能力，特别强调那条不可逾越的"高压线"——不能让没罪的人受到刑罚。

一桩桩刑事案件的余罪经预审民警深挖穷追，嫌疑人难以回避、隐瞒。

因盗窃一辆摩托车的外地嫌疑人，在警方出示其更多涉罪线索的情形下，供认交代出另一桩重大罪案；跨省流窜的嫌疑人向预审员坦白出警方不曾掌握的更多案情……

扬中县公安局预审部门成绩斐然，受到镇江市公安局表彰。

扬中撤县建市。

祝瑞平主持预审工作整整 3 年半，扬中市公安局任命他为党委委员、政治处主任。

时年 36 岁的他心里发毛，从来都做刑侦业务，一下子调到政治处当主任，没一点底儿啊。

听听政治处各项工作罗列，脑袋都要大一圈。

——新警报到、警衔管理、职称评定、警务综合工作；

——中层干部管理、机关和直属单位机构编制；

——干部考核、任免、调配；表彰奖励、劳动工资；

——党员教育管理、党组织建设；教育培训、警体训练；

——机关工会、共青团组织建设与日常管理工作，以及机关计划生育和纪律作风建设。

祝瑞平向老主任请教，向局党委各个领导请教，他心急火燎地遍走各部门、各下属单位，熟悉方方面面的情况。市委组织部为培养后备干部送他去南京大学学习，进课堂聆听行政法、公文写作、计算机等专业课程……

在政治处工作未及 3 年，祝瑞平被下派到永胜镇政府挂职副镇长兼镇派出所所长，他负责政法、民政、司法、调解、计划生育、催粮催款、信访等方面的工作。以往工作全是在公安系统里转，到乡镇上，什么杂七杂八的事都堆到眼前。

2010 年 6 月 29 日，在扬中市公安局党建表彰会上，祝瑞平带领预备党员向党旗宣誓

永胜镇养老院供养着几十个五保户。春节临近，养老院长找祝瑞平诉说

村里摊派的钱没有交上来，账上的钱剩余不多，不仅孤寡老人们难以过年，养老院职工半年都没有发工资。祝瑞平赶紧多方联系、筹措费用，终于在民政局等多家单位的支持下让养老院度过年关。

永胜镇经行政建置调整，取消镇名，并入八桥镇。祝瑞平接续在八桥镇担任副镇长、镇派出所所长。在乡镇挂职的工作经历，使他面临着新的人生挑战，他心里明白，自己面对的不再是犯罪嫌疑人，是普通老百姓和基层干部，因此肯定要更新工作理念，转换考虑问题的立场和角度。

九

下乡任职 6 年半，祝瑞平回调市局，任市局国保大队大队长，他在这个职位上任职 1 年 9 个月后重新回到政治处当主任。回想最初到政治处当主任的经历，那已是整整 11 年前的经历了。

11 年前，全局不过 200 来人，如今全局民警在职人数多达 400 来人，更有辅警 600 来人，这支队伍的变化令人瞠目。

政治处的工作在社会上习惯简称"政工"。

大而论之，政治处是党委的重要职能部门，它对单位队伍建设以及各项工作顺利开展具有举足轻重的作用。而社会上流传着行内人编撰的一个顺口溜则是："政工、政工，劳而无功"，意喻这是一项繁琐而难见成绩的工作。

时隔 11 年返回政治处，眼前的工作量远不是当年所能相提并论的，不仅原有各项工作的数量剧增，还增添了宣传任务，这项任务要执行上级机关部署的 5 大类、100 多项内容的考核，并以百分制评分排名，这可是实打实的工作。

祝瑞平立即收束在乡镇工作的繁杂心绪，全身心地投入政治处的各项工作运转之中。

祝瑞平凭早年一线当民警的切身体验，凭早年赴南京大学学习的底子，更凭着内心具有的坚韧毅力和能量，查阅公安部、中组部管理干部和队伍的历年文件，利用一切机会了解兄弟单位的好做法、好经验，将全部业余时间和精力投入行政管理理念的专业学习中。

再棒的管理理念如果不与所在单位的现实结合，那不会有任何作为。

祝瑞平深知队伍的正规化建设有多么重要，深知做好过细的思想政治工作有多么重要，这既是大趋势对公安机关提出的时代命题，也是出自他从警多年内心认可的事理。

像 11 年前就任政治处主任伊始那样，祝瑞平再次踏访各部门、各单位了解情况。不同的是，眼下的扬中市局已经比当年增至 30 多个部门和所队。在尽可能短的时间内，这位政治处主任经过全面深入地了解相关情况后，悉心构思，主持起草了涉及队伍正规化建设、干部选拔任用、干部实绩考核、警务辅助人员考核等多个规范性文件。

——《全市公安队伍正规化建设、精细化管理实施方案》

——《扬中市公安局干部选拔任用管理暂行办法》

——《扬中市公安局中层干部实绩考核暂行办法》

——《扬中市公安局警务辅助人员考核奖惩办法》

在公安部年复一年不断整体推进的制度建设中，上述这些文件顺应上级精神，结合扬中公安机关现实，融入系统管理最新理念，得到局党委的充分肯定，这一历程渗透着祝瑞平不懈思考、悉心钻研的心血，成为日后队伍现代化建设的"小立法"，发挥了良好的基础性作用。

十

优秀的政治处负责人，势必具有极强的使命感和责任感，势必具有政治敏锐性和鉴别力，势必体贴民情民心，势必有恒心和耐心从事深入细致的思想工作，率先垂范、公平公正、聚合人气。

队伍由每一个成员加入组成，队伍管理既涉及普通成员，也涉及不同层次的领导干部。

祝瑞平用心促成"想干事的有机会、能干事的有舞台、干成事的有地位"氛围，引入优胜劣汰的竞争激励机制，对缺位中层领导干部实行民主推荐、竞争上岗，坚持规范用人机制。在一次次中层领导干部竞争上岗的活动中，他严格把关每个环节。

"政治工作说到底始终都离不开'人'这个中心，只要做到了知警、为警、爱警，踏踏实实为民警办实事，就一定能够温暖他们的心，从而激励民警全身心地投入到公安工作中去。"

祝瑞平这番心里话，显示出他完全摸准了"政工"工作这根主动脉。若说起草制度建设规范性文件那是智力博弈，让制度可行的文字变成人心里不可动摇的行为理念，这可最最考验制度设计兼推行者的能力。

着眼队伍严格管理，一系列业绩考核办法推出；着眼执法规范，各警种业务培训班相继举办；着眼实战技能，定期展开系列擂台赛；着眼警营文化，组织演出、倡导读书写作、主题演讲比赛、体育竞赛；着眼焕发凝聚力，安排民警体检、健康讲座、落实休假制度、确立家访制度；着眼公安宣传，编发简报、政工信息，与媒体合作开办扬中公安专刊，媒体报道扬中市局新闻近年来达到 4000 余篇。

多年来，政治处获得扬中市局、镇江市局、江苏省公安厅多次嘉奖及荣誉称号，扬中市局一大批集体和个人受到上级表彰，祝瑞平因此在干部人事管理、政治思想工作的出色作为声名传扬。有意思的是，当地事业单位工作人员及社会化用工统一招考时，他常常被抽调去担任面试考官，甚至担当副主考官。俨然被认为是干部人事管理、政治思想工作的行家里手⋯⋯

回望从警生涯，祝瑞平苦过夜夜值班、不眠不休地连轴转，累得倒头昏睡、浑身疲软。最最记得受害人向警方悲戚求助时的神情，最最享受破案成功的喜悦。

母亲年届 70 岁突发脑溢血，瘫痪在床。她总是对前去探望的祝瑞平说，"儿子，做你的事去，不用惦念我。"父亲一直无微不至地照看母亲，不愿劳烦儿女。

提到母亲病故，祝瑞平眼里有些湿润，低声说，"我非常愧疚"。

母亲病故，妻子不久诊断出身患癌症，病重离世。祝瑞平两鬓一下子变得斑白。

以身作则，严于律己，至于荣誉表彰、立功奖状，年逾知天命之年的祝瑞平总觉得那不过是自己做了应该做的事。

极目江流天际远　片帆微蓬带风轻

—— 记扬中市公安局油坊派出所所长、全国优秀人民警察聂朝军

人物档案：

聂朝军，男，1985 年 8 月出生，中共党员，汉族，大学本科文化，一级警司警衔。现任江苏省扬中市公安局油坊派出所所长。

2017 年 5 月，聂朝军被授予
"全国优秀人民警察"荣誉称号

工作以来，先后参与侦破公安部挂牌督办的"6.17"特大电信诈骗案、"扬中市第三方支付平台为诈骗团伙洗钱案"等系列有影响的案件。因成绩突出，先后被授予"全国优秀人民警察""全国治理被盗自行车专项整治先进个人""江苏最美警察"提名奖、江苏公安青春警星、江苏省奥运安保先进个

人、镇江市侦查标兵、镇江市第二届十大"马天民"式爱民警察、镇江市政法系统优秀共产党员等荣誉称号,荣立个人二等功2次、三等功3次,受嘉奖5次。

夏日上午的阳光有些刺眼地映入大玻璃窗,这里是扬中市公安局办公楼一层的小会议室。聂朝军身着警服端坐长桌旁,这个年轻人头发浓密、身体结实,性格略显内向。

难得静下心来,追忆成长经历中的那些难忘瞬间。

难得撇开杂念,啞摸留下心痕的那些痛楚和喜悦。

刚过而立之年的聂朝军有些困惑,有些犹豫,不敢相信能忆起什么值得缅怀的往事。

一

东来桥村隶属西来桥镇,那是聂朝军出生的地方。

西来桥镇隶属扬中市,是长江中下游的一爿岛镇。这里四面临水,东面是宽阔的长江,由长江分流出的夹江将这爿岛镇自北、西、南三面兜起来。

从地图上看,若视扬中地形似人耳,西来桥镇则为耳垂;若视扬中地形似"问号",西来桥镇则为"问号"的那个圆点。

扬中妇孺皆知,长江历经千年在此聚沙成洲,太平洲、中心沙、雷公嘴、西沙等四座沙洲,支撑起扬中陆地的雏形。而西来桥镇恰恰坐落在"中心沙"上。

"中心沙"在漫漫岁月里有过冲积成洲又被江流冲坍、再复涨成洲的经历,至清乾隆年以后,这座沙洲才逐渐稳固下来。

东来桥村、西来桥镇何以命名,其由来和历史也许是个谜。

扬中东向近200华里,那里是江苏省靖江市。靖江市至今有西来镇东来村。

靖江于明成化七年(1471年)建县,至今已有524年历史,而扬中于清光绪三十年(1904年)建置,至今仅有百余年。靖江西来镇有史可考,号称百年古镇,若依两地建置年代比较,扬中西来桥镇恐怕是借用而来,只是在扬中这里添加了"桥"字。而东来桥村则晚至2001年曙光村与新升村合并后方命名。

西来桥、东来桥之名,承载着这爿岛镇百姓的奢望和梦想。

不难想象,在没有建设跨江桥梁的时代里,西来桥镇岛民身处封闭环境,仅凭舟船往来，与外界联系受限，隔江观望陆地上呈现的繁荣，令岛上多少有志者锐气挫减。

聂朝军的名字是母亲起的。

这个男孩降生时，伯父家有个堂哥，名字用个"兵"字。母亲藉此做主，给儿子取名叫"军"。母亲识字不多，性格直爽，想的是"军"比"兵"气派。

那年冬天下大雪，母亲抱着衣服从村里赶到西来桥中心小学，她不知道儿子在哪个班、哪个教室，索性站在一间教室门外高声呼喊。教室里正在上课，老师和同学吓了一跳。幸好母亲恰恰站在儿子上课的那间教室门外，她没费多少周折。若非如此，母亲会挨个教室喊过去。

聂朝军出生前3个月，西来桥镇通航长江汽轮，这大大改善了岛镇百姓与扬中市交通的便利，这是全镇1.8万人口大喜的日子。聂朝军刚满6岁，家乡掀起一场轰轰烈烈建造跨江公路桥的热潮，西来桥镇集政府和民间之力，自筹资金，誓将百年梦想化作现实。

1991年10月，200多万元自筹资金到位，建设队伍进驻工地。转年9月，扬中第一座跨夹江（县界）公路桥举行竣工通车典礼，这座桥全长149.8米、净宽9米，被命名为幸福大桥。幸福大桥直通常州武进，终结了西来桥镇百年孤岛历史，促成了这个岛镇南桥北渡的交通格局。

二

父亲早年当过村干部，又早早辞官下海，开着农用车跑运输。这是个性情耿直、说一不二的大男人。如果他跟谁不投缘，三两句话就会吵起来，这个大男人不掩饰内心的好恶。小时候，聂朝军亲眼看见父亲跑运输的车子出了事，翻倒在路边，他十分惊恐，知晓父亲每天在外奔波好危险。

家有两亩多地，母亲打理家中一切事务，聂朝军很小就开始替母亲分担繁重的劳动，除了种田，家里一年要养10头猪，每天喂猪是必不可少的劳作，打猪草、铡猪草、烧灶煮猪草，再搅拌上粮食和饲料，把猪食担到猪圈，分舀进食槽。最记得小时候出疹子，不能近火近热，怕出汗，也不能挑大粪，要避开刺激性气味，更不能吃刺激性食物，真是痛苦不堪。

母亲曾在一家手工小作坊打工，那工作需要她双手长时间泡在水里磨制零件。

有一次，母亲把年幼的儿子带到小作坊，担心儿子独自一人在家不安全。午饭时间，尽管饭菜简单，但儿子小小年纪不谙世事，在家没吃过那样的饭菜，他吃得很投入、很开心。没想到突遭筷子在头上猛力敲打，他看见母亲

2016 年 8 月 16 日，聂朝军在刑侦数据平台进行查询

高举筷子，一边击打一边泪流满面对老板说，"这孩子太调皮，没人管得了他"。他哪知道，旁边有轻蔑的眼睛盯着他。母亲出于自尊，不得不用那种方式提醒孩子，她内心很是煎熬。

小学六年级，母亲在扬中市三茅镇上找了份仓库管理员的差使，去三茅镇要乘船过江，路程很远，她一周回家一次，父亲常年在外奔波，聂朝军没有父母天天陪伴，性格更趋内向，他不得不学会独处，学会照料自己，甚至要照料父亲。每当父亲走进家门时，他总是疲惫不堪。聂朝军很小就懂得体谅父亲，他总会提前煮饭烧菜，侍候父亲回家吃饭。

一家三口围坐饭桌一起吃饭的日子，才像个家。这样的时刻在聂朝军儿时的记忆里屈指可数。记得每逢放学，同学们兴高采烈，人家在回家的路上笑着、叫着、打着、闹着，而聂朝军却宁可呆在学校，在校园里磨磨蹭蹭，等到校园几乎空无一人，这才拖拖沓沓地往家走。

家里空无一人，家里没人气儿。

从扬中西来中心小学毕业，聂朝军进入扬中西来中学，校址还是在西来桥镇。

初中毕业，聂朝军考入扬中市第二高级中学。这是一所历史悠久的学校，学校创办于 1958 年。聂朝军入校时，这所学校已成为江苏省镇江市重点高中，他住校学习，一周回家一次。要说与高中同学朝夕相处，本该释放一些活泼自然的天性，然而天性中的内敛，加之孤寂生活独处日久沿袭的心理惯性，聂朝军清楚自己需要有所改变，却一时难以找到突破契机。

三

2003 年，全国高考时间从每年 7 月 7 日、8 日、9 日 3 天，调整到 6 月。

这一年，江苏高考招生政策进行重大调整，考生填报志愿是在通知考生高考成绩、公布各分数段考生人数、公布省各批高校录取最低控制分数线之后分两次进行。这一年，江苏省数学高考试题被后来视为史上全省最难三次中的第一次。

高考结束，聂朝军觉得自己"成绩还好"。

到底怎么好，他只知道过了平均录取分数线。轮到报志愿时，他浏览院校名录，对应高考分数，看到淮海工学院以及一些技术师范类的院校，一时犹豫，拿不定主意，他征求父母意见，问他们上什么学校好，父母回答"随便填一个就行"。

结果，聂朝军无意看到江苏警官学院，将这所院校混在其他填写的几个志愿中一并报了上去。

江苏警官学院是我国首批建立的省属公安本科院校，其前身是创办于 1949 年的南京市公安学校。2002 年，这所院校升格为本科院校，正式更名为江苏警官学院。

聂朝军被江苏警官学院治安管理专业先行录取。

"高考报志愿，我父母和亲戚完全没有这方面的见识和经验，也不认识什么人提供合理建议。"

事隔多年，聂朝军才明白自己那年考过了本科录取分数线，却报了个大专院校。虽然他不知道这所院校一年前升格本科，但报志愿时，人家是按大专招收的新生。

所幸，他有机会在毕业前拿到本科专业的学士学位。

起初报名这所院校时，聂朝军糊里糊涂地以为不必缴纳学费，结果入学第一年，七七八八地算下来，总共要支付 1 万多元，父母吃了一惊，但他们毫不犹豫地四处借钱供儿子上学。要说辛苦了几十年，父母没攒下这么大数目的钱。

开学之前，父母陪同儿子乘车前往离家 110 公里外的江苏警官学院的龙潭校区报到。

这个 18 岁的农家小伙子从那爿岛镇跳出"龙门"，向往着不可预知的美好未来。父母与儿子告别离开校园时，父亲眼里淌出泪水，母亲尚且镇定。要说父亲在儿子心里一直是个意志坚定的汉子，他走南闯北，见过多少世面。

2014 年 8 月 16 日，聂朝军（前排着警服）押解"6.17"案件嫌疑人

此刻，父亲心里一定受到了莫名的触动，不必究问这触动从何而来，仅这个瞬间，就永远地烙在儿子的记忆中。

聂朝军读大一在龙潭校区，余下两年，他这班同学移至学院本部的安德门校区，那里距龙潭校区有 37 公里远。聂朝军记得曾住在学区七层楼上的男生宿舍，打开水要下到一楼。他毫无怨言地承担为两个宿舍十几名同学打开水的杂役，一天四五趟，每次拎着 4 只暖瓶往返楼上楼下，从不厌烦，觉得这么做很快乐。

父母不知从哪儿听说学生若在这所院校没能入党，毕业后找不到工作。他们心急火燎地叮嘱儿子一定好好表现，好好学习，入党要抓紧入上。其实，聂朝军心里早有这个小九九，他最惧怕毕业后找不到工作。在他看来，农家娃官场没人脉、亲戚里也没有有钱的老板，只有靠自己苦学，只有学好才有出路。为了最大限度地节省支出，他在校期间吃晚饭一般只吃稀饭，很少吃米饭炒菜。

入校一年，聂朝军获得了学院奖学金。

学院为那一届优秀学生设立了奖学金，奖学金分别为一等奖一名，二等奖两名。聂朝军获得了二等奖，奖金 3000 元。在他看来，这笔钱蛮多的，能减轻父母的一些负担啊！记得第二年交学费，学校指定交通银行账号，父母只有农业银行户头，一打听，听说银行转账手续要交百余元，父母为省下这笔手续费，让儿子揣着包好的几千元现金，从家里带到学校。

毕业前夕，聂朝军加入中国共产党，成为中共预备党员。

四

在江苏警官学院学习期间，聂朝军性格内向，与同学相处时不积极，从来不与女同学搭话。回想成长历程，聂朝军说，"我性格真正的改变，是在工作以后"。

聂朝军一毕业就赶着去扬中市公安局报到，揣在心里几年的担心随着一系列入职手续的办妥而彻底消散，他暗暗庆幸自己运气好。来自心底最最朴素的念头是，要像在警院学习那样努力工作，对得起命运的这份垂青。

报到那天，与他一同去报到的还有 4 个同龄青年。

第一次穿上警服，那身 99 式警服一年前刚刚将普通民警衬衫的铁灰色变更为浅蓝色，年轻人着装更显朝气蓬勃；第一次发工资，聂朝军一分不差地全部交到母亲手上，母亲唱叹一声，"终于等到你拿工资啦"，儿子清楚母亲此刻的复杂心绪，他知道自己无法洞悉父母经受了多少难以言说的煎熬。

2014 年 3 月 28 日，聂朝军接过群众向刑侦大队赠送的锦旗

聂朝军自小在村里就不是那种惹是生非、疯玩疯闹的男孩，也不是喜怒于形、情绪失当的少年，更不是动辄张口对骂、挥拳相向的青年。尽管他在农村长大，见过村中为利益纠葛引发的纷争，但当了警察，就要介入民事纠葛，就要行使抓捕罪犯的职责，甚至要付出生命代价将穷凶极恶的罪犯绳之

以法。尽管在警院接受了理想教育和专业培训，但真正进入警察执法的工作现实，新人势必要经历一段心理适应的过程。

到市公安局报到后，聂朝军被分配到城西派出所，派出所位于市中心。最初带他上岗的师傅是一位治安民警。他跟随师傅办理一起聚众斗殴刑事案件时，细心观察师傅办案过程中的一举一动，一言一行，觉得在警院课堂里学的东西真是太少，现实工作中需要掌握和运用的技能和知识，他几乎无一把握。

让这个初来乍到小民警惭愧万分的是，眼看师傅把涉嫌聚众斗殴的十几个嫌疑人问个底儿掉，结束了对证人的调查询问，案情事实已经了然于胸。师傅叮嘱小聂，让他对一名涉案从犯做一份讯问笔录。按说小聂一直跟着办案，好歹也是警院毕业的优秀生，做份讯问笔录有那么难吗？

小聂拿着纸和笔走到被讯问者面前，师傅在身旁陪着。小聂先前还能照猫画虎地按格式化提问问上几句，接下来他心里发慌，脑子"短路"，断了念头，不知还要问啥，一页纸只记下寥寥几行字。师傅没有指责他。接着讯问，师傅针对案情事实细节详细发问，小聂在旁边屏息静气地倾听，生怕漏掉一个字。相比之下，他发现自己该问的全没问，羞愧得脸上真发烧。

师傅结束讯问，把记录文字交给小聂，安慰他说"你没做过，好好学"。

小聂性格中的小宇宙爆发了——要强，不服输；心细，缜密思考——他脑海里一次次回想办案全程各个流程的关键环节，反复琢磨自己到底哪里出了问题，他逼着自己当晚将师傅做的讯问笔录一字不差地默写三遍。

从此，那个不爱说话、有些腼腆的青年，那个敏感又有些自卑的青年，那个发誓要让父母走出贫困的青年，他牢记父母"好好工作"的告诫，不惧困难，全身心地投入工作。举凡遇到治安刑事案件各个工作流程和环节，不论获取线索、研判案情、实施抓捕、讯问笔录、汇总材料、报请批捕，小聂都如饥似渴地向前辈民警一一讨教。

五

民警办案要有正气、有勇气，要能善于总结经验教训，注重运用智慧，缜密研判。

举凡聚众斗殴、卖淫嫖娼、盗窃财物涉罪案件，罪名不同、量刑不同，嫌疑人犯罪动机、心理、手段不同，怎样做到迅捷、高效办理各类案件，仅凭拼命的鲁莽，注定难以应对各类案件的复杂情形与狡猾的犯罪嫌疑人。

最初接触聚众斗殴案情，小聂畏手畏脚，心存疑念，不知能办不能办，直到心理纠结到尖峰时刻，直到小聂终于清醒明白，必须释放内心的要强心理去战胜腼腆内向。他变得主动积极，问询求教，主动倾听众多前辈民警、同事、部门领导的指教和点拨，进而激励出勇气和自信，真正进入了职业角色。

小聂递交办案材料有过因不熟悉办案程序碰"钉子"的教训；有过因办案适用法律存在瑕疵被法制部门驳回的尴尬。他曾经办理一宗涉嫌嫖娼案件，先后三次递交案卷材料，均被法制部门打回重整，他改了再改，直至第四次呈交才得以通过。

难忘第一次独立承办案件，那是一起涉及多人多罪的复杂案件，聚众斗殴的十几名嫌疑人中有多人身负寻衅滋事、盗窃、抢夺、斗殴等罪名。小聂"白加黑"地汇总办案相关材料，却还是存在诸多难以解决的问题。他求教市局法制部门负责人，一位经验丰富的领导不厌其烦、不吝赐教，鼎力协助他完成了这宗难度极大的任务。那次办案，小聂苦熬了七八个月。

回想从警经历，小聂总会不由自主地念及那些曾经无私提供业务指导和帮助的同事。

从一个生瓜蛋子的新警，变身办案干练的熟手，小聂没有浪费太多的人生时光。

2013 年 3 月 24 日，聂朝军参加公安部业务培训时在湖南省张家界留影

入所仅半年，城西派出所在年终统计民警个人绩效时，小聂办案有佳绩：行政处罚 60 人、移送起诉 64 人。工作第二年，小聂荣膺来自国家、江苏省、

镇江市局、扬中市局授予的 8 项荣誉。

小聂性格的变化，也在于他心仪的一位姑娘。

姚茜是扬中一所中学的语文老师，性格外向，热情活泼，对生活充满浪漫幻想。

初次相识，她对眼前这小伙子的印象是，"人长得帅气，挺忠厚的，话不多，没那些油腔滑调"。姚茜的父亲在政府工作，母亲是医生，家境远比聂朝军优越。

姚茜天天授课，嗓子讲话过多，患有慢性咽炎。聂朝军知晓后，悄悄去药店买来对症药品。还有许多小事，让姚茜认可了这小伙子体贴入微的爱心。

两人年龄相仿，一个是城市家庭的独生女，一个是农村家庭的独生子；一个是乐于倾诉的外向姑娘，一个是腼腆寡言的内向小伙子；一个是每天为天真少年授课的年轻女教师，一个是每天面对形形色色刑事犯罪嫌疑人办案的年轻警察。

姚茜与小聂确定了恋爱关系后，一天，小聂送姚茜去探望她年迈的奶奶，在路上恰恰发现一名涉案嫌疑人，小聂紧急下车，将那名年龄不大的嫌疑人擒获。由于那地点距姚茜奶奶家不远，小聂带上嫌疑人先一同到奶奶家，再自行押送嫌疑人回局里。奶奶不解真相，也不知孙女的男朋友是警察，她悄悄提醒孙女，你那个男朋友怎么跟个黄头发的街头小混混一起来家啊？

六

姚茜与聂朝军相识 4 年后结婚。

儿子即将降生，聂朝军陪姚茜去医院，二人走进医院大楼，一个用绷带包扎手臂的社会青年匆匆从小聂面前走过，估计他刚刚接受完治疗。小聂迅即离开妻子，跑到外科诊室询问刚刚就诊离开的男青年受了什么伤，然后跑到妻子身边说了声，"对不起，我去办案"。

原来，外科医生告诉小聂，那个青年身受刀伤。小聂断定刚刚发生了一场械斗，他拔腿就追，追上走出楼门的那个青年，经盘问得知，有两拨年轻人事先约架，挑了地点，有十几名参与者持械互殴，各有损伤，斗殴地点离医院不远。

小聂办理过多起聚众斗殴案件，深知若不及时追查，斗殴双方逃散，公安机关将付出更大的辛劳和代价。他责令那个青年立即带他赶往现场，同时通报市局请求支援。待他赶到那里，看到几个参与斗殴的人还留在原地，一些目击证人也在场……

小聂第一时间介入这起聚众斗殴案件，为公安机关侦办此案赢得了宝贵时机。

在这起斗殴的参与者中，曾有多人受到过小聂的查处。慑于警方的强大压力，先行逃离现场的人不得不向公安机关自首归案。

"他们知道我不会放过他们，他们怕我"，侦办过多起聚众斗殴案件的小聂很自信，但作为丈夫，他欠下妻子难以弥补的情分。

姚茜婚后，憧憬着假期能与丈夫携手去旅游，可丈夫经常加班办案，甚至"失联"，不要说二人世界时这是常态，不要说她在医院生孩子时丈夫没有陪伴，就说儿子降生后，三口人也是聚少离多，在儿子能爬、能走、能跑、能说话的最初几年里，那个当爸爸的男人几乎没伸过一把手。

年幼儿子问妈妈，"爸爸什么时候回来，我都不记得爸爸长什么样啦"。

这句童言无忌的话让姚茜潸然泪下。儿子高烧不退，姚茜心急火燎带儿子赶赴省城南京市儿童医院求治，丈夫却远在福建执行任务。姚茜一心想与丈夫好好过个结婚纪念日，小聂此时又身在云南。小聂母亲在乡下摔伤，小聂恰在外省出差，姚茜闻讯匆匆赶赴婆家悉心照料，精心侍候。

作为妻子，姚茜有过怨气和无奈，也有过这样的念头，"你把工作看得太重要了，连家人都顾不上了?!"每逢丈夫出门远行，她总会担心丈夫的人身安全，盼他平安归来。一天晚上，丈夫同事打电话到家，含含糊糊地告诉姚茜，说小聂出了点小状况，不用担心。姚茜此前有直觉，知道丈夫出差要回来了，怎么打电话就没人接听了呢。

原来小聂去上海执行任务，抓捕一名涉毒嫌疑人。没想到返回扬中途中遭遇车祸，小聂为保护身边押解的嫌疑人，在车祸即将发生瞬间探身挡在嫌疑人身前。车窗玻璃粉碎，手机摔出车外不能通话。就在姚茜心慌意乱时，她接到小聂同事电话，心里"轰"地一下，全身发软，不知丈夫伤情多重……"他时常凌晨一两点出门，工作完全没有预见性"，姚茜不得不接受丈夫的这种工作状态。

丈夫很少落泪。姚茜记住了这个瞬间——

"嫁给警察，就等于嫁给了寂寞"，丈夫嗫嚅着对她说出这句话时，眼里噙着泪水。

七

普通民警升任领导职务，要经历一段心理适应期。

上级任命聂朝军担任派出所副所长，小聂一时感到茫然无措。那一次，原任派出所所长升任副局长，小聂已经被任命副所长，轮到他带班，遇到一起涉毒案件要处理，他还依惯例向原任派出所所长汇报，结果他听到了一番语重心长的简明提示，"你现在是副所长，依法该怎么处置，你要拿主意啦"。刹那间，小聂全然警醒，"是啊，不能像以前那样了"。

普通民警只需完成领导布置的工作即可，而副所长承担着分管领导的多项责任，在一些事务上拥有签字决策权，考验担任这一职务领导的水平，要看其决策能力、组织能力、协调能力和现场处置能力等诸多方面。

2012 年 6 月 9 日，聂朝军、姚茜夫妇与年幼儿子合影

怎样布置工作，怎样协调警员之间关系，怎样依法处置各种案件，包括针对到案的犯罪嫌疑人是否采取强制措施、采取哪种强制措施，是否取保候审，是否罚款，等等；针对未到案的犯罪嫌疑人如何执行抓捕，等等，警院课堂上可没传授这些科目。

小聂自忖，辖区里发生的一般刑事案件，自己办理起来有把握，若发生重特大刑事案件，需要全局层面的协调和配合，自己完全没有这方面的经验。另外，自己太年轻，人家以前是自己的领导，现在自己成了人家的领导，有办案中队的小队长比自己年长，经验丰富，怎么管人家啊？

那些日子，小聂夜不能寐，想来想去，抱定一个念头：事事带头，做好自己。

小聂任职副所长两年，市公安局任命他就任刑事侦查大队副大队长。

这次调动，小聂再次感到思想压力巨大，更是忐忑不安。尽管他在担任副所长的两年时光里积累了些许经验，但毕竟时间不长。来刑侦大队任职，虽说办案层级更高了，办案视野更宽阔了，可这里的案件都是重大案情，办案压力更大、更紧张。同样让小聂忧虑的是，大队里有诸多经验丰富的好手、高手，年龄都比他大，人际关系怎么处？

想太多没用，小聂依然抱定那个念头：事事带头，做好自己。

小聂办案风尘仆仆，足迹遍布省内省外，去过地方真不少，上海、深圳、福建、云南、广东、新疆，这些地名说来让妻子羡慕，但小聂的行旅往往奔赴偏僻山野抓捕嫌疑人，即便匆匆踏入城市，也无暇观赏繁华街景。

结婚多年，身为教师的姚茜能够理性地看待丈夫和丈夫的职业："谁的人生能够与事业连在一起，谁就找到了自己最好的归宿——我理解他的事业。"

八

近年来，全国刑事案件处于高发态势，一些新型违法犯罪不断出现，利用互联网散布谣言、实施诈骗、赌博等违法犯罪活动日趋增多，扬中公安同各地一样，不可避免地面临严峻挑战。

2015年岁末，扬中有人向公安机关报案，称自己在办理购车退税时遭遇骗局，损失1万多元。扬中公安启动侦查程序，发现作案嫌疑人利用网上QQ在镇江市所辖扬中、京口两地采取"钓鱼"盗窃、诈骗手段实施犯罪，一共制造了3起案件。

小聂带队介入案情调查，找到一名安徽籍的涉案嫌疑人，发现这名嫌疑人利用第四方支付平台，以木马隐藏支付金额的手段窃取受害人银行卡以及支付宝余额。让他惊讶的是，该案并非单个嫌疑人或数人作案，而是潜藏着一个鲜为人知的涉罪群体。小聂敏感地猜测，这很可能是一宗涉及全国范围的重特大新型网络诈骗案件。

随着调查进程的步步推进，更加惊人的黑暗内幕被掀开一角，众多嫌疑人为实施网上盗窃、诈骗而组建起6个QQ群。小聂通过近1个月深挖细查的侦查，掌握了涉案嫌疑人到底如何利用资金流转的相关支付平台实施涉罪的行为。

为获取关键证据，小聂连夜驱车赶赴外省第四方平台所在地调取证据，他通过平台数据分析，越查越惊心，直至彻底弄清涉罪团伙的组成架构及犯罪事实：多达3000余人的涉案成员通过该平台实施作案共5000余起、该案涉案金额3000余万元。

这起案情经逐级上报，被公安部以"扬中市第三方支付平台为诈骗团伙洗钱案"明令挂牌督办。

案件集中收网时，小聂奔波足迹遍布4省市，连续4个多月吃住在一线，最终在上级领导的统筹指挥下，小聂带领办案民警抓获数十名涉案嫌疑人，成功打掉了这个涉及行业内部、利用高新技术手段违法敛财的犯罪团伙，为全国打击此类违法犯罪提供了范本，这宗重特大案件的成功办理得到公安部、省厅领导的充分认可。

小聂任刑侦大队副大队长后，破获一系列在当地有影响的案件。在经历了这场史无前例规模的特大战役之后，聂朝军希望自己的办案思维能够再拓宽些，协调能力再增强些，综合能力再提高些。

扬中市228平方公里陆地面积上生活着近30万户籍人口，人们仰仗着维护这方水土社会治安良序的人民警察，而聂朝军正是本地人民警察队列中的年轻一员。

扬中市（县）公安局获上级机关
表彰部分荣誉

2017 年 5 月，扬中市公安局获"全省优秀公安局"称号

2017 年 2 月，扬中市公安局政治处被江苏省公安厅记集体二等功

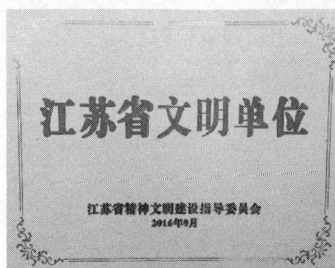

2016 年 9 月，扬中市公安局获"江苏省文明单位"称号

2016 年 5 月，扬中市公安局被江苏省公安厅、
科技厅授予"技防城"称号

2015 年 12 月，扬中市公安局获"全省公安
机关执法示范单位（县级）"称号

2014 年 6 月，扬中市公安局"2013－089"毒品目标
专案组被江苏省公安厅记集体二等功

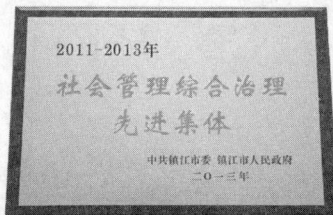

2013 年，扬中市公安局获镇江市 2011—2013 年"社会
管理综合治理先进集体"

2013 年 7 月，扬中市公安局获 2012 年度
"全省群众工作优秀公安局"称号

2012 年 1 月，扬中市公安局获中共镇江市委、镇江市人民政府表彰，
被评为 2011 年度跨越发展"有功单位"

2009 年 1 月，扬中市公安局获镇江市"追逃"工作先进单位

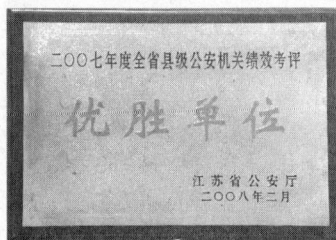

2008 年 2 月，扬中市公安局获 2007 年度全省
公安机关绩效考评"优胜单位"

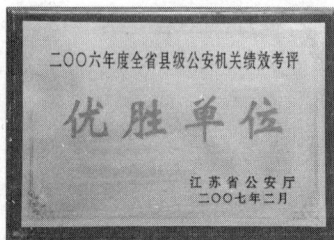

2007 年 2 月，扬中市公安局获 2006 年度全省
公安机关绩效考评"优胜单位"

2006 年 2 月，扬中市公安局获镇江市"社会治安综合
治理和平安创建"工作先进单位

2004 年 6 月，扬中市公安局获镇江市公安局嘉奖

2003 年 1 月，扬中市公安局获镇江市 2002 年度
"社会治安综合治理"先进单位

2001 年 7 月，扬中市公安局被镇江市公安局记集体三等功

1999 年 12 月，扬中市公安局被中共江苏省委、
江苏省政府记集体三等功

1999 年 10 月，扬中市公安局被镇江市人民政府记集体三等功

1987 年 3 月，扬中县公安局被公安部记集体一等功

1985 年 8 月，扬中县公安局被江苏省公安厅记集体二等功

扬中市公安局重大警务活动部分照片

2002 年 2 月，扬中市人民政府隆重召开全市"严打"整治斗争表彰大会

2002 年 9 月 27 日，扬中市委、市政府隆重举办"2002"金秋扬中城建
重点工作全面竣工综合庆典，图为安保现场

2003 年 5 月，非典疫情（SARS）期间，扬中市
公安局成立防非典公安应急小分队

2004 年 6 月，扬中市公安局召开侦破 "4.19"
杀人案庆功暨夏季攻势动员部署大会

2005 年 3 月 2 日，全市政法工作会议召开，扬中市
公安局党委书记、局长张耘田领奖

2005 年 9 月 27 日，扬中召开公开处理大会

2006 年 3 月 12 日，中央政法委副秘书长、中央社会治安综合治理
委员会副主任、中央综治办主任陈冀平（前排右三）视察扬中平安建设工作

2006 年 4 月 29 日，扬中市公安局第三次党代会召开

2007 年 3 月 29 日，扬中市见义勇为基金会成立

2007 年 9 月 18 日，全省科技强警现场汇报会在扬中召开

2009 年 7 月 8 日，扬中市公安局指挥中心大楼桩基工程开工仪式

2011 年 4 月 11 日，扬中市公安局召开新闻发布会，
宣布"2011.2.16"特大贩卖毒品案告破

2011 年 12 月 15 日，扬中市公安局指挥中心大楼落成，并举行乔迁仪式

2012 年 3 月 22 日，扬中市镇、区、街道见义勇为工作站授牌

2010 年 6 月 29 日，扬中市公安局举办庆祝建党 89 周年大会活动

2012 年 8 月 16 日，镇江市公安机关文化建设现场推进会在扬中召开

2012 年 11 月 2 日，扬中"11.1"绑架劫持人质案件成功处置汇报会

2014 年 6 月 18 日，扬中市看守所整体搬迁至丰裕集镇新址

2014年9月14日，公安部副部长黄明在《扬子晚报》刊登的扬中侦破通讯旁批示

2014年9月10日，扬中市公安局召开省内媒体新闻发布会，
宣布"3.17"特大非法买卖枪支弹药案成功告破

2015 年 5 月 21 日，全省公安机关推进执法公开现场会在我市召开，扬中执法公开工作得到了省厅、镇江市局和扬中市委领导的充分肯定，并作为可复制、可借鉴的工作经验在全省推广，执法公开工作还被评为"镇江市政府法制工作创新奖"

2016 年 4 月 22 日，扬中举办第十三届河豚节"放歌河豚岛"大型音乐晚会，市委领导与市公安局领导视察安保现场，确保晚会安全顺利进行

2016 年 8 月 25 日，扬中警方召开新闻发布会，通报"8.22"
特大诈骗团伙案件历时一年告破

2016 年 10 月 17 日，首届镇江公安派出所所长论坛暨全市公安机关
"一所一特色"建设现场会在扬中召开

2017 年 1 月 18 日，扬中市市长张德军（中），政协主席施健华（右二），
副市长宫金生（右一）视察扬中公安微警务工作

2017 年 2 月 28 日，江苏省委常委、政法委书记、公安厅厅长王立科（右二）
在镇江市、扬中市领导的陪同下，视察扬中市公安局城西派出所警务工作

2017 年 3 月 1 日，扬中市委书记潘早云（左二），市委常委、政法委书记
刘永希（左四），副市长、公安局局长吴明成（左三）视察扬中公安微警务工作

2017 年 5 月 22 日，江苏省公安厅举行全省公安系统功模表彰活动。省委书记李强，公
安部政治部领导，省委常委、政法委书记、公安厅厅长王立科等领导出席表彰活动。会
议表彰了全省优秀公安局（10 个）、全省优秀公安基层单位（100 个）、全省优秀人民警
察（330 名）。其中，我局荣获"全省优秀公安局"，扬中市副市长、市委政法委副书记、
公安局党委书记、局长吴明成（中）接受了表彰

派出所部分荣誉一览表

新坝派出所：

时间	授予单位	获奖（荣誉）类别
2000.1	镇江市公安局	先进集体
2000.1	镇江市公安局	1999 年度人民满意派出所
2000.2	扬中市公安局	先进集体
2001.1	镇江市公安局	集体三等功
2001.5	中共扬中市委、扬中市人民政府	1999—2000 年度扬中市文明单位
2002.1	镇江市公安局	嘉奖
2003.3	扬中市人民政府、扬中市人武部	先进单位
2003.8	镇江市公安局	先进集体
2003.9	中共扬中市委、扬中市人民政府	2001—2002 年度文明单位
2004.6	中共新坝镇委	2003 年度先进基层党组织
2004.6	扬中市公安局	嘉奖
2004.8	扬中市公安局	内务管理"最美环境奖"
2004.9	镇江市公安局	先进集体
2005.4	扬中市治安联防委员会	2004 年度治安联防工作中成绩显著
2005.6	中共新坝镇委	2004 年度先进基层党组织
2005.8	中共扬中市委、扬中市人民政府	2003—2004 年度文明单位
2006.1	扬中市人民政府	征兵工作先进单位
2006.2	镇江市公安局	集体三等功
2006.3	中共扬中市委、扬中市人民政府	2003—2005 年度先进单位
2006.3	中共镇江市委、镇江市人民政府	2004—2005 年度文明单位

时间	授予单位	获奖（荣誉）类别
2006.7	公安部	一级公安派出所
2006.11	扬中市人民政府	集体三等功
2007.1	中共扬中市委、扬中市人民政府	2006年度十佳规范执法标兵单位
2007.2	中共扬中市委、扬中市人民政府	人民满意基层站所
2007.3	扬中市公安局	嘉奖
2008.1	中共扬中市委、扬中市人民政府	人民满意基层站所
2008.6	中共扬中市委	先进基层党组织
2009.1	中共镇江市委、镇江市人民政府	2006—2008年度镇江市文明单位
2010.1	镇江市公安局	集体嘉奖
2011.1	江苏省公安厅	集体二等功
2011.1	镇江市公安局	集体嘉奖
2012.1	中共镇江市委、镇江市人民政府	2009—2011年度文明单位
2012.7	镇江市公安局	集体三等功
2012.12	镇江市公安局	集体嘉奖
2013.1	中共扬中市委、扬中市人民政府	2010—2012年度文明单位
2013.2	扬中市公安局	优秀基层所队
2014.2	扬中市公安局	集体嘉奖
2014.3	中共扬中市委、扬中市人民政府	人民满意基层站所
2014.5	江苏省公安厅	江苏省公安机关"210"工程建设示范单位
2014.8	镇江市妇女联合会	维护妇女权益示范岗位
2015.1	镇江市见义勇为基金会	2014年度全市见义勇为工作先进集体
2015.2	镇江市公安局	2014年度优秀户籍窗口
2015.2	扬中市公安局	集体嘉奖
2015.3	新坝镇人民政府	2014年度综治平安建设先进集体
2015.4	团市委	2014年度先进基层团组织

时间	授予单位	获奖（荣誉）类别
2015.6	中共新坝镇委	先进基层党组织
2015.12	共青团镇江市委员会、镇江市综治委预防青少年违法犯罪工作领导小组、镇江市未成年人保护委员会办公室	2014—2015 年度镇江市"青少年维权岗"
2016.1	镇江市公安局、镇江市见义勇为基金会	2015 年度全市见义勇为工作先进集体
2016.2	扬中市公安局	集体嘉奖
2016.2	扬中市公安局	公安新闻宣传工作先进集体
2016.3	镇江市公安局	集体嘉奖
2016.12	镇江市人民政府	全市见义勇为工作先进集体
2017.3	新坝镇人民政府	2016 年度全镇综治和平安工作先进集体
2017.5	团市委	2016 年度先进基层团组织

城西派出所：

时间	授予单位	获奖（荣誉）类别
1992.11	镇江市公安局	92 年度公安基础工作先进集体
1993.1	镇江市公安局	92 年公安工作成绩显著集体嘉奖
1993.6	镇江市公安局	92 年刑事犯罪情报资料和刑事秘密工作先进集体
1994.2	扬中市公安局	93 年度公安工作先进集体
1994.3	镇江市公安局	93 年度刑事侦察秘密工作先进集体
1995.1	镇江市公安局	集体三等功
1995.2	扬中市公安局	94 年度公安工作先进集体
1996.2	扬中市公安局	95 年度公安工作先进集体
1996.8	中共扬中市委、扬中市人民政府	96 年严打斗争集体三等功
1997.2	镇江市公安局	96 年度公安基层执法先进单位
1997.2	扬中市公安局	96 年度公安工作先进集体
1997.2	镇江市公安局	96 年度全市政保基础工作先进集体
1997.2	镇江市公安局	96 年度公安工作先进集体
1997.4	江苏省公安厅政治部	全省公安基层执法先进单位
1997.10	扬中市公安局	首届青年岗位技能大赛团体第三名
1998.2	镇江市公安局	97 年度刑事犯罪情报资料工作先进集体
1998.2	镇江市公安局	97 年度政保基础工作先进集体
1999.2	镇江市公安局	人民满意派出所
1999.2	镇江市公安局	98 年度情报资料工作先进集体
1999.2	扬中市公安局	98 年度公安工作先进集体
1999.3	镇江市公安局	十年有效期满居民身份证换发工作先进集体
1999.3	镇江市公安局	98 年度全市政保基础工作先进单位
1999.8	扬中市公安局	机动车整治工作嘉奖
1999.10	镇江市公安局	追"三逃"斗争集体三等功

续表

时间	授予单位	获奖（荣誉）类别
2000.1	镇江市公安局	人民满意派出所
2000.1	镇江市公安局	99 年度刑事秘密工作先进集体
2000.2	扬中市公安局	99 年度公安工作先进集体
2000.2	扬中市公安局	99 年度消防工作先进集体
2000.2	扬中市公安局	99 年度公安信息、调研、宣传工作先进集体
2000.6	团省委、省公安厅	省青年文明号
2000.6	镇江市人民政府	镇江市文明单位
2000.6	省精神文明建设委员会、省公安厅	文明行业示范点
2001.12	江苏省人民政府	江苏省文明单位
2001.2	镇江市公安局	"百日破案"集体嘉奖
2001.2	扬中市人民政府	消防工作先进集体
2001.2	镇江市公安局	2000 年度人民满意派出所
2001.2	镇江市公安局	情报资料工作先进集体
2001.2	扬中市公安局	先进集体
2001.3	镇江市爱卫会	爱国卫生先进单位
2001.5	江苏省公安厅	江苏省人民满意派出所
2001.5	扬中市人民政府	文明单位
2002.1	镇江市公安局	集体三等功
2002.2	扬中市公安局	先进集体
2002.2	镇江市公安局消防支队	先进集体
2002.2	镇江市公安局	先进集体
2002.3	共青团镇江市委、镇江市公安局	优秀青少年维权岗
2002.6	扬中市公安局	百日破案、春雷行动破案先进集体
2002.7	镇江市公安局	执法先进单位
2002.10	扬中市人民政府	征兵工作先进单位

续表

时间	授予单位	获奖（荣誉）类别
2002.10	中共扬中市委	十佳便民站所
2002.11	扬中市人民政府	重点工程建设先进单位
2002.11	扬中市人民政府	2001—2002年度严打整治斗争先进单位
2003.1	镇江市公安局	人民满意派出所
2003.1	扬中市公安局	先进集体
2003.5	团中央	全国青年文明号
2003.6	江苏省公安厅	人民满意派出所
2003.6	中共扬中市委	先进基层党组织
2003.8	扬中市公安局	夏季侦破攻势先进集体
2003.9	中共扬中市委、扬中市人民政府	2001—2002年度文明单位
2004.2	扬中市公安局	执法先进单位
2004.2	三茅镇人民政府	十佳双满意单位
2004.9	扬中市公安局	夏季侦破攻势先进集体
2004.11	中共镇江市委、镇江市人民政府	镇江市文明单位
2004.11	江苏省公安厅	二级派出所
2005.1	镇江市公安局	百日破案竞赛先进集体
2005.1	镇江市公安局	2004年度刑事特情工作先进集体
2005.2	镇江市公安局	派出所等级达标创建工作成绩显著嘉奖
2005.3	扬中市公安局	2004年度公安工作成绩突出嘉奖
2005.4	扬中市公安局	2004年度执法先进单位
2005.8	扬中市人民政府	2003—2004年度文明单位
2005.10	扬中市公安局	夏季侦破攻势先进集体
2005.12	省文明委	2003—2004年度江苏省文明单位
2006.2	镇江市公安局	集中处理群众信访问题工作优秀基层单位

续表

时间	授予单位	获奖（荣誉）类别
2006.2	扬中市公安局	执法先进单位
2006.2	中共镇江市委、镇江市人民政府	社会治安综合治理和 平安创建工作先进单位
2006.2	镇江市公安局	集体三等功
2006.4	团中央、公安部	2005年度全国公安系统青年文明号
2006.9	江苏省公安厅	平安创建工作先进基层单位
2006.12	扬中人民政府	夏季侦破攻势和"秋风行动" 先进集体嘉奖
2007.1	镇江市公安局	集体三等功
2007.1	镇江市公安局	刑事犯罪情报信息工作先进集体
2007.2	扬中市人民政府	2006年度法治扬中创建工作 先进集体
2007.2	扬中市人民政府	十佳规范执法单位
2007.2	中共扬中市委、扬中市人民政府	人民满意基层站所
2007.4	镇江市人民政府	老年维权示范岗
2007.4	团中央、公安部	继续认定为全国公安系统 青年文明号
2007.4	团市委	先进基层团组织
2007.8	公安部	一级派出所
2007.12	镇江市公安局	集体三等功
2008.1	省文明委	2005—2006年度江苏省精神文明 建设工作先进单位
2008.3	扬中市公安局	执法先进单位
2008.3	扬中市公安局	先进集体嘉奖
2008.9	扬中市公安局	"百日破案保奥运·提升绩效保平安" 专项行动先进集体
2008.11	江苏省公安厅	全省公安机关奥运安保工作先进集体

时间	授予单位	获奖（荣誉）类别
2009.1	镇江市公安局	集体三等功
2009.2	扬中市人民政府	十佳规范执法单位
2009.9	江苏省公安厅	全省公安派出所消防监督管理工作先进集体
2009.12	江苏省公安厅	全省公安机关"迎国庆·保平安"大巡防竞赛活动先进集体
2010.1	扬中市人民政府	2009年度征兵工作先进单位
2010.1	镇江市公安局	和谐警民关系示范所队
2010.1	镇江市公安局	集体三等功
2010.7	镇江市公安局	2008—2009年度全市公安机关执法示范所队
2010.12	省文明委	2007—2009年度江苏省精神文明建设工作先进单位
2011.5	团市委	扬中先进基层团组织
2011.6	中共镇江市委政法委员会	先进基层党组织
2011.6	镇江市公安局	青年文明岗
2011.12	江苏省公安厅	集体二等功
2011.12	中共镇江市委、镇江市人民政府	2006—2010年社会治安综合治理先进集体
2011.12	中共扬中市委、扬中市人民政府	2010年度人民满意基层站所
2012.1	中共扬中市委、扬中市人民政府	2011年度人民满意基层站所
2012.2	中共镇江市委、镇江市人民政府	2009—2011年度文明单位
2012.2	扬中市公安局	2011年度先进集体嘉奖
2012.2	中共三茅街道工委、街道办	2011年度十佳双满意单位
2012.3	公安部	关于对全国公安机关网上追逃专项督察"清网行动"成绩突出集体和个人予以表扬的通报
2012.5	镇江市人民政府	2009—2011年度群众满意示范站所

续表

时间	授予单位	获奖（荣誉）类别
2012.6	中共扬中市委	先进基层党组织（创先争优·争创群众满意的服务窗口）
2012.7	镇江市公安局	"清网行动"集体三等功
2013.2	镇江市公安局	集体三等功
2013.2	中共扬中市委、扬中市人民政府	2010—2012 年度文明单位
2013.2	中共扬中市委、扬中市人民政府	2012 年度人民满意基层站所
2013.2	扬中市公安局	窗口服务示范单位
2013.2	中共三茅街道工委、街道办	2012 年度十佳双满意单位
2013.5	团市委	2012 年度先进基层团组织
2013.10	江苏省精神文明建设指导委员会	2010—2012 年度江苏省精神文明单位
2014.1	镇江市禁毒委员会	2013 年度吸毒人员动态管控工作先进单位
2014.2	镇江市公安局	集体三等功
2014.2	中共镇江市委政法委和镇江市依法治市领导小组办公室	全市政法系统公正司法示范点
2014.2	镇江市公安局	2013 年度优秀户籍窗口
2014.2	中共扬中市委、扬中市人民政府	2010—2012 年度扬中市文明单位
2014.2	中共三茅街道工委、街道办	2013 年度十佳双满意单位
2014.3	中共扬中市委、扬中市人民政府	人民满意基层站所
2014.5	共青团江苏省委、江苏省创建青少年维权岗活动领导小组	2013—2014 年度江苏省青少年维权岗
2014.5	共青团镇江市委联合市预防青少年违法犯罪工作领导小组、市未成年人保护委员会办公室等单位	镇江市优秀"青少年维权岗"
2014.10	镇江市公安局	集体三等功（青奥安保）
2015.2	中共三茅街道工委、街道办	2014 年度十佳双满意单位
2015.3	扬中市公安局	嘉奖

续表

时间	授予单位	获奖（荣誉）类别
2016.2	中共扬中市委政法委	2014—2015年度十佳规范执法单位
2016.3	镇江市公安局	2015年度优秀公安派出所，记集体三等功
2016.3	中共三茅街道工委、街道办	2015年度作风建设先进单位
2016.3	中共镇江市委、镇江市人民政府	2012—2014年镇江市文明单位
2016.5	团市委	2015年度先进基层团组织
2016.5	镇江市公安局	集体嘉奖
2016.9	江苏省精神文明建设指导委员会	江苏省文明单位
2017.1	镇江市公安局	2016年度优秀公安派出所
2017.2	镇江市公安局	集体嘉奖（"利剑"行动，镇江市优秀派出所）
2017.5	中共扬中市委、扬中市人民政府	2013—2015年度文明单位

城东派出所:

时间	授予单位	获奖(荣誉)类别
2002. 1	扬中市公安局	先进集体
2002. 1	镇江市公安局	集体嘉奖
2002. 1	镇江市公安局	人民满意派出所
2002. 6	扬中市公安局	先进集体
2002. 11	扬中市公安局	严打整治先进集体
2003. 1	镇江市公安局	人民满意派出所
2003. 1	镇江市公安局	集体三等功
2003. 6	中共三茅镇委	先进基层党组织
2003. 9	扬中市人民政府	文明单位
2004. 7	扬中市公安局	青年文明号
2005. 2	扬中市公安局	先进集体
2006. 12	中共三茅镇委	先进党支部
2007. 12	扬中市公安局	全市消防工作先进派出所
2008. 2	扬中市公安局	集体三等功
2008. 2	扬中市公安局	征兵工作先进单位
2009. 2	扬中市人民政府	全市民生工作先进集体
2009. 2	扬中市公安局	征兵工作先进单位
2009. 2	镇江市公安局	公安协管流动人口先进集体
2010. 2	中共三茅镇委	十佳双满意单位
2011. 2	中共三茅镇委	十佳双满意单位
2011. 1	扬中市公安局	集体嘉奖
2012. 7	扬中市公安局	集体三等功
2012. 7	扬中市公安局	清网行动先进集体
2017. 3	扬中市公安局	集体嘉奖
2017. 8	镇江市公安局	集体三等功

开发区派出所：

时间	授予单位	获奖（荣誉）类别
2011.1	中共扬中市委政法委	2009—2010 年度十佳规范执法标兵单位
2011.2	中共扬中市委、扬中市人民政府	2010 年度"双提升"突出贡献者
2011.12	镇江市人民政府	2009—2011 年度群众满意示范站所
2012.12	中共扬中市委、扬中市人民政府	2010—2012 年度文明单位
2013.2	扬中市公安局	窗口服务示范单位
2013.2	中共开发区工委、开发区管委会	2012 年度优质服务先进单位
2013.2	中共扬中市委、扬中市人民政府	人民满意基层站所
2013.2	扬中市公安局	集体嘉奖
2014.2	镇江市公安局	集体嘉奖
2014.2	扬中市公安局	集体嘉奖
2014.3	中共扬中市委、扬中市人民政府	人民满意基层站所
2014.5	镇江市公安局、镇江市见义勇为基金会	全市见义勇为工作先进集体
2015.12	中共扬中市委政法委	2014—2015 年度十佳规范执法单位
2016.2	中共开发区工委、开发区管委会	2015 年度服务发展有功单位
2016.2	中共扬中市委政法委	十佳规范执法单位
2016.3	扬中市安全生产委员会	2015 年度"安全生产先进集体"
2016.3	中共扬中市委、扬中市人民政府	2013—2015 年度文明单位
2016.6	中共扬中市委	先进基层党组织

油坊派出所：

时间	授予单位	获奖（荣誉）类别
2013.2	油坊镇人民政府	2012 年度服务发展有功单位
2013.8	中共扬中市委、扬中市人民政府	2010—2012 年度文明单位
2013.11	中共油坊镇委	五佳"服务型"基层党组织
2014.2	油坊镇人民政府	2013 年度人民满意单位
2014.2	油坊镇人民政府	先进集体
2014.12	镇江市公安局	集体三等功
2015.2	油坊镇人民政府	2014 年度基层满意测评先进集体
2015.11	镇江市公安局	集体嘉奖
2016.2	扬中市公安局	2015 年公安新闻宣传先进集体
2016.4	中共扬中市委政法委	2014—2015 年十佳规范执法单位
2016.12	扬中市公安局	2015 年"1＋4"队伍管理先进集体
2016.12	镇江市人民政府	全市见义勇为先进集体
2016.12	镇江市公安局	2015 年度全市公安机关执法示范单位和执法示范岗
2016.12	中共镇江市委政法委	公正司法示范点
2016.12	镇江市公安局	集体嘉奖
2017.2	中共油坊镇委	2016 年度基层满意度测评先进集体
2017.3	镇江市公安局	集体三等功

八桥派出所:

时间	授予单位	获奖（荣誉）类别
2005.1	扬中市公安局	百日破案竞赛先进集体
2005.8	中共扬中市委、扬中市人民政府	2003—2004 年度文明单位
2006.3	中共扬中市委、扬中市人民政府	2003—2005 年度社会治安综合治理暨创建最安全地区三等功单位
2007.2	中共八桥镇委、八桥镇人大、八桥镇人民政府	2005—2006 年度"双满意"活动先进单位
2007.8	中共扬中市委、扬中市人民政府	2005—2006 年度扬中市文明单位
2007.9	江苏省公安厅	全省公安机关二级派出所
2007.12	扬中市公安局	2006 年度派出所等级评定工作嘉奖
2008.2	扬中市公安局	全市集中换发第二代居民身份证工作先进集体
2010.9	中共扬中市委、扬中市人民政府	2007—2009 年度文明单位
2011.1	中共扬中市委政法委	2009—2010 年度十佳规范执法标兵单位
2011.1	中共扬中市委、扬中市人民政府	人民满意基层站所
2011.2	中共扬中市委、扬中市人民政府	集体三等功
2013.2	扬中市公安局	人民满意基层站所
2013.2	扬中市公安局	窗口服务示范单位
2013.2	扬中市公安局	集体嘉奖
2013.2	扬中市公安局	优秀基层所队
2013.5	团市委	2012 年度先进基层团组织
2016.2	扬中市公安局	2015 年度公安新闻宣传工作先进集体
2016.6	中共扬中市委	先进基层党组织
2016.12	中共扬中市委、扬中市人民政府	2013—2015 年度文明单位
2017.1	镇江市公安局、镇江市见义勇为基金会	全市见义勇为工作先进集体

西来桥派出所：

时间	授予单位	获奖（荣誉）类别
2012.7	镇江市公安局	集体三等功
2012.7	镇江市公安局	集体嘉奖
2012.12	镇江市公安局	集体嘉奖
2013.2	镇江市公安局	集体嘉奖
2014.2	镇江市公安局	集体嘉奖
2014.2	中共西来桥镇委、西来桥人民政府	服务发展创优奖
2014.3	中共扬中市委、扬中市人民政府	人民满意基层站所
2015.3	扬中市公安局	集体嘉奖
2016.2	中共西来桥镇委、西来桥镇人民政府	服务发展创优奖
2016.4	中共西来桥镇委、西来桥镇人民政府	2015年度全市公安机关执法示范单位和执法示范岗
2017.2	扬中市公安局	集体嘉奖
2017.2	中共西来桥镇委、西来桥镇人民政府	服务发展奖

书画鉴赏

孙晓云：江洲警杰（书法）

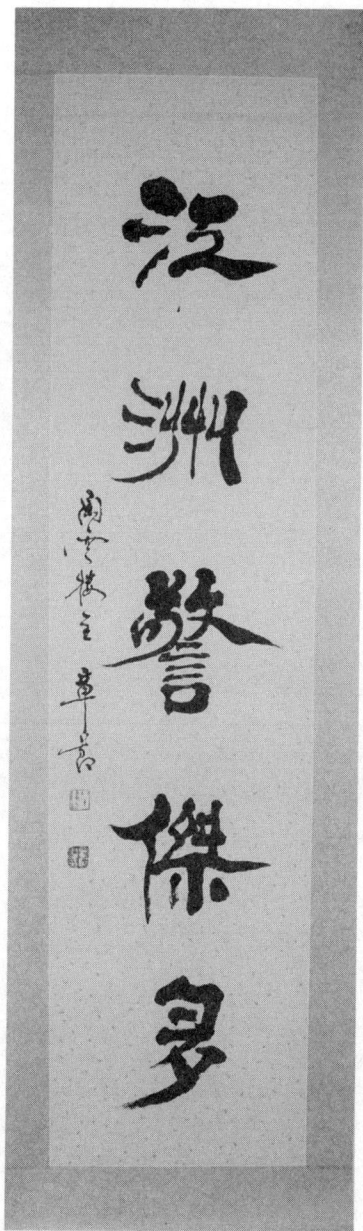

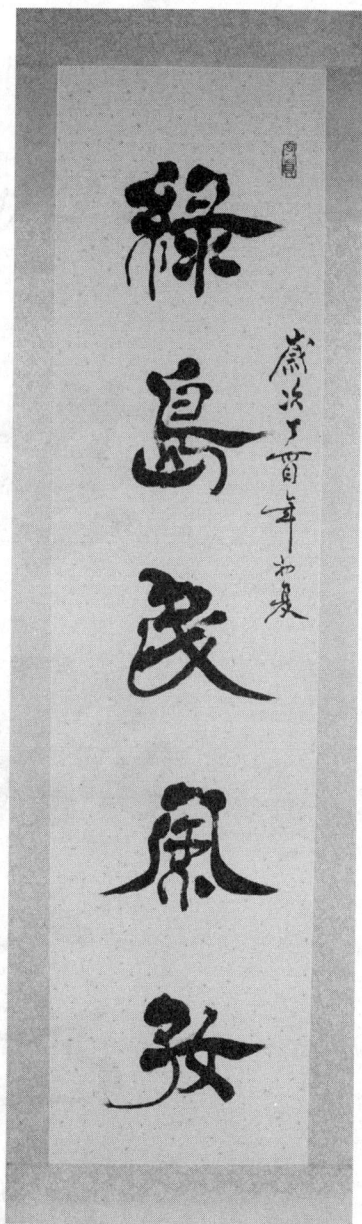

章节：绿岛民风好　江洲警杰多（书法）

杨雷：春晓江南（中国画）

戴少华：人民卫士（书法）

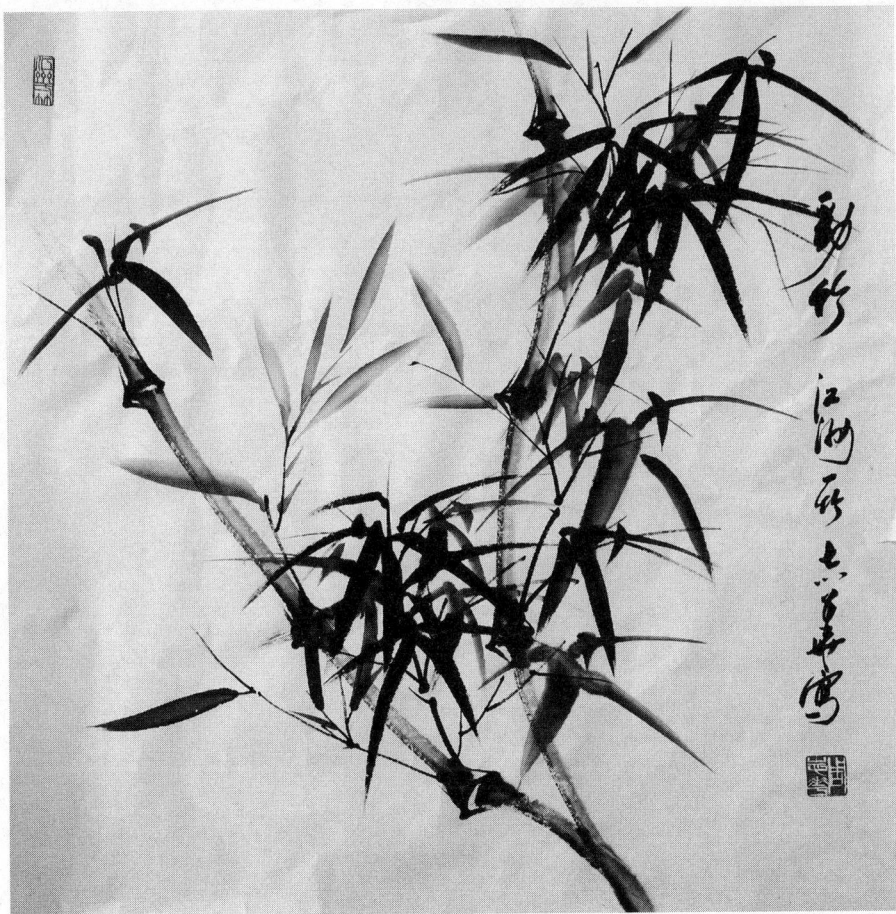

周志华：劲竹（中国画）

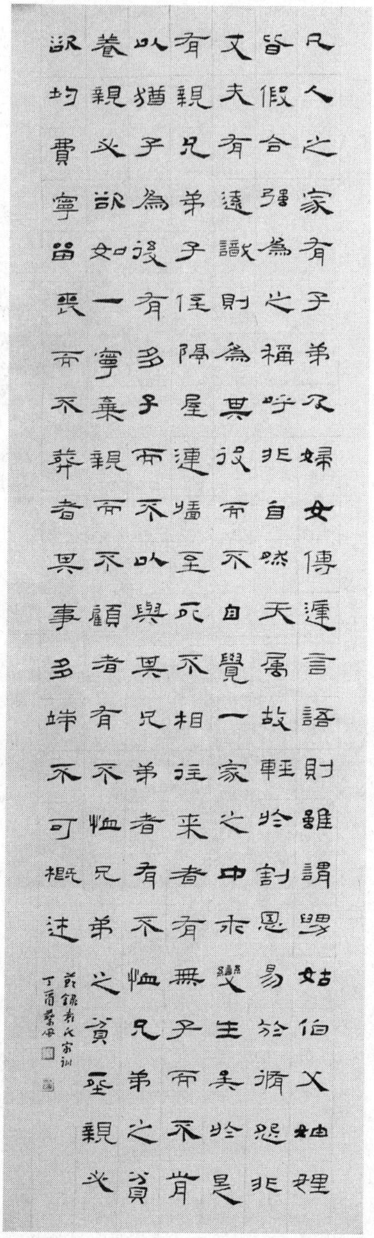

凡人之家有子弟及婦女傳遞言語財雖謂曰姑伯叉姆娌

又皆假合强爲之識則爲其禍乎非自然天属故輕於割恩易於循怨非

有親兄弟爲子任隔屋連墻至死不相往來者有無子而不肖

親子猶以没有多子棄親而不顧者有兄弟臨兄弟之貲至親

以猶子爲後如一寧不棄葬者與異兄弟者有不恤兄弟之貲至親

養親义訳均費寧留與异事多端不可概述

蔡风：袁氏家训（书法)

横眉冷对千夫指

俯首甘为孺子牛

扬中市公安局重建

岁次丁酉秋 郭廉俊书

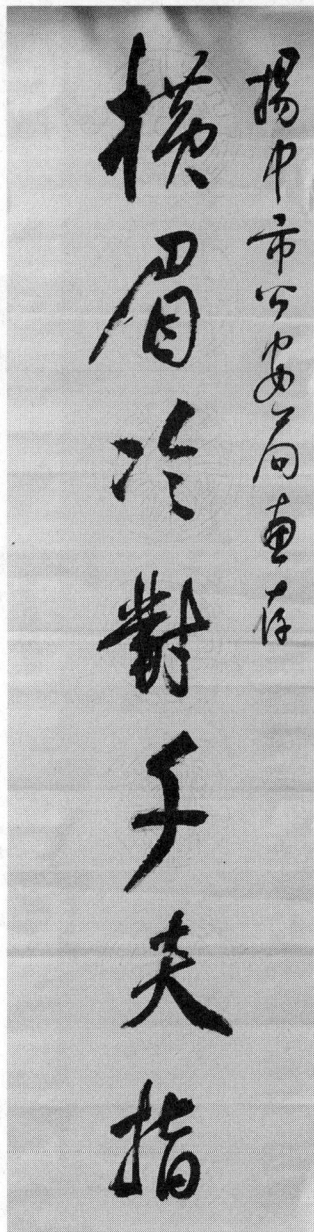

郭廉俊：横眉冷对千夫指 俯首甘为孺子牛（书法）

李山泉：卫乾坤永固　保天下长安（书法）

王中明：报春图（中国画）

朱宗文：小原笔记（书法）

夏春敏：卫士风采（书法）

陈世荣：花开时节（中国画）

林成龙：大爱聚民心　热血铸警魂（书法）

后 记

2016 年 7 月，我接受扬中市公安局局党委委托撰写该局荣获一、二等功民警报告文学写作任务。扬中素有"江洲"之称谓，此书为扬中这方水土上的立功警官立传，获得二等功以上荣誉者当为警杰，是谓警界中有杰出贡献的人。小标题采用诗词形式，紧扣江洲之念，以江流、江水、江涛、江崖、江礁、江鸥、江风、芦花为象征，与书名之意象相衔。

感谢扬中市公安局党委各位领导对我的信任和支持，感谢朱冠琦同志全力协助，感谢 17 位警官真诚无私地介绍个人身世及工作理念，让我感受到他们内心对父母、对领导、对同事的亲情和友情，感受到他们对公安事业的敬重和奋斗不懈的精神。正是由于他们的奉献，扬中公安这支功劳卓著的坚强队伍在几十年社会变革的大风大浪中牢牢稳固着共和国一方水土的社会稳定和平安，但愿书稿能够反映出这批杰出警官的时代风采。

采访分四次进行：第一次自 2016 年 7 月 20 日至 7 月 23 日，作者依次采访钱学友、聂朝军、马万军、黄翠桃、蒋元海等 5 人；第二次自 2016 年 9 月 26 日至 9 月 30 日依次采访祝瑞平、冯太伟、刘建军、朱冠琦、周中华、葛成群、孙小平等 7 人；第三次于 2016 年 10 月 2 日采访陆纪才 1 人；第四次于 2016 年 12 月 12 日至 12 月 14 日依次采访傅军、童国际、陆纪权、仲纪华等 4 人。平均每位采访对象用时 4 小时以上，采访笔记总字数接近 8 万字。

第一次采访后即开始写作，截至 2017 年 1 月 26 日完成全部篇目写作，历时 6 个月零 6 天，成稿总字数在 17 万字左右（立功介绍文字、序、后记及辅助文字未算在内）。作者写作参考文献及资料如下：

1. 《扬中县志》（1986—2006）、《扬中县志》（1991 版）、《镇江市志》、《江苏省大事记》、《扬中公安志》、《江苏警官学院校史》，以及被采访对象全日制学校校史。

2. 共和国大跃进历史介绍、"文化大革命"历史介绍、严厉打击刑事犯罪（"严打"）历史资料、改革开放历史资料。

3. 扬中人网上回忆文字、江苏警官学院学生回忆文字、扬中风土人情介绍文字。

4. 扬中市公安局年终总结、个人总结以及经验介绍、案情介绍、媒体公开报道。

杜　萌
丁酉年立春